日本社会文化研究丛书

# 21世纪初期日本的文化战略

21SHIJI CHUQI RIBEN DE WENHUA ZHANLÜE

崔世广 ◎ 主编

中国社会科学出版社

图书在版编目（CIP）数据

21 世纪初期日本的文化战略／崔世广主编. —北京：中国社会科学出版社，
2020. 4

ISBN 978 - 7 - 5203 - 5923 - 8

Ⅰ. ①2…　Ⅱ. ①崔…　Ⅲ. ①文化史—研究—日本—现代　Ⅳ. ①K313. 03

中国版本图书馆 CIP 数据核字(2020)第 022332 号

| | | |
|---|---|---|
| 出 版 人 | 赵剑英 |
| 责任编辑 | 张　林 |
| 特约编辑 | 王　萌 |
| 责任校对 | 王　龙 |
| 责任印制 | 戴　宽 |

| | | |
|---|---|---|
| 出　　版 | 中国社会科学出版社 |
| 社　　址 | 北京鼓楼西大街甲 158 号 |
| 邮　　编 | 100720 |
| 网　　址 | http://www.csspw.cn |
| 发 行 部 | 010 - 84083685 |
| 门 市 部 | 010 - 84029450 |
| 经　　销 | 新华书店及其他书店 |

| | | |
|---|---|---|
| 印　　刷 | 北京明恒达印务有限公司 |
| 装　　订 | 廊坊市广阳区广增装订厂 |
| 版　　次 | 2020 年 4 月第 1 版 |
| 印　　次 | 2020 年 4 月第 1 次印刷 |

| | | |
|---|---|---|
| 开　　本 | 710×1000　1/16 |
| 印　　张 | 18. 75 |
| 插　　页 | 2 |
| 字　　数 | 289 千字 |
| 定　　价 | 99. 00 元 |

# 编委会名单

主　编：李　薇
编委会：李　薇　王　伟　崔世广
　　　　胡　澎　张建立

# 总　序

摆在读者面前的这套丛书，是中国社会科学院"重点学科建设计划"日本社会文化学科的系列成果。

"重点学科建设计划"是在中国社会科学院以往实施的"重点学科建设工程"的基础上制订的，主要目的在于"保持基本政策的连续性与稳定性，着力进行结构调整"；"促进研究所根据学科发展特点，合理配置资源；加强科研队伍建设，鼓励学者潜心研究，注重学术积累；创造优良环境和条件，促进青年学者成长"。2009 年，日本研究所日本社会文化学科经过严格的筛选和审查，被确定为中国社会科学院重点学科建设计划的重点学科。这体现了中国社会科学院和日本研究所等各级机构对日本社会文化研究的重视，对日本社会文化学科的未来发展具有重要的意义。今后，日本社会文化学科将以重点学科建设为契机，努力致力于构筑中国特色的日本社会文化研究创新体系。

众所周知，经过改革开放以来 30 多年的发展，中国的日本社会文化研究队伍不断壮大，水平不断提高，成果不断增多，取得了长足的进步，这些都值得肯定。但是，我们也应该看到，中国的日本社会文化研究仍存在着研究人员素质参差不齐，有深度的精品研究成果不多，整体研究水平不高，在国内和国际上的影响不够大等问题，还远远不能适应我国社会发展和学科发展的需要。

例如，随着中日两国交往的加深，我国广大民众对日本问题的关心、对日本文化的兴趣持续升温，各种关于日本的信息充斥媒点，其中当然也夹杂着不少误解与偏见。但是，我们的日本社会文化研究未必很好地回应了人民群众这种了解日本的需要，半个世纪以前的《菊与刀》《日本论》等著作近年来仍在不断出版刊行就是一个明证。另外，随着以漫画、动画、游戏等为代表的日本大众文化的流行，日本大众文化受到全世界特别是年轻人的喜爱和追捧。但是，日本大众文化蓬勃发展的原动力在哪里，其与日本的传统文化有什么关系？我们的日本社会文化研究也并没有给出及时而合理的解释。再者，尽管日本经济以及日本国家的整体影响力在下降，但日本毕竟是一个成熟社会，其社会发展的经验教训都值得我们借鉴，其文化战略对日本的未来发展也具有深远意义，但我们的日本社会文化研究也未必对之进行了深入的研究并给出了满意的回答。为了改变这种状况，十分有必要建立中国特色的日本社会文化学科创新体系。

构筑中国特色的日本社会文化学科创新体系，首先需要了解本学科发展的历史、现状和问题。因此，我们第一步要做的就是对改革开放以来的日本社会文化研究进行梳理，以搞清我们过去做了什么，有着怎样的问题意识，主要使用了什么研究方法，形成了什么研究优势，存在着什么样的问题等。即通过引入"学问的学问""研究的研究"的方法，促成今天的学问与过去的学问之间的对话，搞清不同时代的研究视点的差异，在理解这种差异的背景和意义的同时，努力发掘出在今天仍行之有效的研究方法，以资建立科学的日本社会文化学科创新体系。

要构筑日本社会文化研究创新体系，还必须打破以往研究的封闭性，追求开放性的研究。应该承认，从整体上来讲，中国的日本社会文化研究存在着很明显的封闭性倾向。不仅与其他学科之间、与国外学术界之间的交流意识不强、渠道不够多，就是日本社会文化研究界内部的交流机制也不够健全和通畅。对内、对外交流的不足，限制了我们的视野，带来了研究的狭隘性，阻碍了日本社会文化学科的创新和发展。我们将把重点学科建设作为一个学术交流的平台，提倡学科内外、国内外的交流与对话，通过举办讲座、讲演、小型座谈会、国际学术研讨会以及开展共同研究等，建立对内、对外开放的"学问间的对话"机制。目的是通过与国内外学术界开展双向及多向的交流，借鉴来自不同学科、不同文化背景的研究视点和研究方法，构筑对内对外开放的、通用于世界学术界的日本社会文化研究创新体系。

构筑中国特色的日本社会文化研究创新体系，关键是要进行理论方法的创新、研究体系的创新和研究成果的创新。第一，我们将秉承以往的风格和传统，立足于中国的国情和现实需要，把日本社会文化放在世界的视野、亚洲的视野中进行考察，注重长期性、战略性、前瞻性问题的研究，在总结和借鉴前人、他人研究的基础上，致力于提出和创建中国人的日本社会文化研究理论和方法。第二，开展系统的、体系性的日本社会文化研究。日本社会文化是一个体系、一个系统，有着统一的内在原理；其又由若干侧面和层面所构成，有着具体性、重层性。我们将依据研究对象的特点，按照学科布局和规划，重新集结和调整研究力量，注重和加强对日本社会文化的体系性研究。即从日本社会文化的整体着眼，重视各个部分的内在联系，通过对各个部分的深入研究，形成对日本社会文化的全面而客观的认识。第三，努力推出精品研究成果。理论方法的创新和研究体系的创新，最终要体现在研究成果的创新上。我们要通过研究室和研究人员的学科定位，进一步明确研究方向，并积极创造各种有利条件，促进优秀研究成果的问世，以创新性研究成果回应国家的需要、人民的需要、学术发展的需要。

为了实现构筑日本社会文化创新体系的目标，我们还在研究体制上作出了调整。即在日本社会文化学科的框架下面，成立了日本社会研究室和日本文化研究室。日本社会和日本文化，是有着紧密联系但又有区别的两个领域。为了进一步明确研究方向，深化我们的研究，我们做出了上面的决定。日本社会研究室的主要研究方向是：1. 日本社会体系的研究，即对日本社会整体运行机制等进行研究；2. 日本社会问题的研究，即对日本发展过程中曾经发生和正在发生的社会问题和社会现象及其原因进行研究。主要研究领域有：日本的社会结构、大众媒体、社会行为、社会分层、社会组织、社会团体与社会运动、社会政策、社会思潮、社会问题等。今后，日本社会研究将按照偏重于应用性研究，兼顾基础性研究和对策性研究的方针进行研究。日本文化研究室的主要研究方向是：1. 日本文化特性的研究，即对日本文化的形成及特征等进行研究；2. 日本文化诸侧面的研究，即研究日本人的生活方式、行为模式、人格形成、心理特征等。主要研究领域有：日本文化的特性、哲学思想、道德伦理、宗教信仰、风俗习惯、国民性格、政治文化、企业文化、大众文化、对外文化交流等。今后，日本文化研究将按照偏重于基础性、理论性研究，兼顾应用性、对策性研究的方针展开研究。我们相信，这样的学术分工和定位，有利于推进我们的研究，实现构筑日本社会文化创新体系的目标。

出版"日本社会文化研究丛书"，是日本社会文化重点学科建设的一个重要组成部分。这套丛书由两部分组成，一部分是研究系列，主要反映日本社会文化学科成员的研究成果；一部分是论文集系列，主要反映学科综述、国内外学术交流的成果。这套丛书的每一部，都经过编委会的严格审查。我们希望通过这套丛书的出版，能对中国日本社会文化研究的发展尽到我们的一份责任和力量。

中国的日本社会文化研究任重而道远。作为中国社会科学院的重点学科，日本社会文化学科担负着更重的责任。我们将与学界同仁携手努力，共同推动日本社会文化学科的发展。我们坚信，在我们的共同努力下，中国的日本社会文化研究将获得更大的繁荣和进步。

丛书编委会

2010 年 8 月 22 日

# 目　　录

# 序　章

冷战结束以后，特别是进入 21 世纪以来，随着国内外环境的深刻变化，日本开始加紧构筑新的文化战略。日本的文化战略是包括文化振兴战略、文化产业战略、文化外交战略等在内的相互联系的有机体系，在日本的国家战略中占有重要位置。这样的文化战略的实施，必将对日本的未来发展以及中日长远战略关系产生深刻影响，因此亟须我们加强这方面的研究。

## 一　关于文化与文化战略

关于文化的概念，不同学者曾从不同视角提出过不同定义。英国人类学家泰勒最早从整体上把握文化，提出"文化或文明，就其广泛的民族学意义来说，是包括全部的知识、信仰、艺术、道德、法律、风俗以及作为社会成员的人所掌握和接受的任何其他的才能和习惯的复合体"。[1] 这一定义对文化的内涵进行了较为全面的描述，为以后关于文化定义的探讨奠定了基础。美国人类学者克拉克洪和心理学家凯利则提出，"所谓文化，是在后天、历史中形成的外在及内在生活方式的体系，是由集团全体成员或特定成员所共同拥有的"。[2] 这个定义明确指出了文化的后天性质，并从外在和内在的生活方式这两个层面来把握文化，得到了大多数文化人类学家的认可。

中国学者庞朴从结构上来把握文化，将文化分为三个层面，显示了

---

① 爱德华·泰勒：《原始文化》，连树声译，上海文艺出版社 1992 年版，第 1 页。

② 祖父江孝男：《文化人类学入门》（增补改订版），中央公论社 1990 年版，第 40 页。

对文化认识的进一步深化。庞朴认为："文化,从最广泛的意义上说,可以包括人的一切生活方式和为满足这些方式所创造的事事物物,以及基于这些方式所形成的心理和行为。它包含着物的部分、心物结合的部分和心的部分。……文化的三个层面,彼此相关,形成一个系统,构成了文化的有机体。这个有机体,有自己的一贯类型,有自己的主导潮流,并由此规定了自己的发展和选择:吸收、改造或排斥异质文化的要素。"[①]本书比较认同庞朴的观点,即将文化看作一个综合性的体系,这个文化体系基本包括三个层次,即社会生产生活层次、社会组织制度层次和社会精神意识层次,这三个层次相互关联、相互作用,共同构成了人们的物质生活与精神生活的总体。

文化定义的变化,反映了人们对文化本身认识的深化。但是,在人们以往的意识中,文化往往被视为政治、经济的下位概念,仅仅被看作是从属于政治、经济的角色,文化在国家发展过程中的作用受到不同程度的轻视。这种情况到冷战结束以后开始发生改变。冷战结束后,东西两大阵营的政治、经济、军事对抗成为过去,全球化、信息化在国际社会的各个领域、各个层面深入展开,虽然军事实力、经济实力仍然是影响国际事务的主要因素,但其作用已经不像冷战时期那么重要。与此同时,作为软实力的文化在国际事务中的地位日益突出,其不仅影响着国家战略目标的选择,还影响着国家战略方针和战略实施方式,甚至于文化本身也成为一种重要的国家战略手段,对国家的生存和发展产生着重要的影响。在这种背景下,美国学者约瑟夫·奈对文化在国际关系中的作用作出了敏锐反应,提出了关于文化的新的概念和理论。

约瑟夫·奈曾任美国国防部部长助理、哈佛大学肯尼迪学院院长等职务,是国际关系理论中新自由主义学派的代表人物。他在 20 世纪 90 年代初首先提出了"软实力"(soft power)的概念,并在 2004 年出版的新著《软实力》一书中对这一概念进行了补充。他认为,软实力"是一种吸引人的力量","它是一种依靠吸引力,而非通过威逼或利诱的手段来达到目标的能力。这种吸引力源于一个国家的文化、政治理念和政策"。[②]

---

① 庞朴:《文化结构与近代中国》,《中国社会科学》1986 年第 5 期。
② 约瑟夫·奈:《软实力》,马娟娟译,中信出版社 2013 年版,前言。

也就是说，软实力是依靠制度、价值观、文化和政策等的吸引和感召，来"塑造人们的喜好"，以使对方与自己的目标相一致的能力。现在，"软实力"已经成为使用频率极高的一个专有名词，文化作为一种软实力也获得了人们的广泛认可。人们认识到，一个国家、一个社会在长期实践中所形成的文化，不仅会成为指导、影响本国人们行为的思想观念、价值判断和行为方式，而且，还可以提升本国在国际社会中的形象和影响力，通过潜移默化的作用使别人愿意去做某些事情，从而以文化的力量实现自己的目的。

约瑟夫·奈的理论之所以引起强烈反响和共鸣，是因为它反映了一个基本事实，这便是随着经济全球化和信息化进程的加速，一个相互依存的国际社会正在形成，文化在国际关系中的作用也越来越重要。文化具有丰富的内涵，通过文化交流和文化合作，可以达到沟通彼此心灵的目的，有助于减少冲突以及调和矛盾。文化还可以帮助国家树立良好的对外形象，达到经济和军事等手段不能达到的目标，从而通过软实力实现自己的战略意图。因此，文化日益受到人们重视，越来越成为综合国力竞争的重要因素。

但是，约瑟夫·奈主要是从国际关系的角度来谈论文化软实力及其作用的，这有着明显的不足之处。因为文化并不仅仅是对外的、国际关系中的软实力，也是对内的、国内社会经济发展中的重要力量。冷战结束后，文化与社会经济发展的关系日益密切，特别是在以创新为驱动力的知识经济时代，文化不仅可以丰富人们的精神生活，成为民族凝聚力和创造力的重要源泉，还可以体现于物质产品的创造之中，文化与产业的结合能够创造可观的经济效益和社会生产力。一个国家可以通过发展文化产业，在向其他国家输出本国文化产品的同时，将其中附加的本民族价值观、思维方式、行为模式等也传播出去，借此增强本国文化的影响力和吸引力。

在这样的背景下，世界上越来越多的国家认识到，文化无论从对外还是对内来讲，都是一种实现国家利益的软实力，是国家利益本身的必然组成部分。联合国教科文组织在1998年斯德哥尔摩"文化政策促进发展"会议上，曾达成了《文化政策促进发展行动计划》，其中就明确提出"发展可以最终以文化概念来定义，文化的繁荣是发展的最高目标"。人们越来越深刻地认识到，文化至少具备以下几个方面的功能：首先，可以丰富人们的精神生活，增强社区归属与民族文化认同感，塑造独特的城市、区域以及国家形象；其次，可以促进经济增长和扩大就业规模，增强社会经济的竞争力；最后，正如约瑟夫·奈所指出的那样，可以对外提升国家形象，增加国家的魅力和吸引力，推动人员交流和对外交往，为实现国家的目标服务。

这样，文化政策和文化战略成为发展政策的基本组成部分，成为一种实现国家战略的重要手段，被许多国家纳入国家战略之中，通过推行文化战略来实现国家总的战略目标。在后冷战时代，世界各国尤其是西方国家普遍重视利用文化手段来展示本国文化，宣传自己的价值观，提升和扩大本国的影响力。亚洲各国也纷纷制定了自己的文化战略。如韩国 1998 年宣布"文化立国"，以适应知识经济时代的新潮流，提高本国的国际竞争力。新加坡则要发展成为充满动感与美丽的世界级艺术城市，目标是建成 21 世纪的国际文化中心城市之一。中国也提出了"提高国家文化软实力"的战略思想，以增强国家的综合国力。胡锦涛在党的十七大报告中指出："当今时代，文化越来越成为民族凝聚力和创造力的重要源泉、越来越成为综合国力竞争的重要因素，丰富精神文化生活越来越成为我国人民的热切愿望。要坚持社会主义先进文化前进方向，兴起社会主义文化建设新高潮，激发全民族文化创造活力，提高国家文化软实力，使人民基本文化权益得到更好保障，使社会文化生活更加丰富多彩，使人民精神风貌更加昂扬向上。"

文化战略是国家战略的重要组成部分，而国家战略的目标则在于实现国家的根本利益。国家利益的基本内容主要包括，国家的生存、国家的根本性状之维护和国家的"自我实现"。国家的"自我实现"又可以分为两个方面，一方面是国家内部的"自我实现"，主要是指追求国家的强盛，如经济的发展、强大的军事实力、有威望的政府权威、先进的科学技术、发达的文化艺术事业、较高的社会福利、良好的国民教育、健全的法制、高度的政治认同和政治民主等；另一方面是国家外部的"自我实现"，这是所有国家共同追求的国家利益，如国家在国际上的威信、尊严、地位以及良好的国际关系，正常的国际交往等。① 因此，无论从哪个角度看，文化战略的制定对国家的未来发展都变得日益重要。

### 二　冷战后日本的文化战略

日本在历史上一直是一个特别看重硬实力的国家，这从战前走富国强兵即重视经济和军事的道路，战后又走重视发展经济的路线就可以看出来。但是，日本又是一个对国际形势非常敏感的国家，在冷战后各国日益重视文化软实力、加紧构筑文化战略的潮流中，日本自然也不会甘于落后。实际上，自冷战结束特别是进入 21 世纪以来，日本将构筑新的文化战略提上重要议事日程，制定了大量的法令、法规和政策文件，确立了明确的国家文化战略，形成了一套富有特色的实施推进机制，并且取得了不小的成效。

日本加紧构筑文化战略，主要有以下几个背景原因。第一，国内外环境的深刻变化。冷战结束后，世界各国由过去只关注经济、军事等，转而越来越重视文化的作用。世界多极化、经济全球化的深入发展，科学技术的日新月异，使各种思想文化的交流交融交锋更加频繁，文化在综合国力竞争中的地位和作用更加突出。综合国力已经不仅仅体现在经济、军事等硬实力方面，而是经济力量、军事力量、政治力量、文化力量等因素的全面体现。文化软实力作为综合国力的重要组成部分日益受到重视，世界主要大国也加快了构筑文化战略、提升本国综合国力的步伐。在这样的背景下，日本为了不在迅速变化的国际潮流中掉队落伍，也加快了制定文化战略、增强本国综合国力的步调，想以此来提升日本的国家实力，增强日本在世界上的影响力，弥补经济硬实力的相对下降带来的不利影响。

第二，日本大众文化风靡世界，给日本带来了新的自信和希望。日本在遭受泡沫经济崩溃的沉重打击后，经济发展长期处于低迷状态，这使日本的硬实力和国际竞争力相对下降，在国际上发挥影响力的重要资本受到削弱。但是，20 世纪 90 年代以来，日本的漫画、动画、游戏、电视剧、流行歌曲等大众文化在世界范围内流行，与日本经济的长期低迷

---

① 薄贵利：《国家战略论》，中国经济出版社 1994 年版，第 281—282 页。

形成了巨大反差。这显示了日本文化的巨大潜力和影响力，给陷于增长苦恼的日本带来了莫大的自信和鼓舞。日本大众文化的流行，反过来使日本认识到日本文化具有的魅力，开始运用日本文化的力量打造"日本品牌""酷日本"等形象，实际上就是要在国内提高日本文化的位置，在国际上提升日本文化的影响力。特别值得注意的是，日本还开始将日本文化的理念加以特定化，试图将"尊重和平与共生的精神"等作为具有普遍意义的价值观向世界推广。

第三，文化在社会经济发展中的作用日益受到重视。随着经济软件化和服务化的发展，文化在经济活动中成为经济多样化和高附加值的源泉，与文化相关联的文化产业也正在成为日本经济的支柱产业和新的经济增长点。无论在观光产业还是多媒体信息通信产业所提供的信息内容等方面，文化要素的作用显得越来越重要。同时，文化建设事业也具有使经济整体恢复和增加活力的作用，对文化事业的投资和支出还可以唤起新的需要，创造出新的雇佣机会。因此，文化建设除了具有文化领域的意义之外，对于完成经济的升级和促进经济向更高层次发展也具有重要意义。除此之外，通过积极推动文化产业发展，还可以使日本人的生活方式和价值观、审美意识等日本文化要素在全球范围内获得共鸣，培育出广泛的日本文化艺术和传统文化的接受者、欣赏者和参与者，这种综合文化力的全球扩展反过来也会对国内经济发挥中长期的刺激作用。

基于以上的原因，20 世纪 90 年代以后，日本改变了以往仅重视扩充艺术鉴赏机会、文化遗产保护、国际文化交流等一贯的做法，开始致力于构筑新的文化战略。在日本政府及有关各界的努力下，文化战略的内涵不断充实和完善，并得以体系化、法制化和制度化。

日本的文化战略，主要体现在日本政府制定的相关法律、法规、文件和政策中。据我们的相关调查研究，进入 21 世纪以来，日本政府及有关部门颁布的相关法令及政策文件主要有：日本政府发布的《文化艺术振兴基本法》（2001 年）、"文化审议会"提出的报告《关于构筑重视文化的社会》（2002 年）、内阁会议决定的《关于文化艺术振兴的基本方针》（即第一次基本方针，2002 年）、日本政府通过的《知识产权基本法》（2002 年）、"国际文化交流恳谈会"提出的报告书《关于推进今后的国际文化交流》（2003 年）、知识产权战略本部（内容产业专门调查

会）提出的《振兴内容产业政策——软实力时代的国家战略》（2004
年）、知识产权战略本部（内容产业专门调查会）提出的《推进日本品牌
战略——向世界发信魅力日本》（2005 年）、"推进文化外交恳谈会"提
出的报告书《创造"文化交流的和平国家"日本》（2005 年）、知识产权
战略本部（内容产业专门调查会）提出的《数字内容产业振兴战略——
使日本成为顶级数字内容产业大国》（2006 年）、知识产权战略本部（内
容产业专门调查会）提出的《致力于实现世界最尖端的内容产业大国》
（2007 年）、日本政府提出的《日本文化产业战略》（2007 年）、经济产
业省内容产业全球战略研究会提出的《内容产业全球战略报告书》（2007
年）、内阁会议通过的《关于文化艺术振兴的基本方针》（即第二次基本
方针，2007 年）、外务省海外交流审议会提出的《强化日本对外传播的五
个提议》（2007 年）、外务省海外交流审议会报告《强化我国对外传播力
度的施策与体制——为了增加日本的理解者与粉丝》（2008 年）、文化厅
文化对外传播战略恳谈会报告书《关于提高对日本文化理解与关心的文
化对外传播的措施》（2009 年）、知识产权战略本部（内容产业、日本品
牌专门调查会）提出的《日本品牌战略——将软实力产业作为增长的原
动力》（2009 年）、日本品牌确立与对外传播的相关省厅联络会议提出的
《日本品牌战略基本方针》（2009 年）、知识产权战略本部计划委员会提
出的《关于推进酷日本的基本方针》（2011 年）、内阁会议决定的《关于
文化艺术振兴的基本方针》（即第三次基本方针，2011 年）、经济产业省
提出的《酷日本战略》（2012 年）、内阁会议决定的《关于知识产权政策
的基本方针》（2013 年）、知识产权战略本部提出的《知识产权政策构
想》（2013 年）、安倍内阁提出的《日本再兴战略》（2013 年）、《日本再
兴战略》改订 2014（2014 年）、《日本再兴战略》改订 2015（2015 年）、
内阁会议决定的《关于文化艺术振兴的基本方针》（即第四次基本方针，
2015 年）、《日本再兴战略 2016》（2016 年）、日本政府通过的新《文化
艺术基本法》（2017 年）、内阁官房和文化厅提出的《文化经济战略》
（2017 年）、内阁会议决定的《文化艺术推进基本计划》（2018 年）等。

　　上面这些法令、法规、文件和政策，构成了日本文化战略的基本内
容，是我们研究 21 世纪初期日本文化战略时的主要依据。总的来说，日
本的文化战略作为日本国家战略的配套工程，反映了 21 世纪初期日本的

国家利益和总的目标追求。日本文化战略包括文化振兴战略、文化产业战略、文化外交战略等几个方面，主要意图是通过该战略的实施，在继承传统文化的基础上致力于文化创新，为整个经济社会的发展提供新型的人才和价值观念；由文化推进经济的活性化，创造重视知识、经验、感性的产业、财富和服务，促进日本经济的再生和发展；大力推进国际文化交流，积极向世界宣传和输出日本文化，以树立文化国家的良好形象。

### 三　本课题研究的目的及意义

冷战结束以后，日本文化战略的动向和未来走向引起了国内外学术界的高度关注，也涌现出了不少具有较高水平的研究成果。但是总的来说，这些研究大多是围绕日本文化战略的某个点或某个侧面展开的，到目前为止尚未见到对日本文化战略进行整体性、系统性研究的成果。日本是我们的重要邻国，在国际上文化软实力竞争日益激烈，在我国加快建设社会主义文化强国和提高国家文化软实力的重要时期，对 21 世纪初期日本文化战略的研究显然具有特殊的意义。应该说，对日本文化战略开展比较系统、全面和深入的研究，构建日本文化战略研究的基本框架，是我们面临的一项重要任务。

本课题将尝试回应现实的需要，对 21 世纪初期日本的文化战略展开比较系统的研究。概而言之，本课题将探讨冷战后日本构筑文化战略的过程，考察日本文化战略的基本结构，分析其实施推进措施和成效，揭示其在日本国家战略中的位置和影响。首先，本课题将对冷战后日本文化战略的构筑过程进行历史考察。冷战后日本适应国内外形势的变化，积极构筑自己的文化战略，但日本的文化战略构建是一个不断在实践中充实完善的过程，如文化艺术振兴的基本方针就每隔四五年修订一次，文化产业的内涵也经历了从内容产业不断向时装、设计、饮食、观光等扩展的过程，文化外交也是在朝着强调对外传播和对外宣传方向发展。通过对日本文化战略的构筑过程的分析，有助于了解日本构筑文化战略的背景和基本思路，从而把握日本文化战略的本质。

其次，对日本文化战略的内涵进行具体考察。我们认为，日本的文化战略主要包括三个方面内容：其一，文化艺术振兴战略。日本通过文化艺术振兴战略，提升国民的素质和文化自信，培养国民的创造力和想象力，并通过对外文化交流和传播，增强日本文化的影响力。其二，文化产业发展战略。现在，日本文化产业的含义不断扩大，从漫画、动画片、游戏等内容产业发展到包括设计、时装、饮食、观光等产业，在世界上的影响越来越大。日本文化产业不仅扩大着日本文化的影响，还成为日本经济的一个新增长点。其三，文化外交宣传战略。21世纪以来，日本加快了在世界上特别是在亚洲争夺话语权的步伐，制定了明确的"文化外交"纲领，确立了文化外交的理念、行动方针及重点地区等，日本的这种文化外交战略对日本今后的外交行为产生了深远影响。

最后，对日本文化战略的结构特征及其在日本国家战略中的位置进行研究。日本文化战略的几个方面是有机联系的整体，文化艺术振兴战略、文化产业发展战略、文化外交宣传战略相互依存、相互作用、相互促进，而这又有赖于日本政府主导、官民一体的推进机制。本课题将在对日本文化战略的具体领域进行深入研究的基础上，结合日本的国家战略，探讨日本文化战略的特性，从全局高度把握其在日本国家战略中的位置。

本课题将把研究重点放在以下三个方面。第一，注重从整体上把握日本的文化战略。以往对日本文化战略的研究，大多只涉及其中的某个具体领域，如日本的文化产业、动漫文化的输出、价值观外交等，缺乏从整体的角度对日本文化战略进行全面而系统的研究。这样的研究难以从整体上把握日本文化战略的相互作用和实质。实际上，日本的对内文化战略和对外文化战略是一个有机的整体，是一个相互依存、相互作用的系统，只有用系统分析的方法进行整体研究，才能深入把握其总体特征及效果影响。

第二，着重探讨日本文化战略的特色。每个国家特别是主要国家都有独具特色的文化战略，因为各国所处的国内外环境、文化资源、所追求的目标都有所不同。日本是基于什么背景和考量构建了今天的文化战略，主要追求的目标又是什么？目前对此进行深入考察的并不多。实际上，日本的文化战略是充分利用了自己的优势资源，通过链接国内与海外、文化与产业、文化与外交，达到文化、经济与外交的相乘效果。本课题通过对日本文化战略特色的考察，可以明了其社会经济和人文背景，从而对日本的文化战略本质有比较深刻的认识。

第三，着重探讨日本文化战略在日本国家战略中的地位和作用。日本的文化战略毕竟是从属于国家战略的。本课题将把日本文化战略作为日本国家战略的一环，揭示日本文化战略在日本国家战略中的位置，分析探讨其实施的效果，预测日本文化战略的发展前景及其影响。

本课题将致力于在以下方面有所创新：首先，把日本的文化战略放在冷战后特别是 21 世纪日本所处的国内外环境中加以考察，客观分析其所处国内外环境及其战略抉择，系统梳理日本构筑文化战略的历史轨迹，以动态把握其演变过程及其性质。目前尚未见到国内在这一领域的系统分析。其次，对日本文化战略的三个基本方面，即文化艺术振兴战略、文化产业发展战略、文化外交宣传战略展开具体分析，在深入探讨各个部分的内涵和推进措施的基础上，揭示出日本文化战略的"国内与海外""文化与经济""文化与外交"的内在关联和逻辑关系，这不仅在研究方法上有所创新，在学术观点上应该也是有新意的。最后，从全局的高度对日本文化战略的总体特征进行概括，搞清日本文化战略在日本国家发展战略中所占的位置，探讨对日本未来发展的影响。在此基础上，力图提出我国制定文化战略的相关政策建议。

本课题在坚持马克思主义历史唯物主义基本原理的基础上，主要运用历史与逻辑相统一的方法、系统分析的方法、理论联系实际的方法进行研究。首先，既注重对日本文化战略形成的历史脉络的探究，同时注重对其基本特征的归纳，努力做到历史与逻辑相统一；其次，把日本文化战略作为一个有机系统来把握，从相互联系和相互作用的角度对各个侧面进行分析，然后从系统的角度进行整体研究和把握；最后，注重揭示日本文化战略的功能实效，以及其对我国构筑文化软实力战略的影响，为我国的社会主义现代化建设和对日决策服务。

本课题的研究具有重要的现实意义和实践价值。首先，研究日本的文化战略，对深刻把握日本的国家战略具有重要的现实意义。日本的文化战略是日本国家战略的重要组成部分，不了解日本的文化战略，就不可能全面深刻把握日本的国家战略及其对外政策。冷战结束特别是进入 21 世纪后，日本日益重视文化软实力的作用，开始积极构筑文化战略，文化战略在日本国家发展战略中占有越来越重要的位置。日本是个文化大国，有着丰富的文化资源，日本文化战略的构筑和实施必将对日本经济社会的可持续发展、日本国际地位的提升以及中日关系的长远发展产生深刻影响。因此，研究日本的文化战略对我们准确认识日本及其国家战略具有重要现实意义。

其次，研究日本的文化战略的影响，可以为我国的应对提供某种参考。近年来，日本加大对文化软实力的战略投入和运用，将其作为提高国际地位和国际竞争力的重要手段，将国内与国外、文化与经济、文化与外交链接起来，把美国、欧洲和亚洲作为重点地区，强化官民一体的推进机制，重视量化效果等，必将在经济文化竞争和外交方面给我国带来影响。因此，加强这方面的研究不仅具有重要性，还带有某种迫切性。

最后，总结日本文化战略构建和运用的经验教训，可以为我国构筑文化软实力战略提供某种借鉴。为适应全球化发展和外交的需要，中国需要发展自己的文化软实力。党的十七大报告中提出了实现全面建设小康社会奋斗目标的新要求，要求加强文化建设，明显提高全民族文明素质。日本在构筑和实施文化战略过程中倾注了巨大力量，取得了相当成效，也积累了丰富的经验和教训，对其进行认真研究和总结，对中国构建文化软实力战略将具有重要的借鉴价值。

# 第 一 章

# 日本文化战略的形成

第二次世界大战结束后的 70 多年间，随着国内外环境的深刻变化，日本的国家文化战略经历了从"科学技术立国"到"文化艺术立国"的战略重心转移。与此相关联，日本文化的发展也经历了从吸收外部文化到建设本民族文化，再到向外辐射本民族文化的过程。系统梳理和探讨日本文化战略的形成发展过程，对理解日本文化战略的内涵、实质及在国家战略中的位置都是十分必要的。

## 第一节　战后日本文化行政的发展

日本的文化政策和文化战略与日本的文化行政有着密切的关系，探讨日本的文化政策和战略离不开对日本的文化行政的相应了解和把握。因此，在进入对日本战后文化政策和战略的探讨之前，需要先对战后日本的文化行政的发展过程进行一些必要的介绍。

### 一　战后日本文化行政的几个发展阶段

战后以来，随着社会环境、经济形势的变化和行政改革的推进，日本中央政府和地方自治体文化行政的行政重点、行政内容以及行政体制不断发生变化，根据日本战后文化行政发展的阶段性特征，大致可以划分为五个时期。

#### （一）文化行政空白期（第二次世界大战结束后—20 世纪 60 年代前期）

第二次世界大战结束后，日本进行了比较彻底的民主化改革，相继制定了《日本国宪法》《教育基本法》、新《民法》等基本法律，规定了战后日本文化的民主主义、和平主义的基调。① 这为战后日本文化行政的发展指明了方向。战败为反思和改造日本提供了新的历史机遇，建设新文化的前提是必须对旧文化进行清算。战后初期日本文化界掀起了文化反省思潮，这是一种试图摆脱精神上的虚脱状态，重新定位日本文化的运动。②

这一时期日本中央政府文化行政的主要内容就是纠正战前和战时颁布的文化艺术政策，废除限制文化艺术创造和评论自由的治安维持法、出版法、报纸法、电影法等，取消了第二次世界大战时对文化艺术活动的限制。为了尽快回归"文化国家"的道路，日本政府开始关注战前被忽略的舞台艺术，文部省开始举办艺术节。在文化遗产保护方面，由于战后初期通货膨胀严重、战败导致国民轻视民族传统等原因，文化遗产保护工作举步维艰，但是以法隆寺金堂壁画烧毁事件为契机，同时为了应对战后欧美文化的大量涌入，日本政府开始重视保护和弘扬民族传统文化，1950 年成立了文化遗产保护委员会，并颁布了《文化遗产保护法》，对文化遗产保护工作进行了全面整顿，奠定了战后文化遗产保护行政的基础。

战后初期，日本政府的工作重点是恢复经济、进行生产基础设施建设，加之文化界极力要求排除政府对文化艺术活动的干预，因此政府对于文化行政的态度比较消极，既没有制定明确的目标和方针，也没有建立具体的运行机制。在废除战前和战时的文化政策以后，文化行政几乎成了一张白纸，因此这一时期可以说是日本文化行政的空白期。

**（二）中央政府文化行政起步期（20 世纪 60 年代中期—70 年代中期）**

进入 20 世纪 60 年代，日本经济迎来了高速增长的时期。但是同时，经济发展的负面影响也日益显现出来：随着城市化进程加速，古老村镇遭到破坏，历史建筑周边环境开始恶化；随着大规模的土地开发和城镇建设，大量地下文物遭到损毁；随着产业结构和生活方式的变化，传统手工艺、艺能、民俗文化日渐衰微。

在这种形势下，日本政府认识到文化建设、文化遗产保护工作的紧迫

---

① 崔世广：《日本现代化过程中文化建设的主要力量及其作用机制》，《日本学刊》2008 年第 6 期。

② 杨劲松：《试论战后初期日本文化反省思潮的走向》，《日本学刊》2008 年第 3 期。

性和重要性。1966 年日本文部省下设文化局，职责范围包括文化艺术、国语、版权、宗教行政以及文化普及。1968 年文化局与文化遗产保护委员会合并成立文化厅，对文化艺术和文化遗产保护进行一元化管理。以日渐雄厚的经济实力为支撑，日本政府开始对文艺团体进行资助，尤其是设立文化厅以后，中央财政支持的范围进一步扩大，文部省社会教育团体补助金将管弦乐、歌剧、芭蕾、现代舞蹈团体等都列为资助对象，逐年增加预算，初步建立了以中央财政支持文化艺术活动为核心的文化行政框架。在文化遗产保护方面，1968 年设立了文化遗产保护审议会，修订了《文化遗产保护法》，规定了民俗文化遗产的保护范围，建立了传统建筑群保护区制度和文化遗产保存技术制度，完善了地下文化遗产保护制度。[1]

中央政府将与国民的衣、食、住相关的生活文化和娱乐也纳入了文化行政的范围，文化厅文化普及课的主要工作就是振兴地方文化，资助舞台艺术团体在各地巡演，支持文化会馆、历史民族资料馆等地方公立文化设施建设，支持地方开展文化活动，大力推动文化向地方普及。经济高速增长带来的企业、信息、文化向首都的高度集中也给各地方自治体带来了强烈的危机感，各地方政府意识到，要保持地方的独立性、自主性就要重视本地区的文化建设，因此纷纷在教育委员会下设文化课，致力于推动本地区的文化发展。

**（三）地方自治体文化行政繁荣期（20 世纪 70 年代后期—80 年代末）**

20 世纪 70 年代后期，日本经济从高速增长期转入稳定增长期，国民物质生活水平大大提高，人口素质大幅提升，闲暇时间增加，日本成为了福利社会、有闲社会。物质需求得到满足的日本国民开始要求享受更高层次的精神生活。大平内阁深刻意识到文化时代的到来，提出的"文化的时代"口号很快脍炙人口。

尽管 20 世纪 80 年代日本政府一直面临着财政重建的难题，但是为了保证对民间艺术团体的支持力度，在民间艺术振兴费补助金之外又设立了日美舞台艺术交流项目、优秀舞台艺术演出奖励项目、艺术活动特别推进项目，建立起了以舞台艺术为中心的文化艺术支持体系。[2] 到 20 世

---

① 日本文化厅：《文化行政的历程——在文化厅创设 10 周年之际》，1978 年。

② 日本文化厅：《为了实现新的文化立国的创新——文化厅 30 年史》，1999 年。

纪 80 年代末期，基本形成了以文化财政支持为主要形式的、与第二次世界大战前完全不同的文化行政框架。

由于文化的独特性和地方性，因此"文化的时代"同时必须是"地方的时代"。① 在日本社会向地方分权化、多样化发展的背景下，1979 年神奈川县知事提出了"行政的文化化"的口号，这一新的发展方向迅速波及全国。② 所谓"行政的文化化"，是指排除政治色彩，地方自治体的文化行政脱离以文化艺术、文化遗产保护为工作重点的文化厅、教育委员会的管辖，将地方文化事务转由知事、市町村长直接负责，从生活文化的视角全面推进地方的文化行政，各种行政措施都围绕着文化来展开。在"地方的时代"的潮流中，一些地方自治体在国家尚无法律规定的文化领域找到了行政自治的机会，出于对之前千篇一律的城镇建设的反省，积极探索和推进更重视地方性和文化性的城镇建设改革。③ 这成了地方自治体文化行政发展的一个重要契机，各自治体积极发掘本地的特色文化，保护本地的历史文化遗产，进行以文化建设为中心的地方建设，不仅为本地居民提供了丰富的精神文化享受，保护了本地区的传统文化，还通过发展观光旅游、文化产业促进了本地区的经济发展，利用文化事业创造了巨大的经济价值。在这种背景下，中央政府也大力支持地方文化建设，自治省开展了"家乡事业"项目，支持各地的公共文化设施建设。各自治体借助中央财政支持建设了很多的文化会馆、历史民俗资料馆、博物馆、美术馆和艺术中心等，文化财政支持的三分之二都被用于文化设施建设，文化设施建设作为"看得见的政绩"很受重视。④ 但是，与大规模的文化硬件设施建设相比，在文化软件方面的发展却相对滞后。

**（四）新的文化行政机制形成期（20 世纪 90 年代）**

冷战结束后，日本作为世界第二大经济强国虽然仍有雄厚的经济实力，但是整个日本社会却面临着严峻的挑战，经济形势长期低迷，政治大国梦想又迟迟难以实现，日本社会面临着重大的变革和转型。在这种

① 森启：《能看到文化的城镇——自治体的文化战略》，公人之友社 2009 年版，第 98 页。
② 长洲一二：《明确文化行政的基本方向》，全国文化行政研讨会，1979 年 11 月。
③ 后藤和子：《文化政策学——法律、经济、管理》，有斐阁 2001 年版，第 182、183 页。
④ 小林真理：《面向确立文化权——文化振兴法的国际比较与日本的现实》，劲草书房 2004 年版，第 9 页。

背景下，日本政府逐步明确了"文化立国"的发展方向。1995 年制定了
《以新的文化立国为目标——关于当前文化振兴的重点施策》，对文化行
政的工作重点进行了部署。1996 年制定了《文化立国 21 计划》，建议将
对文化进行重点投资、全面推动文化基础建设作为面向 21 世纪振兴文化
的重要课题。1998 年又制定了《文化振兴基本计划——为了实现文化立
国》，进一步明确了文化立国战略目标的重要意义，将传承、振兴民族文
化确立为日本 21 世纪文化行政的重要发展方向。①

在 20 世纪 80 年代，由于中央政府财政重建不得不控制文化财政的支
持力度，文化艺术活动开始面临财政上的困难。1986 年，文化厅在关于
民间艺术活动振兴的讨论会上提出了《振兴艺术活动的新方式》的报告，
指出了振兴艺术活动的社会和经济意义，强调了政府支持和民间资助
（企业赞助）相结合的必要性。② 民间企业也逐渐认识到企业的社会贡献
和社会责任，加之正值泡沫经济繁荣时期，各大企业纷纷设立财团支持
艺术活动，并于 1990 年成立了"企业文化赞助活动协议会"。同年，在
日本政府支持下成立了民间机构——"文化艺术振兴基金会"，全面扩大
了对文化艺术活动的资助范围，到 2006 年，文化艺术振兴基金资助了多
达 12514 项的文化艺术活动，资助金额达到 307 亿日元。1996 年，文化
厅将民间艺术振兴费补助金、日美舞台艺术交流项目、优秀舞台艺术演
出奖励项目、艺术活动特别推进项目整合为"艺术计划 21"。在民间的
"文化艺术振兴基金"和政府的"艺术计划 21"的共同支持下，在企业
文化赞助活动协议会的桥梁作用下，20 世纪 90 年代日本的文化艺术活动
呈现出前所未有的蓬勃发展局面。民间力量的加入，不仅解决了政府文
化财政资金不足的问题，还形成了中央及地方政府、民间企业、艺术团
体三方共同推动文化艺术振兴，三方相互协作、互相补充、职责明确、
职能互补的文化行政新机制。

在地方文化行政方面，这一时期在文化硬件设施日趋完善的同时，

---

① 日本文化厅：《以新的文化立国为目标——关于当前文化振兴的重点施策》，1995 年 7
月；《文化立国 21 计划》，1996 年 7 月；《文化振兴基本计划——为了实现文化立国》，1998 年
3 月。

② 日本文化厅：《振兴艺术活动的新方式》，关于民间艺术活动振兴的讨论会，1986 年。

地方自治体文化行政的重点开始向丰富文化内容、提高本地区居民文化素质的方向转移。文化厅振兴地方文化行政措施的重点也开始从支持城镇文化设施、地方文化信息系统建设，向培养地方文化人材、支持地方举办文化艺术活动等文化软件方向转移。

**（五）文化政策体系完善期（2001 年至今）**

进入 21 世纪，随着全球化和信息化进程加速，日本政府深刻认识到文化作为软实力在意识形态领域的巨大影响力以及其可持续增长的社会经济价值，依靠文化发展推动社会发展成了日本重要的国家发展战略。

在 2001 年初的日本中央政府行政大改革中，文部省与科学技术厅合并成立了文部科学省，文化厅作为文部科学省的外设部门，下设文化审议会和宗教法人审议会。在文化政策方面，2001 年日本政府颁布了具有里程碑意义的《文化艺术振兴基本法》，并于 2002 年、2007 年、2011 年 3 次颁布《关于文化艺术振兴的基本方针》，指出了实现文化艺术立国、振兴文化艺术的重要意义，指明了振兴文化艺术的基本方向，确定了国家在振兴文化艺术方面的责任和应采取的政策措施。[①] 这些法律和方针的颁布明确了文化行政在国家行政体系中的重要地位，为文化行政的发展指明了具体的目标和方向。在文化创意产业迅猛发展的形势下，为了保障文化产业健康有序发展，日本政府健全、完善了与文化相关的法律政策，多次修订《著作权法》，颁布了《著作权等管理事业法》《知识产权基本法》《关于促进数字内容的创造、保护以及利用的法律》《文字、印刷物文化振兴法》[②] 等多项专项法律，依靠立法手段保护国民享受文化艺术的权利，维护文化市场的良好秩序，为文化的产业化发展和丰富国民的文化艺术生活提供了有力的保障。为了促进文化遗产保护的国际合作，还实施了《关于推进国外文化遗产保护国际合作的法律》。另外，还陆续

---

① 日本内阁：《文化艺术振兴基本法》（平成十三年法律第 148 号），2001 年 12 月；《关于文化艺术振兴的基本方针》（第 1 次基本方针），2002 年 12 月；《关于文化艺术振兴的基本方针》（第 2 次基本方针），2007 年 2 月；《关于文化艺术振兴的基本方针》（第 3 次基本方针），2011 年 2 月。

② 日本内阁：《著作权等管理事业法》，2000 年 11 月；《知识产权基本法》，2002 年 12 月；《关于促进数字内容的创造、保护以及利用的法律》，2004 年；《文字、印刷物文化振兴法》，2005 年。

推出了"文化艺术创造计划"和"发现传播'日本文化魅力'计划"，鼓励日本的文化艺术创造，对外传播民族文化。[1]

在地方自治体文化行政方面，《地方分权推进法》《地方分权总括法》相继实施后，中央政府和地方自治体的分权从"权限委托"转变为"权限转移"，地方自治体获得了更大的行政自主权，各都道府县知事任命教育长官不再需要经过文部科学大臣的批准。由于地方自治体拥有了独立的财政权，举办文化活动还可以得到中央政府的财政支持，因此各地方自治体都积极开展丰富多彩的文化活动，如东京都举办的亚洲舞台艺术节、宫崎县举办的宫崎国际音乐节等都获得了广泛的国际声誉。

## 二 战后日本文化行政的发展特征

如果梳理一下战后日本文化行政的变迁，大体可以归纳出如下几个特征。

### （一）文化行政定位的变化

在战后 60 多年的文化行政变迁中，随着文化概念的扩大，文化行政的定位也在逐渐发生着变化。第二次世界大战结束后，日本政府认为文化是民主主义的概念，担负着形成国民人格的重任，因此将文化定位为广义的"文教"中的一环，认为文化与教育相辅相成，实现民主主义与建设文化国家互为表里，都要通过教育手段来实现。时任文部大臣森户辰男就强调："在文部省的文教行政中，应重视学术和文化，使教育、学术、文化三者均衡发展，确立走向文化国家的发展方向。"[2] 但到了 20 世纪 70 年代后期，梅棹忠夫围绕文化和教育的关系提出了"教育是充电，文化是放电，两者的方向完全不同，因此在教育中谈及文化不合适"的观点。[3] 还有学者指出"要将市民文化活动和社会教育行政明确分开"。[4]这些观点成了 20 世纪 80 年代自治体文化行政的理论依据，在"行政的文化化"的口号下，战后一直被定位为文教一环的文化行政在地方自治

---

[1] 参见赵敬《冷战后日本文化发展战略简析》，《日本学刊》2010 年第 6 期。

[2] 森户辰男：《众议院文化委员会演说》，1948 年 4 月。

[3] 梅棹忠夫：《文化经济学开端——文化设施的经济效果与自治体的设施建设》，学阳书房 1983 年版，第 3 页。

[4] 松下圭一：《社会教育的终结》，筑摩书房 1986 年版，第 74 页。

体被重新解读，很多地方自治体的文化行政都脱离了文化厅—教育委员会的行政体系，从各自治体教育委员会管辖的文化遗产保护和艺术振兴的狭义文化行政，转向由都道府县知事、市町村长直接负责的围绕生活文化的综合性文化行政。① 进入 20 世纪 90 年代，中央政府文化行政的对象已经远远超出了与教育、学术并列的狭义文化概念，文化行政已经脱离了作为文教行政一环的定位，在文教框架外的各种政策措施中，文化和生活文化都成了上层概念，文化行政成了其他行政的牵引力，其他行政在理念上呈现出向文化行政靠拢的倾向。

### （二）中央政府文化行政的分散化

在日本中央政府的行政体制中，文化厅作为文化行政的主体，其行政范围是"狭义的文化行政"②，其他省厅的行政范围中都有与文化行政相关的内容，这些与文化相关的政策措施是"广义的文化行政"。例如经济产业省③从发展文化经济的角度制定了产业的文化化和文化产业政策，农林水产省从保护各地自然和文化的角度推出了完善各地旅游住宿设施的绿色观光旅行计划，建设省从保护地方文化传统、推动地方经济的角度制定了美化城镇环境的政策，外务省从国际文化交流的视角推出了文化外交的措施。为了满足全社会对提高生活品质的强烈需求，市民生活文化进入了行政视野，各省厅都在各自职责范围内行使着提升国民生活文化质量的政策措施，实际上这些都是广义的文化行政的一部分。在文化厅是文化行政主体的前提下，文化行政工作实际上正在向其他政府部门分散，可以说，随着实质性的文化行政对象范围的扩大，日本中央政府的文化行政呈现出分散化的趋势。

### （三）地方自治体文化行政的综合化

20 世纪 80 年代，在"文化的时代""地方的时代"的口号下，各地方自治体的文化行政都围绕着生活文化全方位展开，地方文化建设成为

---

① 森启：《能看到文化的城镇——自治体的文化战略》，公人之友社 2009 年版，第 7 页。

② 在旧《文部省设置法》（1949 年）第 2 条第 9 项中，作为文化厅政策对象的文化是"艺术及国民娱乐、文化遗产、出版及版权和其他版权法规定的权利，以及与此相关的提高国民文化生活的活动"。

③ 在 2001 年日本中央政府行政机构改革中，原邮政省、自治省、总务厅合并成总务省，原通商产业省改名为经济产业省。

了城镇建设的主题。进入 20 世纪 90 年代，地方文化行政的重点从文化硬件建设转入以振兴地方文化为核心的软件建设。进入 21 世纪，行政改革推进了地方分权，地方文化行政的综合性进一步加强，文化成为以提高生活质量为核心、立足于生活文化视角、涵盖国民高品质生活所需的生活环境舒适度等内容的广义概念。随着文化概念的扩大，诸如复兴传统仪式活动、传承地方民俗、保护自然环境、保留历史风貌的城镇建设、开发地方特色商业街、振兴本地居民生活所需的地方性产业等都成了地方文化行政的对象。以往地方文化行政的课题是"将文化行政化"，今后的课题将是"将行政文化化"，也就是说将以往的"纵向事业行政"向"城镇建设的综合行政"转变。[①] 地方自治体在文化行政过程中，将经济、社会、生活环境等因素都考虑进去，各种行政措施都围绕着文化这一核心理念展开，文化行政成了横贯所有行政的相通领域。地方自治体的文化行政带有了综合行政的色彩，呈现出综合化的趋势。

**（四）文化行政主导权从中央政府向地方自治体转移**

在日本战后复兴和经济高速增长阶段，都是由中央政府发布行政指令，都道府县是中央政府的地方代理，市町村是中央政策的末端执行机构，无论都道府县还是市町村都不是行政主体。进入地方文化行政蓬勃发展的 20 世纪 80 年代，市民自治、分权参与的自治体理论渐渐深入人心，行政部门是政策制定和政策执行的主体、居民是政策执行的客体的观念开始发生巨大变化。正如有学者指出的，"政策课题的制定应来源于当地居民的生活实际，而不是由中央行政部门纸上谈兵"。[②] 1995 年《地方分权推进法》和 1999 年《地方分权总括法》[③] 制定实施以后，大大推进了地方分权，国家和地方自治体逐渐从上下关系向平行关系转变，地方自治体在文化行政方面拥有了更大的自主权。文化的地方性决定了城镇文化建设的主导必须是地方自治体，必须由当地居民根据本地的实际情况来决定。随着地方分权化进程加速，中央政府各省厅主导地方自治

---

① 森启：《能看到文化的城镇——自治体的文化战略》，公人之友社 2009 年版，第 11、12 页。

② 同上书，第 7 页。

③ 日本内阁：《地方分权推进法》，1995 年 5 月；《地方分权总括法》，1999 年 7 月。

体的时代即将结束，中央政府要逐渐将行政权和财权转交给自治体，中央政府的文化行政权限也在逐步向都道府县和市町村转移。

**（五）行政主体由一元化向多元化转变**

20 世纪 90 年代，在企业逐步认识到自身的社会贡献、社会责任的背景下，日本民间企业开始大规模介入文化艺术活动，企业赞助和公益活动呈现出活跃、复杂和多样的趋势。尤其是 1990 年成立的企业文化赞助活动协议会，成了支持公益事业的民间企业和文艺团体之间的桥梁。另外，文化艺术 NPO 等中间法人组织的文化艺术活动也日益活跃。借助第三方力量的介入和中间团体的桥梁纽带作用，日本的文化行政形成了中央和地方政府、文艺团体、民间企业三足鼎立以及公私协作、职责共担的新机制，而文化行政的主体则呈现出政府、文艺团体、民间企业、文艺 NPO（Non-profit Organization，非营利性组织）、企业公益活动协议会等多元化的趋势。日本的文化行政机制是介于以法国为代表的政府主导型，和以美国为代表的民间主导型之间的一种中间形态。如果坚持政府主导，往往会出现行政效率低下、财政资金不足的情况，而民间主导有时会难以保证国民的最低文化需求。可以说日本文化行政的发展扬长避短，汲取了两种形态各自的长处，明确多元化行政主体各自的职责，相互协作、协调统一在振兴文化艺术的目标框架之下。

**（六）从文化行政向文化运营机制转变**

在 2000 年初的日本中央政府行政大改革中，国立博物馆、美术馆、文化遗产研究所等成了独立行政法人，在这个潮流下，很多文化会馆、美术馆等公立文化设施也都开始转为自主经营性运营，脱离了行政主管部门的管辖。另外，随着民间企业、NPO 等对文化艺术活动支持力度的加大，文化艺术活动乃至文艺团体的运营也渐渐形成了企业化的趋势。随着公立文化设施的独立行政法人化和公共文化设施的自主运营化，政府文化行政的形式和内容也必然会发生一定的变化，文化行政正在向文化运营方向转变。从狭义上说，文化运营是指文艺团体、文化艺术设施以及企业文化部门实施的对文化艺术活动的管理运营，因此可以说狭义上的文化运营管理是文化行政的一部分。① 而从广义上说，所有的构建艺

---

① 根木昭：《日本的文化政策》，劲草书房 2001 年版，第 210 页。

术和市场关系体系的文化管理活动都属于文化运营的范畴。① 因此从某种意义上说，广义上的文化运营与政府文化行政的重合部分很多，文化行政实际上要担负一定的广义文化运营管理职能。从今后日本文化行政的发展趋势上看，脱离简单的纵向行政执行框架，向更加灵活、高效的文化运营机制转变将是一个巨大课题。

纵观第二次世界大战后日本文化行政的变迁，可以说是从政府通过行政和财政手段支持文化艺术活动，向政府和民间企业、文艺团体职责共担、职能互补型的文化行政机制的转变；从狭义的文化行政向重视文化与社会、经济、国民生活关系的综合性文化行政理念的转变；从中央政府文化行政集权向地方自治体文化行政分权的转变。

## 第二节　战后日本文化政策的展开

在战后初期的民主化改革时期，日本大量吸收外来文化，在 20 世纪五六十年代的经济高速增长时期，日本大力进行国内文化建设，普及和提升国民的文化水平，并通过不断摸索，成功实现了本国文化与外来文化的接轨与融合，为文化发展打下了良好而坚实的基础。20 世纪七八十年代，日本开始有意识地通过文化外交改善国际形象，一方面为经济发展创造有利的国际环境，一方面谋求提升国际地位。

### 一　战后日本的国内文化政策

战后的日本在经历了一个短暂的经济恢复期后，凭借难得的发展机遇和战前打下的良好基础，迎来了近 20 年的经济高速增长期，迅速成为经济强国。但是，经济的飞速发展也带来了很多的社会问题，并为此付出了沉重的代价。尤其是 20 世纪 60 年代出现很多严重环境污染问题，使日本国民意识到在经济繁荣背后存在着一些深层次的课题，如经济与自然、社会与环境、经济建设与文化建设的严重失衡等。与此同时，人们的观念也在发生着变化，即随着物质生活的富足，人们对生活方式、环境质量和精神生活提出了新的要求；随着物质生活水平和受教育水平的

---

① 佐佐木晃彦编：《面向艺术经营学学习者》，世界思想社 1997 年版，第 12 页。

不断提高，人们对文化的热切向往和要求建立舒适的文化环境的呼声越来越高涨；随着工业化程度的提高，家庭生活的自动化程度也不断提高，人们从繁重的家务劳动中解脱出来，拥有了更多的闲暇时间，因此对文化艺术等的精神需求也越来越迫切。

在这种背景下，日本政府将加强环境保护意识、保护传统文化和文化遗产、丰富国民的精神文化生活、提高公众的文化艺术水平等提上了议事日程，开始重视加强文化建设，促进文化的普及和提高。20 世纪 70 年代，大平正芳内阁已经深刻意识到了"文化时代的到来"。大平首相在国会演说时指出，"在以欧美为榜样的百年近代化历史上，在追求经济富裕的战后 30 年的过程中产生了各种各样的'脱轨'，在物质文明被认为达到极限的今天，时代从经济中心在向文化中心转移"①。20 世纪 80 年代初，中曾根康弘首相提出了"文化大国"的概念，他把"璀璨的文化之国"和"国际国家"结合起来，作为日本的国家战略目标，表示日本应该在经济发展的基础上，进而在"文化上、政治上对世界积极地做贡献"。②

实际上，日本从战后初期就开始了适应新时代的文化立法。1947 年制定颁布了《教育基本法》，1949 年颁布了《社会教育法》，1950 年颁布了《文化遗产保护法》《图书馆法》，1951 年颁布了《宗教法人法》《博物馆法》，1966 年颁布了《日本艺术文化振兴会法》，1970 年颁布了《著作权法》。从 20 世纪 60 年代开始，日本政府进行了文化方面的组织机构调整和建设。1966 年，日本将文部省社会教育局中的艺术课和著作权课以及调查局中的国语课、宗教课、国际文化课合并，成立了文化局。1968 年，又将文部省文化局与文化遗产保护委员会合并，成立了文化厅，以强化对文化事业的管理和领导。根据《文部省设置法》，文化厅负责的范围为艺术及国民娱乐、文化遗产、著作权、国语、宗教五大领域。从文化预算来看，据日本文化厅的调查，虽然日本每年的文化预算在发达国家中并不算高，但是从 1968 年文化厅成立后，文化预算逐年递增，

---

① 内阁制度百年史编撰委员会：《内阁历代总理大臣演说集》，大藏省印刷局 1985 年版，第 987—988 页。

② 新华社东京电讯，1983 年 9 月 10 日。

1968 年只有 50 亿日元，到 1980 年已经达到 400 亿日元。①

在日本中央政府大力推进文化建设的过程中，日本各地方自治体也非常重视地方的文化建设。在日本社会向地方分权化和多样化方向发展的同时，各自治体纷纷从本地区的实际情况出发，出台了一系列的文化政策、环境政策、观光政策、产业政策，建设市民馆、图书馆、文化馆、美术馆、博物馆等文化设施，重视本地区的历史文化遗产保护工作，并增大对外宣传的力度，积极发掘本地的特色文化，彰显地方文化的独特魅力。这些以文化为中心的地方建设不仅保护了各地的文化传承，还通过推动观光事业促进了各地区的经济发展，利用文化事业创造了巨大的经济价值。20 世纪 70 年代后期，日本各地方政府大力倡导"文化行政"，并提出了"地方的时代"的口号，目的就是全面提高各地居民的生活质量，在创建舒适的日常生活环境的同时，将文化作为城镇建设的重要内容，建立起各地区社会的文化主体性和文化独特性，提高各地区的精神文化生活水平，从而大力推动地方文化建设的发展。

进入 20 世纪 70 年代以后，在两次"石油危机"的冲击下，主要依赖廉价石油迅速发展起来的日本经济遭到了沉重的打击，加之日本经济实力的增强给其他国家带来的巨大压力，日本与欧美国家的贸易摩擦不断升级，主要依赖进口能源及其他资源的"加工贸易立国"战略方针遇到了严峻的挑战。日本逐渐从对经济增长的狂热追求中冷静下来，意识到一味地跟随西方、搭顺风车引进外国的先进科学技术，是不能给本国带来长期可持续发展的。因此，日本政府提出改变产业结构，即由以重化学工业为主的产业结构转向知识密集型的产业结构。同时，也开始考虑新的社会经济发展方针，将发展重点转移到了科学技术创新方面，致力于提高自身的科研能力，以求通过自主研发使自身的科技力量成为推动经济发展的原动力。正如 1980 年日本政府发布的《科学技术白皮书》指出，"我国石油等物质资源贫乏，在狭小土地上生活着众多的国民，发展受到了严重的制约。为了获得技术革新飞跃，必须强化作为科学技术发展基础的科技振兴，培养具有自主技术开发能力的创造性人才，通过

---

① 朱威烈：《国际文化战略研究》，上海外语教育出版社 2002 年版，第 143—144 页。

自主开发技术，开发有利于国际协调的独创技术，作为发展经济的原动力"①。在这个白皮书中，第一次明确提出了"科技立国"的国家发展战略方针。

在转向发展知识密集型产业的过程中，日本长期以来建立的成熟的教育体系为其提供了良好的发展基础。早在1872年，日本就进行了近代第一次教育改革，日本的国民教育制度由此诞生。19世纪末20世纪初，随着日本近代产业的迅速发展和国力的迅速增强，教育事业也得到飞速发展，1907年日本小学的入学率就已经达到了97%，四年制义务教育基本实现，远远超过亚洲其他国家。1947年，日本在战后民主改革过程中，废除了之前作为日本教育指导理念的《教育敕语》，制定颁布了《教育基本法》和《学校教育法》，规定了新的教育理念和原则。第二次世界大战后的40年来，日本的教育迅速发展，幼儿园、小学、初高中以及高等教育的普及率迅速提高，日本在终身教育方面的发展尤其引人瞩目。1971年，日本文部省下属的咨询机构——社会教育审议会提出了《适应社会结构急剧变化的教育》的报告，指出在社会结构、人口构成、城市化、高学历化、信息化、国际化等方面发生急剧变化时，要摸索出一套新的教育模式。日本政府从1981年开始倡导包括学校教育、家庭教育、社会教育等所有教育形式在内的"终身教育"体系，1987年又从学习者的角度出发，提出了内容更丰富的终身教育理念，强调学校教育要面向21世纪，要重视个性，建立无论是谁在任何时候、任何地方都能自由地进行学习的终身学习体制，向终身学习过渡。② 日本政府从1989年开始公布《我国的文教施策》白皮书，其中每年都有关于终身教育的内容，且占了很大的比重。教育、终身教育、科学技术和学术研究一直是日本文部省文化施策的重中之重。

## 二　战后日本的对外文化政策

战后初期，日本一直处在美军的占领下，当时日本政府的执政方针是按照美国占领当局的指导，在国内的各个领域进行民主化改革，建设

---

① 日本文部科学省：《科学技术白皮书》，1980年。
② 朱威烈：《国际文化战略研究》，上海外语教育出版社2002年版，第146页。

所谓的"和平和文化的国家"。① 在这个阶段以及美军结束占领后的一段时期内，日本的主要精力都集中在战后恢复和大力进行经济建设，在文化外交方面并没有什么积极主动的举措。但是，在日本经济发展壮大并逐渐赶超诸多欧美发达国家后，日本开始受到了来自这些国家的批判，日本人甚至被称为只重视经济和贸易活动的"经济动物"。在成功举办了1964 年东京奥林匹克运动会后，日本在国际社会的影响力开始扩大，但是也并没有得到国际社会的广泛认可和理解，没能摆脱作为第二次世界大战发动者之一的侵略者的不良形象。② 这使日本政府逐渐认识到树立与其经济地位相称的政治大国形象的重大意义。

尤其是到了20 世纪70 年代后，随着冷战格局的变化、东西方交流的增加以及世界能源危机的爆发，国际社会的相互依存性加强，但也引起了各种形式的经济摩擦、贸易摩擦和文化摩擦。这使日本政府认识到，需要将文化作为外交的手段之一来向其他国家介绍本民族的文化传统和价值观，通过文化关联的经济产业扩张，增强日本文化的影响力和吸引力，从而实现日本的国家利益。为了在国际社会获得相应的威信、尊严和地位，树立友善的国际形象，就要摆脱战后过分依赖美国的状态，重视外交的多元化发展方向。

于是，日本政府在大力提高国内的文化和科学教育水平的同时，也开始将文化作为重要的外交手段，制定了"文化外交"的方针。文化外交是以文化传播、交流与沟通为内容所展开的外交，是主权国家利用文化手段达到特定政治目的或对外战略意图的一种外交活动。③ 文化的交流和传播有其自身的规律，即一个国家的文化辐射力的强弱受制于本国的经济水平和整体国力，经济水平高、整体国力强，文化辐射力就强，反之则弱。从世界范围来看，文化的主要流向总是从强国向弱国流动。因此，在日本经济飞速发展，国力迅速增强，文化水平也得到提高之后，文化外交的成功概率也就大大增强，在世界文化外交的整体格局中具有优势地位，具备了较强的文化辐射力。正如日本国际政治学者舛添要一

① 丁兆中：《战后日本文化外交战略的发展趋势》，《日本学刊》2006 年第 1 期。

② 同上。

③ 李智：《试论文化外交》，《外交学院学报》2003 年第 1 期。

所言，日本摆脱困境、谋求霸权的出路在于输出日本文化。以往的历史也证明，一个国家要谋取霸权，必须具备军事、经济、金融、文化四个方面的优势。如今，日本已拥有经济和金融优势，并且以高科技为背景谋求军事优势也不难，关键是文化优势。

从20世纪70年代开始，日本政府开始将文化作为政治外交的重要手段之一，文化外交逐渐成为日本外交政策的重要组成部分。日本文化外交的主要实施机构是国际交流基金会。为了推进国际文化交流事业，日本政府于1972年设立了由外务省管辖的专门机构——国际交流基金会（The Japan Foundation）。该机构最初在18个国家和地区设立19个海外事务所，主要目的就是向海外推广日本文化。国际交流基金会以政府出资为主，将从政府处得到的运营补助和民间的捐赠作为财政补充，由此可以看出其明确的政治背景和活动目的。该基金会的工作重点是促进文化艺术交流、援助海外的日语教育和学习、促进海外的日本研究和知识交流并提供国际交流方面的信息援助。多年以来，该基金会在国际文化交流和日本文化输出方面做了大量工作，至今仍活跃在世界文化交流的舞台上。

日本政府文化外交的另一个重要举措就是对外提供的政府开发援助（Official Development Assistance，简称ODA）。虽然这是一个经济方面的援助政策，并且刚开始时被视为日本用以开拓和占领海外市场的利己手段而遭到较多的批判，但是到了20世纪70年代以后，日本的ODA在国际社会上的形象有了很大的改善，20世纪八九十年代的日本ODA已成为国际社会众目注视的对象。① 对其他国家的援助建设项目涉及教育、农林渔、城市生活、科研、医疗、邮电、食品、广播电视、环保、水利、文物保护、福利等广泛领域。这不仅有利于改善日本与被援助国家的关系，提升日本在国际社会的形象，而且在援建过程中也将日本的价值观、行为方式、国民形象输出到了被援助国家，在帮助很多受援助国家取得经济效益、社会效益的同时，也成为日本文化外交战略的有效组成部分。

1988年5月，竹下登首相在伦敦发表"日欧新时代的开幕"的演说，这是日本"国际协作构想"明朗化的表现，也成为日本政府推进文化外交

① 金熙德：《日本政府开发援助》，社会科学文献出版社2000年版，第2页。

战略的标志性宣言。竹下登表示，日本作为先进的民主主义国家的一员，为确保世界和平与繁荣，积极地发挥与国力相称的责任理所当然。作为"为世界做贡献的日本"的三大支柱之一，在"为世界和平强化合作""扩充 ODA"的同时，第一次举起了"强化国际文化交流"的大旗。[①]

总之，日本政府从 20 世纪 70 年代开始，不断加强对外文化交流与合作，利用日本文化的丰硕成果和吸引力，将本国的价值观、理念附着在文化产品里向亚洲乃至全世界传播，利用文化这种潜移默化的手段为实现国家的战略目标服务。文化外交在对外关系中起到了其他手段难以匹敌的战略性效果。

## 第三节　冷战后日本对文化战略的探索

进入 20 世纪 90 年代，日本政府根据国内外形势及时调整文化政策，将文化上升到战略性高度，进行了积极、周密的文化发展战略规划，将"文化立国"确立为冷战后文化发展的新的战略目标。

### 一　冷战后日本文化战略发展的背景

进入 20 世纪 90 年代后，日本作为世界第二大经济强国，虽然仍具有雄厚的经济实力，但是在经济长期低迷、政治前景黯淡的情况下，日本社会面临着严峻挑战，正在经历着一个社会结构转型期。此次转型所面对的外部环境是一个正处在消化冷战遗产，探索构筑冷战后全球政治、经济、安全新秩序框架的世界和东亚；面对的内部环境则是一个急于摆脱工业化过熟而信息化不足、国家过强而社会过弱、集体过强而个人过弱、内政强大而外交软弱的日本。[②] 也就是说，从国际形势来看，冷战后的世界格局发生了巨大的变化，日本政府需要利用文化这一手段来扩大其国际影响，树立日本新的国际形象；从国内环境来看，以泡沫经济的

---

① 和田纯：《日本在东亚的国际文化交流和文化外交》，载添谷芳秀编《日本的东亚构想》，庆应义塾大学出版会 2004 年版，第 71 页。

② 李寒梅、余晷雕、任清玉等：《21 世纪日本的国家战略》，社会科学文献出版社 2000 年版，第 3 页。

崩溃为契机，经历了长期经济萧条的"失去的十年"后，日本国民失去了以往的骄傲和自信，对过去引以为豪的传统文化开始表示怀疑，出现了关于传统文化的舆论冲突和社会观念的混乱。

然而，在经济增长缺乏行之有效的对策、政治大国梦又迟迟难以实现之际，长期以来一直不太被重视的文化却渐渐显示出巨大的生机和活力。从整个世界来看，全球经济结构的变化导致文化产业在世界经济中的地位愈发重要。可以说，20世纪七八十年代，世界经济是以制造业为中心，进入20世纪90年代，开始转向以服务业和知识创新产业为基础的文化产业的方向。文化产业是投入少、产品附加值高的产业，被誉为21世纪的"朝阳产业""黄金支柱产业"。文化产业不仅在许多国家的国民生产总值中占有举足轻重的地位，甚至已成为推动经济增长、培育创新能力、增强国际竞争力的重要因素。战后日本经济的高速发展为日本文化产业的成长打下了良好的基础，而进入信息时代后，网络传媒等的不断进步更为日本文化产业的发展创造了有利的环境。不经意间，日本的传统和现代文化产品在全世界范围内都已经有了广阔的市场，日本文化产业的硕果让亚洲乃至世界上的许多人为之倾倒。当日本政府急于摆脱经济危机，寻找新的产业发展方向之际，文化产业开始逐渐受到重视。

文化产业发展对于社会经济发展的推动效应主要表现在促进经济增长、扩大就业规模、强化民族意识与文化认同、塑造城市与地区形象，以及增强地方产业竞争力等方面。凡是经济发展到一定阶段的国家和地区，纷纷将文化经济、文化贸易设定为战略目标，将文化产业定位为国家战略产业。从20世纪90年代开始，文化产业在一些发达国家已经成为新的国民经济增长点，并逐渐成长为国民经济的支柱产业。① 文化产业范围内的各个行业都是以知识为基础的劳动密集型行业，各个行业间相互联结，其"波及效果"会带动其他产业发展，并且能创造大量的雇佣机会和社会财富，通过培养创造性促进革新，以维持社会文化的多样性，提高经济收益。

---

① 赵政原：《日本拓展文化产业的经验及对我国的启示》，《世界经济与政治论坛》2008年第5期。

从全世界范围来看，文化产业的附加值和生产效率等比传统的制造业和作为第三产业支柱的服务业要高得多，文化产业内很多行业的规模都超过了制造业，例如，动画产业比传统造船业的规模还要大。目前整个世界市场的平均增长率约为 3%，而文化产业的增长率接近 6%。现在美国是世界第一文化产业强国，文化产业在其国内产业结构中位居第二，在出口方面则是第一大产业。日本仅次于美国，其文化产业的规模比电子业和汽车业还要大。日本的动画产业占世界市场的 62%，游戏产业则占世界市场的三分之一，动漫产业的成功发展更使日本获得了"世界动漫王国"的称号。①

20 世纪 90 年代，在日本称之为"失去的十年"中，尽管经济形势长期低迷，但文化产业仍然持续迅速增长，日本文化产业在海外的盈利已经超过了汽车、家电等传统产业。大量生产、大量消费的产业链，加之面向国际化市场，以及高科技和多媒体与媒体资本的支配，使得日本的文化产品很快在世界范围内流行开来，以动漫、电子游戏、流行音乐为中心的文化产业大量向海外出口产品。经过多年的发展，日本文化产业逐渐占据了世界第二的领先地位，已经形成了新闻出版、音乐、广播影视、演出、展览、休闲娱乐、体育、旅游观光、建筑和工艺设计、视觉艺术、舞台艺术、广告、文化观光等门类齐全、规模可观的文化产业。日本独特的文化土壤所孕育出的漫画、游戏产业发展迅速，成了日本文化产业中的"品牌产品"。这些新兴文化产业不仅给日本社会带来了巨大的经济效益，而且还成为向世界传播日本文化的最佳载体。正是由于铺天盖地的日本漫画、卡通片、电子游戏与影视剧，才使世界上越来越多的人了解日本，接触到了日本文化。日本的文化产业不仅是日本经济的强大推动剂，而且还提升了日本的整体国家形象和国际地位，体现出了文化作为"软实力"在意识形态领域的巨大价值。

1990 年前后，在日本艺术文化领域成立了两个重要的基金会，一个是半民间半官方性质的"日本艺术文化振兴基金会"，另一个是民间性质的"企业文化赞助活动协议会"，这两个基金会的设立标志着以民间力量为主体的文化事业在 1990 年前后达到一个顶峰，因此，1990 年甚至被称

---

① 李普京：《日本的文化产业政策及运作》，《青年记者》2006 年第 5 期。

为"日本艺术文化元年"。

例如，1990 年 3 月成立的独立行政法人日本艺术文化振兴会管理下的艺术文化振兴基金，由政府和民间出资合作形成启动资金，目的是大范围、持续、稳定地资助多种多样的艺术文化活动。从 1990 年到 2006 年，艺术文化振兴基金的资助项目共计 12514 项，资助金额约 307 亿日元。2007 年该基金有 653 亿日元的运营资金（其中政府出资 541 亿日元，民间筹资约 112 亿日元），不仅资助了多种多样的艺术文化活动，还不断为艺术文化活动四处筹集资金。艺术文化振兴会还建设并运营着国立剧场、新国立剧场等艺术文化设施。

20 世纪 90 年代，日本政府还陆续出台了一些由民间资本和政府财政合作支持文化艺术活动的计划，如 1994 年进行的"地域艺术创作计划"、1996 年进行的"艺术计划 21"、1996—2001 年进行的"文化社区营造计划"、1997—2001 年进行的"艺术家进驻计划"等。其中 1994 年的"地域艺术创作计划"很值得关注，该计划由日本政府总务省专门划拨资金实施，是政府财政全额支持的文化艺术振兴项目，取得了丰硕的成果，为提升日本各地的艺术文化水平做出了巨大贡献。

日本政府对文化事业的投资也逐年增加，1990 年文化厅的预算为 432 亿日元，到 1997 年已经接近 1990 年的 2 倍。1998 年以后，由于经济长期低迷使政府的财政形势十分困难，政府的财政结构改革对文化财政预算产生了一定的影响，但 1999 年日本文化厅的预算仍达到 805 亿日元。

表 1—1　　　　20 世纪 90 年代日本文化厅财政预算额的变化[1]

（单位：亿日元）

| 年度类别 | 1989 | 1990 | 1991 | 1992 | 1993 | 1994 | 1995 | 1996 | 1997 | 1998 | 1999 |
|---|---|---|---|---|---|---|---|---|---|---|---|
| 设施经费 | 121 | 132 | 144 | 157 | 174 | 250 | 250 | 275 | 293 | 266 | 240 |
| 一般经费 | 216 | 225 | 236 | 252 | 275 | 323 | 323 | 379 | 436 | 452 | 464 |
| 人员经费 | 72 | 75 | 80 | 87 | 90 | 95 | 95 | 96 | 99 | 101 | 101 |
| 合计 | 409 | 432 | 460 | 496 | 539 | 596 | 668 | 750 | 828 | 819 | 805 |

① 日本文部科学省：《平成 18 年文部科学白皮书》，2007 年。

## 二 冷战后日本对文化战略发展的探索

进入 20 世纪 90 年代后，面对全球化、信息化的国际和国内环境，日本提出新的文化发展方向、新的文化产业规划、新的文化发展战略迫在眉睫。因此，日本政府将文化战略的前景规划提上了重要的议事日程，对未来的文化战略进行了积极认真的探索和规划，初步描绘了 21 世纪文化战略的基本轮廓。从 20 世纪 90 年代以后日本政府不断出台的文化政策中，可以分析出 21 世纪日本文化发展战略的大致方向。

### （一）"文化立国"战略设想的提出

1990 年，日本成立了由专家学者和艺术界权威组成的"文化政策推进会议"，作为文化厅长官的咨询机构开展活动。1995 年 7 月，文化政策推进会议提交了《以新的文化立国为目标——关于当前文化振兴的重点施策》报告，其中提出了"文化立国"战略的初步设想。1996 年 7 月，在该报告的基础上，日本文化厅公布了《文化立国 21 计划》，主要内容是：（1）建设大型国立文化基地，增强文化对外传播的能力；（2）制定与文化政策相配套的环境政策、观光政策和产业政策；（3）适应时代变迁，在各地实施"文化街区建设计划"；（4）重视强化文化设施发挥其职能，推动大型的国民"参与型"文化活动；（5）构筑文化综合信息系统，致力于新兴文化产业的振兴；（6）适应知识经济时代的特征，完善著作权保护制度；（7）加强日本语的国际地位，适应全球化和国际化趋势；（8）建立多元化的文化事业支援体系；（9）扩大文化遗产保护对象，设立世界文化遗产保护与修复的合作基地和支援体系；（10）重视对亚洲的国际交流与合作，构建日语教育的国际支持网络。

之后，文化政策推进会议又继续围绕"文化立国"战略目标开展了全面的研究和讨论，并于 1998 年 3 月提出了《文化振兴基本计划——为了实现文化立国》报告，对"文化立国"战略进行了全面、系统的阐释，指出 21 世纪将是日本依靠本国文化资源与文化优势展开新一轮发展的世纪。该报告首先阐明了"文化立国"的重要性：一是文化在实现丰富多彩的高质量社会生活水平方面非常重要；二是文化作为教育的基础，可以为塑造儿童和青少年的美好心灵提供依托和机会；三是伴随着经济的活性化和服务化，文化振兴可以促使经济向更高层面转型，有利于搞活经济；四是信息化和信息技术的发展使媒体艺术的创新、传播和积累等成为可能，要积极振兴媒体艺术；五是作为国际社会的一员，今后在文化上要多为国际社会做贡献，要展开国际合作，加深相互理解；六是为使各地区都能够享受和传播内容丰富的文化，要振兴各地独特的地方文化。同时，该报告还指出了"文化立国"所面临的六个重大课题：鼓励艺术创造活动；继承和发展传统文化；振兴地域文化与生活文化；培育和保障传承文化的人才；在文化方面做出国际贡献并传播日本文化；加强文化基础建设为日本文化向海外传播创造条件。① 《文化振兴基本计划——为了实现文化立国》报告明确指出了振兴和推广日本民族文化的主要方向，提出要重视文化振兴，并不断通过文化创新和文化输出来增强文化软实力的国际影响力。由此可以看出，日本的文化战略已经从普及传统文化、提高文化水平，逐步转为向海外输出本国民族文化的方向。该报告是日本政府将文化上升到国家战略高度的标志性文件，是日本面向 21 世纪文化发展战略的雏形。

"文化立国"战略方针一经提出，日本中央政府的文化相关部门——文部省、文化厅、经济产业省、总务省、国土交通省以及各地方自治体对"文化立国"战略都给予了大力的支持和配合，并形成了中央政府推动、地方政府和民间力量积极参与的联动机制。中央政府通过制定相关的保护政策和健全法律法规来促进文化发展，规范文化市场，使得日本逐步拥有了完备和成熟的文化市场体系和文化产品输出保护机制；各级地方政府也认识到发展文化产业对振兴地方经济的重要作用，因而积极支持文化相关地方产业的发展。例如，为了振兴地方文化，中央政府制定了长期规划，对具有地方特色的文化艺术活动长期提供财政支持，各地方政府则积极举办本地区的特色文化活动，包括重新挖掘、振兴具有地方特色的文化遗产、民间艺术、传统工艺和传统活动等，中央政府与地方政府还联手举办全国规模的艺术文化节，等等。

**（二）"文化立国"战略的初步形成**

1999 年 3 月，日本文化厅召开了"21 世纪日本的构想"恳谈会，该恳谈会的宗旨是，"21 世纪日本应该在实现'经济上的富裕'的同时，

---

① 日本文化厅：《文化振兴基本计划——为了实现文化立国》，1998 年 3 月。

建设'有品格的国家'、'有道德的国家'，也就是说，要实现'物质与精神的平衡'，即构筑'富国有德'的国家"。在这个宗旨指导下，为了研讨 21 世纪日本的发展方向，文化厅广泛召集社会各界的有识之士参加研讨，并广泛征集国民的意见，为制定日本在 21 世纪的中长期发展战略建言献策。经过与会专家学者历经 10 个月的多回合分组讨论和研究，题为《日本的未来在于日本之中——以自立与协作构建新世纪》的"21 世纪日本的构想"恳谈会最终报告书于 2000 年 1 月发表，报告阐述了日本在未来 21 世纪所面临的课题和未来的发展战略。

　　该报告书主要分为六个部分。第 1 章是总论——日本的未来在于日本之中，主要阐述了日本的巨大潜力，剧烈变革的世界潮流，从统治到协作，明确个性创造出新的"公"，指出了 21 世纪日本的未来发展方向，例如教育转型、提高国际对话能力、进行个人的人生设计、地方自治自立、创建非营利性民间组织、完善移民政策、构建协作体系、谋求"开放的国家利益"的国际能力、建立综合性多重安全保障、加强邻国外交政策等。其中在谈及该报告书出台的时代背景时提到，"日本国民在进入 20 世纪 90 年代后，都抱有深深的不安，感觉到日本发生了某种巨大的变化。我们担心，经济泡沫和泡沫经济的崩溃不仅危及到经济，而且蚕食到政治、社会，乃至我们赖以生存的价值体系和伦理规范。在很长一段历史时期的贫困艰苦环境下，我们树立了尊重社会和组织的'和'的伦理规范。随着经济社会的发展和国际化，这种规范难以维系。……尤其是 90 年代一连串事件的发生戏剧性地暴露了日本经济社会的僵硬性和脆弱性，这其实是之前就在日本社会内部日复一日逐渐积聚起来的，也可以说是'成功的代价'吧"。该部分对进入 20 世纪 90 年代后日本社会出现的深刻危机进行了阐述，指出了该报告书出台的迫切性和必要性。第 2章——富有和活力，主要阐述"创造财富、运用财富"的企业协作和经济活力，公共参与型的社会协作参与的活力，即从"官僚统治"向"自治协作"转变，论述进行社会协作的主体和完善参与所需的条件，以及 21 世纪协作型社会中中央政府的职责和国民以及专门性人才的培养与新的公平的概念。第 3 章——安心和丰富多彩的生活，主要阐述时代变迁引起国民不安的本质原因和对策，论述在历史转折时期如何将 21 世纪建成让国民安心的社会，从教育、工作、家庭和地方社会、社会保障、文

化艺术活动、信息科技等多角度，对构建让国民安心的、丰富多彩的社
会提出了建议。第 4 章——美丽国土和安全社会，以创造开放性的社会
环境和保证国民安全为目标，建设物质和精神都丰富的生活，建立个人
与公共生活的新型关系，即"互利型社会"，完善以各地居民为主体的地
方自治，建立能对抗危机的安全国家。第 5 章——日本人的未来，主要
阐述教育的两面性，日本教育的现状和课题，以及对教育改革的建议。
第 6 章——生存在世界中的日本，主要阐述 20 世纪日本具有的财富，例
如自由、民主主义、日美同盟，以及 21 世纪日本面临的课题，如开放的
国家利益、与亚洲近邻的协作，以及在 21 世纪的世界中生存所需的国内
基础。[1] 该报告书可以说是关于 21 世纪日本国家发展战略的前瞻性、总
括性、纲领性的文件。

　　总之，在即将迈入 21 世纪之际，日本政府逐渐清楚地认识到文化对经
济活动所能产生的重大影响，即它能创造新的需求和高附加值产品，促进
相关产业的联动性发展。只有让文化与经济一道成为带动国家发展的两大
车轮，才能使整个社会充满活力。因此可以说，日本的未来在于日本之中。

## 第四节　21 世纪初日本文化战略的形成

　　进入 21 世纪，日本在新的国际、国内形势下，对未来的文化战略进
行了积极、认真的探索，形成了 21 世纪文化战略的基本轮廓，即在保
护、振兴民族传统文化的同时，积极将日本文化活用于社会、经济和外
交，向外辐射和传播日本文化，日本文化也从吸收、自我完善、提高阶
段转为向外辐射的阶段。在日本政府先后出台了《文化艺术振兴基本法》
和三次《关于文化艺术振兴的基本方针》之后，可以说日本 21 世纪初期
的文化发展战略已基本成形。

### 一　21 世纪初日本文化战略的初步形成

　　从 2001 年底到 2006 年的五年间，可以说是日本 21 世纪文化战略的

---

　　[1]　"21 世纪日本的构想"恳谈会最终报告：《日本的未来在于日本之中——以自立与协作
构建新世纪》，2000 年 1 月。

初步形成阶段。在此期间，日本政府一方面对文化行政机构进行进一步的调整和加强，另一方面制定和颁布了几个重要的文化纲领性文件，并在法律和制度层面加强了对文化事业的管理。总而言之，在这个阶段，日本政府通过进行组织结构改革、制定基本法律和出台具体法规等措施，不仅突出了文化战略在国家战略体系中的重要地位，也强化了政府对文化事业发展方向的指引能力。

## （一）21 世纪初日本文化战略形成的背景

### 1. 日本政府加强对文化事业的政策指导

从第二次世界大战结束一直到 20 世纪末，日本政府在文化行政领域执行的政策方针都表现出明确的"不干预"态度。"战后的日本趋于美国式的民主，除了对文化资产的维护之外，对艺术的赞助是很被动的。"①1945 年 8 月，日本接受《波茨坦公告》宣布投降后，开始执行一系列民主化政策。为此，日本政府废除了战争期间限制民众文化发展的《治安维持法》《出版法》《新闻报刊法》和《电影法》等军国主义色彩的文化法规，并积极放宽政府对文化事业的指导或管理，在有关文化的行政过程中注意约束政府行为。战后 50 多年，日本政府一直默认这种"不干预"的原则，坚持对文化艺术活动进行间接支持，避免直接对文化活动的具体内容进行干预或干涉。

但在 20 世纪末以及进入 21 世纪以后，日本政府在文化政策方面开始逐渐强调政府的作用。新世纪之初，日本政府开始对行政机构进行改革和重新整合。2001 年 1 月，在中央政府行政机构改革中，将管辖学术、教育、学校等相关行政部门的文部省与原隶属内阁府的科学技术厅合并，成立了文部科学省，而将成立于 1968 年的文化厅改为文部科学省的外设部门，主管文化艺术振兴、文化遗产保护、著作权保护、国语的改善和普及、国际文化交流和宗教等方面的行政事务。同时，日本政府在这次行政机构改革中，将原有的国语审议会、著作权审议会、文化遗产审议会和文化功劳者选评审议会等机构，统一并入文部科学省管辖下的文化审议会。日本文化厅的组织结构如下图所示（见图 1—1）。

---

① 汉宝德：《财团法人国家政治研究基金会 国政研究报告》（中国台湾），2001 年。

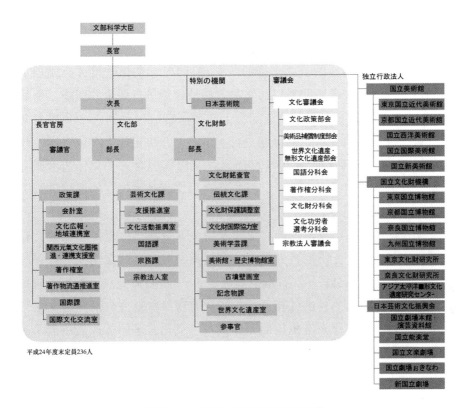

图1—1　日本文化厅的组织结构①

　　文化厅下设的文化审议会由 30 名委员构成，委员的任期为一年，可以连任，审议会内还设有临时委员和专门委员。审议会下设四个分科，分别是"国语分科会""著作权分科会""文化遗产分科会""文化功劳者选评分科会"。根据《文化审议会令》第 6 条第 1 项和《文化审议会运营规则》第 4 条第 1 项，文化审议会的主要职责是负责调查并审议有关振兴文化、扩大国际文化交流、改善和普及国语教育等方面的重要事项和议案，并作为顾问向文部科学大臣以及文化厅长官提供执政建议和咨询。同时，审议会还可以依据著作权法、文化遗产保护法和文化功劳者法等法律法规，处理相关事宜。文化审议会下设"文化政策部会"，从

---

① 日本文化厅：《我国的文化行政（平成 24 年度）》，2012 年 4 月。

文化政策部会研讨的主题和内容，可以了解日本政府在文化政策方面的走向和变化。如 2003 年 5 月到 2005 年 1 月间，日本政府在文化振兴方面关注的是"支持舞台艺术活动"，并于 2004 年 1 月通过了《关于今后对舞台艺术创造活动予以支持的草案》。同时，文化政策部会还担负着制定今后的研究课题和对以往文化方面的政策进行评价的职能，例如在 2004 年 6 月召开的文化政策部会上，政府官员与民间人士共同对文化政策部会今后将要讨论的课题进行了审议，并决定设立文化多样性政策研讨部；2005 年 4 月到 2007 年 1 月，文化部会对关于文化艺术振兴的第一次基本方针进行了评价，并围绕今后文化艺术振兴的课题进行了讨论。

文化厅还定期组织由各地文化艺术相关人员和当地居民参加的文化和艺术座谈会，广泛听取各方意见，以期不断对今后的文化艺术振兴政策进行调整。座谈会每年在日本全国确定 3—4 个召开地点，参加者包括以政府文化厅长官为首的各相关机构的政府官员、地方自治体的文化行政人员，以及各文化设施机构的工作人员、文化艺术团体代表、艺术活动组织者、志愿者和各地居民代表。另外，文化厅还经常组织相关人士召开各种主题的文化恳谈会等，如"文化传播战略恳谈会""国际文化交流恳谈会""残障者艺术推进恳谈会""提升艺术品流通策略研讨会""有关艺术品等借贷问题的调查研究协助者会议"等，在具体问题上广泛征求各方意见和建议。例如 2002 年设立的"国际文化交流恳谈会"就是一个文化方面的研讨会议，后并入时任日本首相小泉纯一郎的个人智囊组织"推进文化外交恳谈会"之中。

从上述机构改革和重组，可以看出日本政府对文化事业加强行政领导的动向。第二次世界大战后相当长的一段时期内，日本政府对文化艺术采取了相对宽松的、保护其相对自由发展的态度，在实际施政过程中注重约束政府行为，即所谓的"内容不干预"原则。但在 20 世纪末特别是进入 21 世纪后，发生了一些微妙的转变，日本政府确立了进一步对文化艺术活动进行直接或间接支援的方针，开始对文化艺术活动进行一定的甄别，并根据政府的判断和需要，对各类文化艺术活动进行不同力度的支持，逐步明确了建立官方主导、民间参与的文化行政管理体系的文化行政目标。

2. 日本政府加大对文化事业的扶植

作为文化艺术事业的行政主管机构，文化厅的预算总额在进入 21 世纪后增幅迅速，2001 年为 909 亿日元，而在《文化艺术振兴基本法》和《关于文化艺术振兴的基本方针》出台后，文化厅的预算在 2003 年首次突破了 1000 亿日元大关，到 2004 年度达到了 1016 亿日元。之后虽然由于日本政府财政情况不佳，每年都在削减财政支出，但是文化厅的预算基本能维持在 1000 亿日元的水平，而且，2006 年文化厅预算在国家整体预算中的比重达到了历史最高的 0.13%，这足以证明日本政府对文化发展的重视（见表1—2）。

表1—2 　　　　　 **21 世纪初日本文化厅财政预算额的变化**① 　　（单位：亿日元）

| 年度<br>预算类别 | 2000 年 | 2001 年 | 2002 年 | 2003 年 | 2004 年 | 2005 年 | 2006 年 |
|---|---|---|---|---|---|---|---|
| 设施经费 | 226 | 243 | 242 | 267 | 259 | 257 | 259 |
| 一般经费 | 482 | 611 | 688 | 698 | 734 | 735 | 724 |
| 人员经费 | 100 | 55 | 55 | 38 | 23 | 24 | 23 |
| 合计 | 808 | 909 | 985 | 1003 | 1016 | 1016 | 1006 |

这些预算主要用于支持培养歌剧、芭蕾舞、电影等方面的人才和优秀作品；支持儿童体验文化艺术等活动；改建、扩建国立博物馆、国家剧场、美术馆等文化设施；推进文化交流。例如，2004 年对各种演艺和高水平舞台艺术的支持经费扩大了 2 倍，达到 98.7 亿日元；对文化艺术人才留学海外或在国内进修等进行支持的费用也扩大了 2 倍，达到 26.6 亿日元。同时，对在青少年教育中加入传统文化艺术教育等事业的投资也增加了 3.5 倍，达到 51.7 亿日元。另外，文化厅在预算中还增加了对向海外展现日本魅力的电影、影像的创作活动及培养该类人才提供支持的经费，2004 年该项目经费为 25 亿日元。

---

① 日本文部科学省：《平成 18 年文部科学白皮书》，2007 年。

2004 年，由日本经济产业省提出的"新产业创造战略"中提出要重点发展七个新兴产业，包括燃料电池、信息家电、机器人、文化、健康福祉机械服务、环境能源机械服务以及商务支援服务，文化就是其中之一。据估算，日本政府用于文化的投资规模预计在 2010 年达到 144.23 亿美元。

日本政府不仅增加了文化预算，还通过税制改革扩大了对文化税收政策方面的优惠范围，加大政府对文化事业的支持力度。2001 年设立了特定公益活动促进法人，其中包括公益法人、独立行政法人、国立国语研究所等。个人或企业组织等向这些机构捐赠时，能在税收上享受特别优惠。例如，进行文化赞助活动的社团法人和企业文化赞助活动协议会成员捐助的捐赠金，可以计算进该企业团体的经营亏空中，如果是个人资助文化活动，可以享受扣除收入所得税的特别优惠措施。2002 年企业捐赠在税收上享受优待的对象扩大，在原有的音乐、舞蹈、话剧、美术、电影等捐赠对象的基础上，又增加了传媒艺术、文学、艺能等，税收优待对象也从专业艺术家扩大到半专业艺术家。在 2003 年的税制改革中，将此前只有东京才有的企业文化赞助活动协议会向全国推广，在各地设立分支机构。还废除了对艺能法人的源泉扣缴制度，这可以保证艺术团体资金充足，增加了其现金流量，对其经营非常有帮助。另外，还进一步修正了税收制度，规定重要文化遗产向国家转让时实行特别税制。从 2005 年开始，如个人向上述机构捐赠，可以免除的所得税额度从 25% 增加到 30%。

日本政府不仅通过财政拨款或设立文化专项基金为文化艺术事业提供支持，不断加大对文化发展的投入，还出台和实施了许多具体的支持文化发展的措施。例如 2002 年开始在一些常规文化艺术展活动中实行中小学生免票制度；2002 年修订《学习指导要领》，在中小学音乐教材中加入民谣，鼓励中学生接触一种以上的传统乐器，增加青少年体验日本传统乐器的机会，中小学购买日本传统乐器等设备的经费也从地方税收中支付；从 2005 年开始，政府开始着重资助公演团体，并开始执行"日本电影、影像"计划；另外还参与了联合国教科文组织的《保护无形文化遗产杰作的宣言》；2003 年人形净琉璃文乐、2005 年歌舞伎都成功申报成为世界无形文化遗产。日本政府还十分重视各地的文化设施建设，

2004 年建成了冲绳国立剧场，2005 年建成了九州国立博物馆。

**（二）21 世纪日本文化战略的初步形成**

1. 明确"文化艺术立国"的基本战略方向——《文化艺术振兴基本法》

2001 年 12 月，日本国会审议通过了《文化艺术振兴基本法》（平成十三年法律第 148 号，以下简称基本法）。基本法规定了关于文化艺术振兴的基本事项，重申了振兴文化艺术的重要性，表明了日本政府发展文化艺术的决心，为 21 世纪文化艺术的战略性发展指明了方向。可以说，基本法的制定是日本文化发展过程中具有里程碑意义的事件，为日本文化立国战略提供了制度保障。

基本法阐明了日本政府在振兴文化事业的过程中，制定和执行相关政策的基本理念。这包括：充分尊重文化艺术活动主体的自主性和创造性，并提高其地位，使其能力得以充分发挥；充分保证国民进行文化艺术创造和享受文化艺术成果的基本权利，使各地居民都能够参与文化艺术的鉴赏和有关活动，并为其提供各种条件；为文化艺术活动提供发展环境，鼓励在世界上展示日本的文化艺术及其发展；保护和发展多样化的文化艺术。另外，在振兴文化艺术的过程中，要以各地民众为主体，保护能反映各地历史、风土和有地方特色的文化艺术；推动向世界各国宣传日本的文化艺术，促进文化艺术的国际交流；听取执行者、参与者和广大国民的意见，等等。①

基本法作为日本政府新世纪文化战略的基调，明确了国家、地方和国民个人在振兴文化艺术事业中各自应该担负的责任、义务及应发挥的作用，即中央政府要在遵守基本理念的前提下，制定并实施文化艺术的相关政策；地方自治体要在遵守基本理念的前提下，与中央政府紧密合作，开展主体性工作，发挥地区特色，促进地方的文化艺术振兴；鼓励国民积极参与文化振兴事业，享受文化艺术成果，并对文化振兴事业给予关注和理解。

基本法一方面强调了振兴文化艺术的主要目标是"促进文化艺术活动参与者自主地进行活动"，但另一方面也指出政府的义务是"全面推进

---

① 日本内阁：《文化艺术振兴基本法》，2001 年 12 月。

文化艺术事业振兴，以实现国民精神世界的丰富，建设充满活力的社会"。换句话说，基本法明确申明了政府的职责是对文化事业进行引导、管理和支持。因此，在基本法所提供的法律保障下，日本政府在 21 世纪所制定和执行的文化战略，无疑带有一种较之以往更加鲜明的政府主导色彩。

基本法公布后发挥了巨大的作用，大大提高了"文化艺术"的行政地位，各种文化预算额度不断增加，各种文化艺术政策也更加完备。在日本中央政府的带动下，各地方政府也在基本法的指导下纷纷行动起来，有 2 府 6 县 13 市都制定了符合各自地区特点的文化艺术振兴相关条例和计划。

2. 颁布文化艺术立国战略行动指南——《关于文化艺术振兴的基本方针》

2002 年 12 月，日本内阁会议公布了由文化审议会提出的《关于文化艺术振兴的基本方针》，通称"第一次基本方针"。在该方针中，将日本文化发展的战略目标明确确立为"文化艺术立国"，并指出了国家的职责以及今后五年文化发展过程中需要关注的方向和注意事项，同时也制定了实施文化振兴的基本策略。第一次方针的重点内容可以概括为以下几个方面：

第一，明确阐释了"文化艺术立国"口号的含义，即文化艺术是人类生存必需的精神食粮，是建设共生社会的基石，是实现高质量经济活动的基础，是为人类发展做出贡献的手段，同时也是维护世界和平的基础。"文化力"也是国家实力之一，文化艺术与经济密切相关，文化艺术是全体国民的社会财富，振兴文化艺术就是要以文化艺术建设国家，即"文化艺术立国"。明确"文化艺术立国"战略目标的意义在于：要开拓一个"文化力"带动社会经济发展的时代，提高日本的国家文化力，实现心灵充实、富有活力的社会；通过提高文化力，使充满特色的地方文化为日本的发展注入活力，将丰富的地方文化作为日本文化的基础，使人们获得更大的精神动力；通过国家、地方和民间力量相互合作，共同推动文化艺术振兴事业的发展。

第二，明确指出政府对于文化事业的发展负有重要责任，政府有义务培养和发挥国民的创造性，培养国民个性，使其能自发、自主地参与和享受文化艺术，即，国家的责任在于使国民能够发挥参与文化艺术活动的主体性。为此，国家的责任主要在于：以提高文化艺术水平，扩大文化艺术基础为目标，保存和利用文化遗产，开展文化艺术交流，以完备文化艺术振兴的基础。中央政府今后制定和执行政策的重点方向是：重视文化艺术教育，充实国语教育，加强文化遗产的保护和利用，强化日本文化的对外宣传，改善与文化艺术相关的财政措施和税收措施。在振兴文化艺术过程中，要创造条件提高艺术家地位和待遇；同时要了解国民意见，建立通畅的意见反映渠道；充实艺术资助和评价体系；促使各相关机构开展合作。

第三，申明中央政府要重视地方自治体政府和民间力量的作用。依据基本法，地方政府应制定各地的相关法规，从广阔的视角出发，加强与各地方公共团体的紧密合作。同时，政府也鼓励个人和民间团体以及企业支持和赞助文化艺术活动，以发挥这些民间力量的自主性，尊重其自由选择的权利。要保护文化多样性，培养国民对文化艺术的重视。政府为了配合民间力量支持文化活动，要为其提供相应的条件，给予便利的机会，以扩大民间力量对文化事业的支持。

第四，确立日本在新世纪振兴文化艺术方面的工作重点。主要包括：（1）振兴艺术，包括传统艺术、媒体艺术和表演艺术、生活文化、国民娱乐以及出版物和文化遗产等，不仅对这些文化艺术形式进行保护，还要普及和有效利用，同时要重视新兴的艺术形式，并重新认识传统艺术的价值；（2）振兴地方文化，保护地方文化特色，在地方建设剧场、音乐厅以及美术馆、博物馆、图书馆等文化艺术活动设施，完善和充实文化艺术活动的硬件设施，并向地方公共团体和民间团体提供相关信息；（3）重视国际文化交流，鼓励将日本文化艺术推向世界；（4）重视文化教育，在学校教育中引入文化艺术的内容，建立与文化艺术有关的教育研究机关；（5）促进对国语的理解，充实国内和海外的日语教育；（6）保护知识产权；（7）为所有国民提供参与文化艺术活动的机会，包括向民众提供相关信息，增加国民进行文化活动的机会，为高龄者和残障者提供平等参与文化活动的机会，增加青少年参与文化艺术活动的机会。①

---

① 日本内阁：《关于文化艺术振兴的基本方针》（第 1 次），2002 年 12 月。

　　第一次基本方针是日本政府在 2001 年出台的基本法基础上，进一步推进之后五年与文化艺术振兴相关政策实施的具体指导方针，是日本为了实现文化艺术立国的战略目标，进一步致力于文化艺术振兴的战略行动指南。可以说，进入 21 世纪后，日本政府开始强调国家对文化事业的引导作用，指出政府要制定各种措施促进民众关注并积极参与文化艺术活动，鼓励民间力量赞助文化艺术活动，促进相关政府机构与民间团体以及民间团体之间的相互合作。

　　3. 为文化艺术立国战略提供法律制度保障

　　进入 21 世纪以后，日本政府在文化艺术相关立法方面做了大量工作，为文化艺术及其产业化发展提供了有力的保障。例如，2000 年日本国会通过了《建设高度情报通讯网络社会基本法》，通称"信息技术基本法"，这是一部内容完整、细则全面的信息技术基本法律。此外，在这一时期，日本政府还相继出台了《文字、印刷物振兴法》《儿童读书活动推进法》《文化功劳者年金法》《文化勋章令》等。在文化遗产保护方面，2005 年 4 月修订的《文化遗产保护法》，扩大了保护对象的范围，涵盖了文化景观和民俗技术，并增加了对其保护方式的规定，进一步完善了文化遗产登记制度。在著作权方面，不仅有《著作权法》以及施行令和施行规则等，还有专门针对文化市场的中介业务、中介组织、经纪人、经纪公司等的《著作权中介业务法》。在宗教事务方面，2006 年 6 月重新审定并实施了《宗教法人法》。在文化的独立行政法人事务方面，出台了《独立行政法人国立国语研究所法》《独立行政法人国立美术馆法》《独立行政法人国立文化遗产机构法》《独立行政法人日本艺术文化振兴会法》等具体的法律法规。

　　在各项法律法规中，尤其值得一提的是，日本政府十分重视知识产权的保护和立法工作，逐步建立了完善的知识产权保护法律体系。其中最具代表性的法律是 1970 年颁布的《著作权法》。该法前后经过 20 多次修订，主要目的是引导人们合理利用他人的文化成果，有效维护作者的权益，使文化产业得以健康有序发展。2001 年《著作权法》更名为《著作权管理法》，2002 年再次进行修订，主要内容包括扩大电视和有线电视运营商的权力，保证各类演出者的姓名权，变更了唱片保护的期限；2003 年又进行了修订，延长了电影著作权的保护期限，强化了在教育活动中使用权的限制，严格控制学校等教育机构和学习者对教材等的复制，并且对远程教育课程中向公众传输的教材做出了规定，还对试卷中使用各种资料的权利做了规定，同时减轻了被侵权者的举证责任。

为了进一步推动知识产权保护工作，2002 年制定的《知识产权基本法》作为专利权、著作权等知识产权方面的基本法律为文化产业的发展提供了法律护航，同时也为提升日本文化产业的国际竞争力打下了扎实的基础。其中规定各项权利的保护期限为：专利权有效期限为 20 年、新型实用权有效期限为 6 年、创意权有效期限为 15 年、商标权有效期限为 10 年。除此之外，知识产权法还规定了其他一些权利，如企业秘密保护权等。2004 年对该法进行修订后，增加了防止音乐唱片复制、限制书籍和杂志的借贷权、强化处罚等内容，并建立了隐蔽摄像机的使用审批手续制度等。另外，日本内阁官房于 2003 年 7 月设立了知识产权战略本部，并制订了"知识产权推进计划"，以推进文化艺术创造、保护和流通等。知识产权战略本部提出的"知识产权推进计划 2004"中，将培养技术性人才、加强业界联系、筹措资金和管理文化产品流通市场等作为具体项目进行了规划；2005 年，由日本经团联领导，在各文化产业相关部门的配合下提出了新的"知识产权推进计划 2005"，新计划以强化现有知识产权、使本国产业更具国际竞争力为目标，将今后的发展重点放在环境、市场以及国际知识产权问题三个方面，力求使日本的文化产业在国际上处于有利的竞争地位。2005 年还设立了知识产权高级法院，提高了审理知识产权案件的权威性和效率。[1]

总之，进入 21 世纪后，根据社会、经济、文化发展的新形势，日本政府制定了一系列行之有效的文化产业相关法律法规，这些法律颁布后，往往还有更为具体的政策措施和实施细则与之配套，可以说，内容具体、可操作性强是日本文化法律法规的一大特点。通过上述一系列政策措施与法律法规的制定与实施，政府调控文化产业发展的手段更加完善，文化市场环境更加完备和成熟，从而大大提高了日本参与国际文化市场的竞争力，为日本文化产业的快速发展提供了良好的法律制度保

---

[1]　泷泽意伲：《日本文化产业的发展与启示》，《国际贸易》2006 年第 10 期。

障。进一步说，这些法律法规的制定和实施，为 21 世纪日本文化战略
的顺利执行提供了法律保障，使日本的各项文化艺术振兴事业进入了一
个有序、理性的轨道，使日本文化发展步入了政府提出的"文化艺术
立国"口号所指引的道路，日本政府在文化方面加强政府引导的意图
也逐渐清晰化。

## 二 21 世纪初日本文化战略的进一步完善

进入 21 世纪后，日本政府在文化政策方面进行了一些新的探索，在
2001 年颁布的基本法和之后的第一次方针指引下，日本的文化艺术事业
顺利发展。但随着国际环境和国内社会形势的变化，其中一些方针措施
在执行过程中尽管初步取得了一些成果，但同时也暴露出一些问题。为
此，日本政府于 2006、2007 年组织了一批专家学者对第一次方针进行了
评价和反思，对一些不适应社会发展的内容进行了调整，并在此基础上
于 2007 年 2 月提出了第二次基本方针。可以说，2007 年以后，日本进入
了对文化发展战略进行评价、反思、完善的第二阶段。

### （一）评价和反思第一次基本方针

2007 年 1 月，文化厅文化部会通过了题为"对文化艺术振兴基本方
针（第一次）的评价和今后的课题"的总结报告，一方面肯定了基本法
颁布后，日本政府依据第一次方针在振兴日本文化艺术事业方面所取得
的积极成果，另一方面对今后政府振兴文化艺术的政策措施进行了修正，
并明确提出日本政府将进一步振兴文化艺术，帮助国民实现心灵富裕的
生活，建设有活力的社会，提高国家的魅力，并且让文化与经济一道成
为国家发展的重要力量，提高日本在世界上的影响力。

该报告指出，在国际环境和国内社会经济形势不断变化的背景下，
日本的文化战略也不可避免地受到了国际、国内各种因素的影响，第一
次方针制定于 2002 年，之后几年中日本的社会形势发生了很大的变化，
这些变化对于文化发展的影响主要表现在以下几个方面：

第一，随着日本政府不断推进行政机构改革，加强地方自治权，日
本中央政府与地方政府之间的责任和义务也有了重新划分。日本政府在
20 世纪末和 21 世纪初，制定和重新修订了一系列中央和地方的分权法
令，主要有 1995 年的《地方分权推进法》和 1999 年的《地方自治法修

正案》等，这些国家层面的法律法令突破了以往的日本行政责权框架，重新划分了中央政府和地方政府的行政权限，推进了地方自治体分权，国家和地方自治体逐渐从上下关系向平行关系转变，因此，地方自治体在文化行政方面也获得了更大的自主权。第二，在日本经济形势尚处景气的背景下，民间力量显示出一定的活力，在这种形势下，日本政府进一步扩大了民间力量与政府之间的合作。政府通过了 NPO 法案，承认了民间性质的非营利活动法人（NPO）和志愿者等新的组织形态的合法性。民间力量与政府行政之间需要建立一种新的合作体制，以适应不断增强的合作需求。这种需求趋势与传统的"公共 = 政府官方、行政"的概念不同，日本政府希望民间力量在文化艺术事业中发挥更大的作用。日本政府通过强调政府与民间力量之间的责任划分，对其实行相对宽松的行政管理，使民间力量在文化艺术领域里开始崭露头角，并且引导各种民间力量在市场规则下展开竞争。日本政府认识到这种市场化竞争是今后文化艺术发展的潮流，因此，在文化艺术发展的政策引导过程中，要重视保证文化经济活动的效率性和公平性。第三，在信息通信技术飞速发展的背景下，文化艺术的表现形式和传播手段也将发生巨大变化。信息通信技术的发展大大影响着国民的日常生活方式，社会中充斥着数量庞大的信息，沟通和表现手段也趋于多样化。而且，信息通信技术发展也带来了负面影响，网络技术使人际之间的交往逐渐淡薄、缺乏实际的社交体验，等等。因此，日本政府希望通过文化艺术活动加强各地民众的"共同生活"的观念，以消除网络化带来的负面影响，使人们之间的关系重新紧密起来。第四，日本社会日趋少子老龄化，特别是地方人口减少、高龄化现象更加严重，城市单身者增多，地域社会的功能逐渐缺失。同时，各地政府在"平成大合并"，即大规模的市、町、村合并之后，各地的传统文化活动受到了一些不利影响。在这样的背景下，国家和民众都期待文化艺术活动能继续发挥为地方社会注入活力的重要作用。第五，由于国际政治、经济等领域的全球化进程不断加剧，日本政府意识到，包括文化艺术在内的所有领域，日本都需要与其他国家和地区展开交流和对话，并与国际各方开展合作。而且，进一步对外传播日本文化也是增强国家"软实力"的重要策略。①

日本政府通过组织专家学者对第一次方针具体实施后的效果进行评价，认为第一次方针实施后出现的问题主要存在于以下这些方面：虽然在政策中充分体现了尊重文化艺术活动主体的自主性和创造性，但该如何进一步提高艺术参与者的地位，如何制定出更为客观公正的运营规则；在 20 世纪末以及 21 世纪初，政府在各地大量修建文化设施，该如何高效利用这些设施；一直以来，日本的文化艺术活动往往集中在东京地区，如何使各地的文化事业均衡发展；如何培养地方的文化艺术人才、如何保护各地文化的多样性、如何保护地方文化遗产；如何在世界舞台上充分展示日本文化；如何促进青少年的国际文化交流和相互理解；如何在文化遗产保护方面开展国际合作；如何更广泛地听取民众意见，如何向广大国民介绍文化艺术振兴事业所取得的成果；如何制定合理的评价体系；如何增加青少年在各个成长阶段与文化艺术和自然接触的机会，培养其完善的人格等。

为了解决上述这些课题，日本政府意识到必须加强以下几个方面的工作：重视发挥志愿者、非营利团体和企业等民间力量的作用；在文化活动设施的管理和运营以及文化艺术资料的收集、研究等方面引入"指定管理者制度"；在少子老龄化的社会环境下，为各地培养文化艺术活动的传承人；加入世界教科文组织的"文化多样性条约"，重视文化多样性，在经济全球化的过程中，通过文化艺术活动丰富人们的精神世界；重视各地的特色地方文化，让各地民众有平等地参与文化艺术活动的机会，使各地区有历史特色的文化受到保护。

日本政府在对第一次基本方针进行反思后进一步强调，振兴文化艺术的意义在于，文化艺术能给国民带来欣喜和感动，使人们获得充实、安宁的精神世界，能够感受生命的快乐，实现自我、丰富人生；通过文化艺术，可以培育人们新的价值观，激发人们的创造性，有利于其适应社会变革；在日本现代化社会中，振兴文化艺术是日本建设富裕国家时必不可缺的手段。

---

① 日本文化厅：《对文化艺术振兴基本方针（第 1 次）的评价和今后的课题》，2007 年 1 月。

**（二）制定出台第二次、第三次基本方针**

1. 第二次基本方针的制定

在第一次基本方针实施五年后，2007 年 2 月，日本内阁再次制定了《关于文化艺术振兴的基本方针（第二次）》，通称"第二次基本方针"。该方针指明了振兴文化艺术的基本方向，并对第一次基本方针的执行效果进行了评价，还根据社会形势的变化对日本政府应采取的具体措施进行了适当的修正。

第二次基本方针的主要内容是：在总论部分再次阐述了振兴文化艺术的意义，指出振兴文化艺术的目的是实现内心充实的国民生活和建设有活力的精神生活丰富的社会，提出今日振兴文化艺术的意义就在于文化力就是国力，文化艺术与经济有密切的联系，文化艺术是全体国民的社会财富，通过进一步振兴文化艺术，实现推动以文化艺术创造国家的"文化艺术立国"的目标。在振兴文化艺术的基本方向部分指出，为了增强文化实力，各地方政府要大力发展本地文化为国家发展注入新的活力，国家、地方、民间要相互配合，共同支持文化艺术活动。振兴文化艺术的重要措施包括培养继承、发展、创造日本文化艺术的人才，推动日本文化的传播和国际文化交流，进行文化艺术活动的战略性支持，振兴地方文化，丰富儿童文化艺术活动，加强文化遗产的保护和利用，为提高艺术家地位创造条件，反映国民意见等。第二次基本方针还表明了日本政府希望将日本的文化艺术推向国际社会，加强在文化领域的国际交流与合作的决心。同时，日本政府希望在文化艺术产品和市场原理之间建立合理的关系，提高文化财政预算的使用效果，但又不能将市场效益作为振兴文化艺术的唯一标准，文化艺术产品应该经受得住时间的考验。同时，还希望通过文化艺术活动培养青少年丰富的内心世界和对美好事物的感性认识，让青少年成为日本文化艺术的重要传承力量。[①]

第二次基本方针提出了三个战略发展重点：一是加强日本的文化实力，振兴多种多样的传统和现代文化艺术，提高文化实力，丰富国民的精神文化生活，通过推进国际文化交流促进世界对日本文化的理解，提升日本的国际形象，并通过文化艺术为世界做贡献；二是对外传播日本

---

① 日本内阁：《关于文化艺术振兴的基本方针（第二次）》，2007 年 2 月。

文化，积极将日本的传统和现代文化艺术创意活动推广到国外，支援亚洲以及世界的文化艺术活动，出台国际文化交流的政策措施；三是振兴媒体艺术，促进新的艺术创造，加强日本媒体艺术的活力，同时要吸引世界各国对"酷日本"① 的关注。

作为 21 世纪初日本文化发展的第二个五年计划，第二次基本方针强调了文化作为"软实力"在意识形态领域的巨大影响力和社会经济价值，并重点围绕日本文化的对外传播问题提出了明确的目标和实施手段，表明了日本在成为经济大国后，还要成为具有国际影响力的"文化大国"的文化发展方针。另外，第二次基本方针再次明确划分了在振兴文化事业过程中中央政府与地方自治体各自应负担的责任和义务，国家应重视相关法律的制定和实施，并呼吁国民对文化艺术振兴事业予以关注和理解。

2. 第三次基本方针的制定

2011 年 2 月，根据日本的社会环境和文化发展形势的变化，日本内阁再次出台了《关于文化艺术振兴的基本方针（第三次）》，通称"第三次基本方针"。

第三次基本方针主要包括文化艺术振兴的基本理念、文化艺术振兴的重点措施和基本措施以及重点对策。在文化艺术振兴的基本理念部分，第三次基本方针再次重申了振兴文化艺术的重大意义，指出为了让国民享受到丰富的精神文化生活，构建有活力的社会，增强国力，要以文化艺术振兴为基本国策，实现"文化艺术立国"。文化是一个社会经济增长的源泉，会对其他相关领域产生巨大的波及效应，因此个人、企业、民间团体、地方政府、中央政府等应职责明确、相互合作。第三次方针在文化艺术振兴的意义中，明确提出文化艺术是具有社会影响力的软实力，是持续的经济发展以及和谐的国际关系的基础，应作为提高国力的战略手段置于重要位置。

第三次基本方针指出文化艺术振兴的重点措施包括：继续支持文化艺术活动，培养文化艺术创意人才，制定针对儿童和青年人的文化艺术振兴政策，重视文化艺术向下一代传承，利用文化发展促进各地区的经

---

① 指日本的游戏、动漫、漫画等流行文化媒体艺术。

济振兴、产业振兴，促进文化对外传播和国际文化交流，并强调在推进上述重点措施时还要考虑到这些措施之间的横向联系，政府相关部门之间要相互配合、互相协作。文化艺术振兴的基本措施包括：振兴各文化艺术领域，振兴各地方的文化艺术，推进国际文化交流，培养和支持艺术家，正确理解国语，普及和强化日语教育，保护及利用著作权，丰富国民的文艺活动，加强文化艺术基地建设，完善其他的文化艺术基础设施。另外，还要重视评价文化艺术活动支持政策的效果，提出应该借鉴国外的艺术审议会制度，由专家对文化政策进行审查，通过调查研究进行事后评价，从而形成计划、实施、检验、改善的良性循环，使政府对文化艺术活动的支援更具效果。

第三次基本方针在文化艺术振兴的重点对策部分，突出强调了应加强日本对外文化传播和国际文化交流的问题，指出文化艺术不仅能提高日本在东亚地区的存在感，而且作为新的高速增长领域，能够扩大就业、推动地区经济发展，因而有必要积极开展"酷日本"战略，培养创造性的人才，积极向海外传播日本的媒体艺术、时尚、饮食等现代文化。具体措施包括：对高水平舞台艺术的海外演出、传统工艺品的海外展出进行支援；要协助国际艺术节在日本国内召开，并推动日本的艺术家和作品参加海外举办的艺术节；以大学、博物馆、美术馆为文化交流基地，特别要推进东亚地区的艺术文化交流。[①]

作为21世纪初日本文化发展的第三个五年计划，第三次基本方针是日本根据国际、国内形势的变化，针对日本当前文化艺术发展的现状，对文化发展方针及时进行的调整和修正，明确了在未来五年中政府应如何全面、综合地推动文化艺术振兴相关措施的实施。关于文化艺术振兴的三次基本方针，都是在《文化艺术振兴基本法》的基础上，基于国内外形势的变化适时提出来的，其基本内容一脉相承，明确了中央政府、地方政府以及民间力量在文化艺术振兴战略中各自扮演的角色，并不断调整文化战略推进的方向和具体的实施措施。

**（三）这一时期日本文化战略的重点**

进入21世纪以来，日本已从有意识地吸收外来文化、丰富现代文

---

① 日本内阁：《关于文化艺术振兴的基本方针（第三次）》，2011年2月。

化、传承民族文化的阶段，逐渐转向有意识地向外推广和辐射本民族文化的阶段。在 2007 年之后的一段时期，以"文化艺术立国"战略为核心，对内不断利用文化艺术为经济发展创造新的增长点，对外积极传播和扩大日本文化的国际影响力。

2010 年 11 月，日本文部科学省提出了"生机日本复苏特别框架"，通过作为其重要组成部分之一的"利用文化艺术重现日本生机计划"，可以看出这一时期日本文化战略的几个中心课题。"利用文化艺术重现日本生机计划"的宗旨是"为了经济增长，要最大限度地利用作为日本优势资源的文化艺术"。该计划指出，当前日本文化发展的现状和主要课题是：文化艺术是创造新附加值的源泉，需要培养创造性的人才；日本各地拥有大量的珍贵文化遗产，但没有被充分开发利用；日本的优秀文化艺术还没有传播到国外。该计划 2012 年的财政预算额为 158 亿日元，共分为三个部分，其中"文化艺术新生代人才培养项目"预算为 67 亿日元，主要目的是通过培养新生代人才，推动"酷日本"战略，实现培育"优秀人才"的目标，建设创意产业，创造新的雇佣岗位。具体计划包括"先端媒体艺术竞争力强化事业"（4 亿日元）、"年轻艺术家培养事业"（11 亿日元）、"儿童文化艺术体验事业"（53 亿日元）。"利用文化遗产的观光振兴、地域振兴事业"预算为 85 亿日元，主要用于重要文化遗产的开发和利用，历史遗迹的修复开放，各地传承的传统艺能等的继承和开发，积极支持具有地方特色的综合性措施，推动利用地方文化遗产振兴观光、振兴地方经济的活动。"对外传播创意日本项目"预算为 5.5 亿日元，目的是建设文化艺术对外传播的国际化基地，具体计划包括召开东亚文化艺术会议（0.5 亿日元），举办能代表日本的艺术节和国际电影节（3 亿日元），在日本各地建立 20 个文化艺术海外传播基地（2 亿日元）。

另外，从文化厅每年组织的"文化行政调查研究事业"所拟定的课题，也可以看出这一时期日本政府每年文化行政工作的关注点。2008 年的主题是"关于文化艺术创造城市"的调查研究；2009 年是"关于文化对外传播战略"的调查研究；2010 年是"关于'生活文化'的实际情况及振兴方案"的调查研究；2011 年是"关于文化政策评价方法"的调查研究；2012 年是"关于艺术文化活动的资助制度"的调查分析。

在这一时期，尤其值得关注的是日本文化对外传播力度的加大这一文化发展战略的新动态。在全球化进程中，世界各国都在大力对外传播本国文化，日本政府也一直迫切希望将本国的传统文化和现代文化推介到海外，不断扩大和加深文化对外传播的广度和力度，加强世界各国对日本文化的关注和理解，并借此获得了巨大的经济利益。[①] 例如，《文化艺术振兴基本法》中就指出要向世界传播日本的文化艺术；第一次方针提出要保护和发展多样化的日本文化，并向世界传播日本的文化艺术；第二次方针重点阐述了文化对外传播的主要措施和重要意义，指出要通过推进国际文化交流促进世界对日本文化的理解，提升日本的国际形象，并积极将日本的传统和现代文化艺术创造活动推广到国外，支援亚洲以及世界的文化艺术活动，制定关于国际文化交流的政策措施，同时要促进新的艺术创造，增强日本媒体艺术的活力，加强世界各国对"酷日本"的关注；第三次方针中也提出要积极开展"酷日本"战略，培养创造性人才，积极向海外传播日本的媒体艺术、时尚、饮食等现代文化，并提出了支持舞台艺术的海外演出、传统工艺品的海外巡展、召开国际艺术节、推进东亚地区的艺术文化交流等具体措施。

日本文化厅还于2007、2008年先后七次召开关于文化对外传播战略的恳谈会，并于2009年3月发布了题为《关于提高对日本文化理解与关心的文化传播的措施》的文化传播战略恳谈会最终报告，指出文化传播的战略意义在于"通过将日本独特的传统文化广泛传播到世界，能够加深世界对日本的理解，确立日本在国际上的地位"。该报告指出应立即推行文化对外传播，其具体措施如下：第一，对于对日本关注度高的国家，应针对其关注的领域和关注者的阶层进行有针对性、菜单化、高效的文化传播；第二，建设收集、保存、体验、传播媒体艺术信息的综合基地，完善媒体艺术政策，提升日本媒体艺术的国际地位；第三，加深日本人对本民族文化的理解，通过网络等介绍日本文化；第四，支持各地的文化艺术创造和传播活动，开展"文化艺术创意城市"等项目；第五，保

---

① 赵敬：《冷战后日本的文化对外传播战略》，《中国社会科学院研究生院学报》2011年第4期。

护具有日本传统魅力的城镇景观、文化遗产及其周边环境；第六，表彰为文化传播做出贡献的外国人。① 该报告还重点指出，为了促进日本文化向世界辐射，不仅是文化厅，外务省、经济产业省、国际交流基金等相关部门也要协调配合，共同推进；以驻外使领馆为核心，国际交流基金会分布在世界各地的文化中心、日本观光振兴机构的海外事务所，都应作为传播日本文化的基地来发挥作用；日本人首先要了解自己的文化，才能通过互联网、卫星电视等不断地向其他国家推介自己的文化艺术；文化传播的重点对象为外国的决策者、有识之士和留学生；文化传播的重点地区为亚洲地区、和日本关系亲近的国家以及关注日本的国家；由于日本文化和语言的独特性，在海外传播日本文化的外国人扩大了日本文化的受众群，对他们应予以特殊的奖励。

《关于提高对日本文化理解与关心的文化传播的措施》这一报告是专门针对如何增强日本文化的对外传播能力提出的，表明日本政府对文化传播的重视上升到了一个新的高度。该报告无论是对文化传播的意义、作用，还是对文化传播的载体和具体的方式方法都进行了明确说明。尤其是该报告中提出相关部门要协调配合，要充分利用媒体资源，并提出将亚洲地区作为文化传播的重点地区。可以说，进入 21 世纪后，以这个报告的出台为标志，经过若干年的发展和完善，日本政府已经从战略高度制定了详细、周全的对外文化传播的战略和措施。日本在不断振兴和提高本国文化艺术水平的同时，也在不断加强对外文化交流与合作，利用丰硕的文化产品和文化建设成果的巨大吸引力，将本国的价值观、理念附着在文化产品里向亚洲乃至全世界传播，利用文化这种潜移默化的战略手段实现其背后的国家利益。

从以上可以看出，进入 21 世纪以来，日本政府通过将文化战略手段作为国家战略的重要组成部分之一，从日本的国家利益出发，依靠本国文化资源与文化优势推动国家发展。在明确了"文化艺术振兴"的战略目标后，将传承、振兴、输出民族文化作为文化发展战略的主要内容，对内强化国民对本民族传统文化的认同，树立民族自信心，增强凝聚力，依靠文化的产业化发展推动经济发展，通过增强文化实力提升国力；对

---

① 日本文化厅：《关于提高对日本文化理解与关心的文化传播的措施》，2009 年 3 月。

外则加强文化辐射力，通过输出文化和文化产品为经济发展增加活力，增强国际交流与合作，改善国际关系，树立良好的国际形象，为实现政治大国梦想进一步铺平道路。可以预期，在 21 世纪的日本国家发展规划中，"文化艺术立国"将作为其重要的战略发展方针被坚持下去。

附记：本章亦是 2011 年教育部人文社科青年基金项目（项目编号：11YJCGJW 023）研究成果之一

# 第 二 章

# 日本的文化振兴战略

进入 21 世纪以来，日本日益加紧制定和完善其文化战略，出台了一系列相关的法律文件和政策措施。日本 21 世纪初期文化战略的重点内容之一就是对日本文化进行振兴。日本政府为何要对其文化进行振兴？振兴日本文化的核心内容及举措是什么？振兴日本文化的效果又如何呢？这些便是本章准备进行探讨的问题。探讨这些问题不仅有益于增进我们对日本文化的理解，而且也可为我国的文化建设、为我们构建上承旧统下启新运的世界之中国的核心价值观提供参考与借鉴。

## 第一节　日本文化振兴的背景

日本对其文化进行振兴，概言之，既是为以美国文化为核心的单一文化模式的"文化全球化"发展形势所迫，亦是为了满足日本政府保护其民族文化安全、争取和巩固其自身的文化大国地位之需。下面就从国际、国内两方面，分三部分来探讨日本文化振兴的背景。

### 一　文化全球化势不可当

民族文化是世界性和民族性的统一，民族文化间既有许多相通的成分，又有着彼此不可替代且难以化而为一的特殊性和独创性。一般而言，文化的作用就在于它既要最大限度地满足人们的不同需求，同时亦要充当人们在追求满足不同需求过程中出现冲突和竞争时的调节者。人的需求林林总总，不一而足，但其中的"安全、社会交往和地位"需求应该说是每种文化的人都必不可少的社会需求，而且每种社会需求又可分为生物性、社会性、情感性需求这样三个层次。① 当然，尽管每种文化的人都有"安全、社会交往和地位"的需求，但并非每种文化都把这些需求置于同样的地位，不同的文化，乃至同一文化在不同的发展时期，对人的需求的评价和满足方式也是千差万别的。有的文化模式注重强调安全，有的则更注重强调地位，而有的则对社会交往更为重视。即便是针对同一种社会需求，文化不同，其满足方式也不尽相同。例如，作为社会性需求的安全，有时表现为一种归属感和依赖感，但不同的文化模式对归属在什么样的人物或组织之下是安全的，认识却是不同的。有的文化趋向于引导人们更多地归属于伟大领袖；有的文化则趋向于引导人们更多地归属于他们的初始集团，即从自己的亲属圈子中获得更大的安全感；有的文化则趋向于强调对其他社会集团的归属；而有的文化则强调从超自然神明那里获得更大的归属感和安全感。诸如此类形色各异的文化模式，就相当于各民族成员间彼此心照不宣的密码，是一种比器物、习俗、制度等更加稳定的、类似某种文化基因的东西，轻易不会被改变。任何一个民族如果失去了其赖以生存的文化传统，失去了满足其各种需求的生活方式、价值体系，那这个民族也就失去了灵魂，作为一个独立的民族，自然也就不存在了。

如今，随着以市场经济为基础，以先进科技和生产力为手段，以美国等发达国家为主导，以最大利润和经济效益为目标，通过分工、贸易、投资、跨国公司等来实现各国市场分工与协作的经济全球化的深入发展，特别是进入 21 世纪以来，随着互联网等通信技术的飞速发展，使得文化的交流可以轻而易举地瞬间跨越时空，各种文化交流的速度和规模都有了质的飞跃，以美国文化为主导的"文化全球化"对各地的民族文化产生了很大的冲击。于是，有些西方学者便因此开始鼓吹，在经济全球化的背景下，必将实现以美国文化为核心的"文化全球化"。

例如，美国杜克大学教授弗雷德里克·詹姆逊就曾指出，界定全球化的真正核心就是世界文化的标准化，"美国的电视、美国的音乐、好莱坞的电影，正在取代世界上其他一切东西"。他还预言，文化全球化的结果就是美国的大众文化模式取代世界上各民族的传统文化，在这个过程

---

① 参见许烺光《彻底个人主义的省思》，许木柱译，台北南天书局 2002 年版。

中，各民族文化将遭到破坏。① 这种"文化全球化"的观点"是国际垄断资产阶级关于全球化意识形态的理论表现之一。其实质是通过建立以美国文化为主导的所谓文化的'全球化'，从文化上进而从整体上肢解独立的民族国家，这是典型的'文化帝国主义'"。②

在当前经济全球化的背景下，这种文化帝国主义大有锐不可当之势，严重地威胁着他国的文化安全。自冷战结束后，军事力量和经济力量已经不再作为衡量国家实力的主要标准，而对知识的控制则成为世界争夺的焦点。谁的文化成为主流文化，谁就将成为国际权力斗争的赢家，谁将掌握未来。③ 美国将"文化"和"新经济""高科技"并列，凭借其强大的经济实力和高科技手段，通过电影、电视、广播、书籍、报刊、广告、流行音乐及国际互联网，对世界各国进行文化渗透，祈望使以美国文化为核心的"西方文化"成为当今世界的"主流文化"，用西方的价值观来支配整个世界。"目前，美国控制了世界75%的电视节目和60%以上广播节目的生产和制作，每年向国外发行的电视节目时间达30万小时，许多国家的电视节目中美国节目往往占到60%—70%，有的占到80%以上。美国电影已占据世界总放映时间的一半以上，许多发展中国家的电影市场几乎被美国电影所垄断……文化产品是美国最大的出口产品，每年的出口额达600多亿美元。"④

美国文化作为世界文化的一分子，毋庸赘言，大概没有人会否认其中的确存在着很多值得世界各国进行文化建设时予以借鉴的内容，但是，美国文化所蕴含的深层内容，是西方资产阶级的社会政治理念、价值观念、意识形态和生活方式。如其中的基督教伦理观，它本来是为了满足欧美文化的承载者们的社会需求而设，是欧美人的文化基因，其他民族虽然可以按照其自身意愿拆借和组装欧美的各种制度，但欲彻底抛弃其

---

① 弗雷德里克·詹姆逊：《论全球化和文化》，载王宁编《全球化与文化西方与中国》，北京大学出版社 2002 年版，第 108 页。

② 于沛：《反"文化全球化"——经济全球化背景下对文化多样性的思考》，《史学理论研究》2004 年第 4 期。

③ 参见中国社会科学院"世界文明"课题组编《国际文化思潮评论》，中国社会科学出版社 1999 年版，第 6 页。

④ 参见苏旭《警惕西方的文化渗透》，《光明日报》2001 年 6 月 14 日。

自身的民族文化基因，抛却本民族文化中固有的满足其社会需求的方式，完全接纳欧美人以基督教伦理为核心的价值观，绝不是件容易的事情。因此，从维护民族文化安全的角度讲，世界文化美国化是绝不能容忍的。从文化发展的一般规律来看，由于作为民族文化的基因轻易不会被改变，所以世界文化美国化也不可能轻而易举就能够实现。但是，同时我们也应认识到，当以美国文化为中心的西方文化的比重超过一定的"度"，甚至高于本国文化时，也将会使人们的生活方式、思维方式、行为方式、价值观念倾向"西化"，极大地削弱对民族文化的认同，破坏民族文化所特有的满足其所属人群的社会需求的功能，致使受到冲击的民族文化遭遇到难以满足社会需求的困境，使人们的身心陷于焦虑不安之中。因此，包含许多发达国家在内，任何一个有独立文化传统的国家，为了对抗以美国文化为核心的单一文化模式的文化全球化，都在积极采取措施维护本国的文化传统、文化利益和文化安全。

在亚洲，由于历史原因，日本可谓是受美国文化影响最深的国家。"在战败导致整个日本社会亟须'重建'的课题下，日本是被动地走上'重建'崭新的'近代化'之路的。在'重建'的过程中，因受到战争胜利者美国以及西欧所开创的'近代世界'的巨大影响，日本人重建'近代化'的尝试也采取了各种各样的表现与形态。……美国在占领战败的日本后大力推进改革，以至于这种改革波及了从宪法、教育制度直至语言等各个领域。说得极端点，在亚洲日本是最为'美国化'的社会及国家。"[①] 如果说战后至 20 世纪 90 年代，日本接受美国文化还带有一定的被迫的成分，那么自 20 世纪 90 年代起至 21 世纪初，则完全是日本积极主动地引进和接受美国文化的时期。日本虽然历来以最能善巧地吸收、消化外来文化而著称，但日本社会文化的"美国化"程度之深还是日益引起了日本有识之士对其民族文化安全的忧虑。因此，进入 21 世纪以来，面对突飞猛进的文化全球化发展趋势，出于满足维护民族文化安全之需求，日本开始日益加紧制定和调整其文化战略，出台了一系列相关的法律文件和政策措施，谋求文化振兴。

---

① 青木保：《日本文化论的变迁》，杨伟、蒋葳译，中国青年出版社 2008 年版，第 25 页。

## 二 日本传统艺术文化风光不再

在日本，由于受美国文化多年的影响，进入 21 世纪以来，在日本人的文化生活中，传统艺术文化所占的比重正在日益下降。日本总务省统计局每年都要出版日本国情方面的年鉴，该年鉴为我们了解日本人的生活状况、文化现状提供了许多翔实的数据。2010 年初刊行的《第五十九次 日本统计年鉴》共设 27 章，其中"第 23 章 文化"，由"文化相关职业，文化设施、文化遗产，出版、大众媒体，体育、娱乐、公园，宗教，生活时间、生活行动"等内容构成。

在"文化相关职业"部分，主要登载与文化职位的就业人数相关的统计数据，资料来源于总务省统计局的《国情调查》；在文化设施、文化遗产部分，登载与博物馆、图书馆等文化设施及文化遗产相关的统计数据，主要资料来源于文部科学省的《社会教育调查报告书》《学术情报基盘实况调查结果报告》、国立国会图书馆的《国立国会图书馆年报》、文化厅的《文化遗产指定等的件数》；在出版、大众媒体部分，都是关于书籍、杂志、报纸、广播电视的统计数据，主要的资料来源于株式会社出版新闻社的《出版年鉴》、日本放送协会的《放送受信契约数统计要览》《NHK 年鉴》等各行业的年鉴；在体育、娱乐、公园部分，登载的是与各类娱乐产业、体育设施、电影、旅行服务状况、广告费、教养娱乐的家庭消费支出及公园有关的统计数据，主要的资料来源是经济产业省的《特定服务产业动态统计月报》、文部科学省的《我国的体育运动设施》、国土交通省的《主要旅行业者 50 家公司的旅行服务状况》、总务省统计局的《家计调查年报》、环境省的《自然公园的面积》和《自然公园等利用人数调查》、国土交通省的《都市公园等修整现状调查》；在宗教部分，登载与宗教法人等宗教团体数、教师数、信徒数相关的统计数据，资料来源是文化厅的《宗教年鉴》；在生活时间、生活行动部分，收录的是关于不同生活行动的平均时间、行为者率、余暇活动、学习活动、体育活动的行动者率及参加率的统计数据，主要的资料来源是总务省统计局的《社会生活基本情况调查报告》、NHK 放送文化研究所的《国民生活时间调查报告书》，以及财团法人社会经济生产性本部的《休闲白书》。

在此，我们仅以《休闲白皮书》的统计数据为例，来看一下进入 21
世纪以来传统艺术文化在日本人的文化生活中所占的比重变化情况。《休
闲白皮书》是财团法人社会经济生产性本部对日本国民的余暇意识及参
加余暇活动的情况进行逐年追踪调查的报告书，该项调查始于 1976 年，
每年进行调查时，都要从居住在 5 万人以上的城市人口中选取年龄在 15
岁以上的男女共 3 千人为对象进行调查，下表就是根据《休闲白皮书》
的统计数据制作而成（见表 2—1）。

表 2—1　　　　　1995—2007 年日本人余暇活动情况　　　（单位：%）

| 年份<br>活动项目 | 男 | | | | | 女 | | | | |
|---|---|---|---|---|---|---|---|---|---|---|
| | 1995 | 2000 | 2005 | 2006 | 2007 | 1995 | 2000 | 2005 | 2006 | 2007 |
| 邦乐、民谣 | 1.8 | 1.3 | 1.7 | 1.8 | 1.3 | 2.9 | 2.7 | 2.6 | 1.8 | 1.6 |
| 体育赛事观战<br>（电视除外） | 25.7 | 22.5 | 20.8 | 20.3 | 18.7 | 16.7 | 13.1 | 8.9 | 12.0 | 12.0 |
| 看电影（电视<br>除外） | 26.4 | 28.2 | 33.3 | 30.5 | 33.6 | 35.9 | 35.5 | 41.0 | 39.4 | 38.8 |
| 观剧（电视除<br>外） | 6.7 | 6.5 | 6.1 | 5.8 | 3.7 | 19.4 | 18.7 | 14.6 | 15.2 | 14.6 |
| 演艺欣赏（电<br>视除外） | 5.4 | 3.1 | 2.8 | 3.2 | 2.9 | 6.5 | 6.1 | 4.2 | 4.2 | 4.7 |
| 音乐会等 | 14.0 | 16.4 | 17.1 | 16.0 | 15.1 | 30.8 | 30.7 | 27.3 | 27.8 | 28.7 |
| 音乐欣赏<br>（CD、唱片、<br>磁带、FM 等） | 38.1 | 40.4 | 36.1 | 33.0 | 33.6 | 43.2 | 40.0 | 37.1 | 33.8 | 35.0 |
| 美术鉴赏（电<br>视除外） | 13.0 | 10.4 | 8.2 | 8.1 | 8.3 | 22.9 | 17.8 | 16.4 | 14.4 | 17.4 |
| 书道 | 4.0 | 3.1 | 1.6 | 1.6 | 1.9 | 10.9 | 6.5 | 5.6 | 4.2 | 5.0 |
| 茶道 | 0.6 | 0.5 | 0.3 | 0.5 | 0.5 | 7.7 | 4.9 | 3.8 | 3.0 | 2.8 |
| 花道 | 0.6 | 0.7 | 0.1 | 0.3 | 0.4 | 11.6 | 7.2 | 5.3 | 5.6 | 7.3 |
| 日本舞蹈 | 0.2 | — | 0.2 | 0.3 | 0.1 | 2.5 | 2.5 | 1.4 | 2.0 | 1.3 |

续表

| | 男 | | | | | 女 | | | | |
|---|---|---|---|---|---|---|---|---|---|---|
| 年份<br>活动项目 | 1995 | 2000 | 2005 | 2006 | 2007 | 1995 | 2000 | 2005 | 2006 | 2007 |
| 西洋舞蹈、交际舞 | 1.1 | 1.2 | 0.9 | 0.8 | 1.6 | 3.2 | 2.3 | 3.0 | 2.4 | 2.9 |
| 电脑（游戏、兴趣、通信等） | — | 38.0 | 43.4 | 43.1 | 40.4 | — | 24.7 | 33.9 | 31.3 | 33.1 |

提到日本的传统艺术文化，人们大都会想到日本的茶道、花道、书道、能乐、日本舞蹈、日本的邦乐和民谣、日式剧等舞台艺术，从表2—1来看，自从进入21世纪以来，上述这些最具代表性的日本传统艺术文化，在日本人日常生活中受欢迎的程度普遍都有所下降。其中，一直作为日本传统艺术文化代表的日本茶道，在战后很长一段时期曾被视为女孩子出嫁之前的必修课，但从表2—1的数据来看，自进入21世纪以来，无论男性茶道人数还是女性茶道人数，都开始逐年递减。1995年女性茶道人数还是7.7%的参加率，到了2007年竟降为2.8%；男性茶道人数波动不大，但也是呈下降趋势，1995年男性茶道人数是0.6%的参加率，到2007年降为0.5%。这些传统文化的式微还直接影响到了与之相关的行业，如和服、木炭、陶瓷、漆器、竹器等美术工艺，致使这些行业也日趋萎靡。

民族传统艺术文化是一个民族自我认同的精神家园，传承着一个民族寻求满足各种社会需求的文化基因。因此，传统艺术文化的衰退是它所由寄托的民族精神、民族情感、民族审美理想的淡化与稀释，这必然带来民族个性的变异和扭曲、民族特征的弱化和消亡，最终引起民族基因的改变，使人丧失自我认同的伦理依据，陷入极度的心理不安之中。因此，如何保护和振兴日本的传统艺术文化，也就成为日本所面临的一个亟须解决的课题。

### 三 日本传统价值观强势难继

保护和振兴日本的传统艺术文化，其目的并非单纯为了保护一种文化的形式，更重要的是如何通过对文化形式的保护来达到传承日本人传统价值观的目的。价值观是上层建筑的内容之一，它直接受到经济基础的影响。日本经济的变化，自然也会相应地导致日本人传统价值观发生变化。

据日本经济产业省 2010 年 2 月公布的资料"围绕日本产业的现状与课题"中的数据显示，进入 21 世纪以来，日本的世界经济地位正在逐年下降，首先从"人均 GDP 的世界排名"来看，2000 年日本尚居世界第三位，到 2008 年大幅下降到第二十三位；从"占世界 GDP 的份额变化"来看，1990 年是 14.3%，2008 年已经下降到 8.9% 了；从"IMD 国际竞争力排名"来看，变化就更大了，1990 年还是位居世界第一位的日本，到了 2008 年竟然跌落为第二十二位了。通过这些统计数据，可知泡沫经济崩溃给日本经济带来的影响有多么严重。泡沫经济崩溃后，由于日本经济的表现一直不佳，致使日本社会显得萎靡不振，于是日本一些有识之士便开始尝试进行文化改革，积极导入资本主义的竞争原理，意欲将西方的个人主义和自由主义思想纳入日本文化之中，倡导"尊重个性""自负其责"，摆脱过去重视组织的安定和生存的观念，打破日本传统的集团主义思考，将价值观的重心放在个人的活力和创造性上，以个人为中心推进社会的重组，确立新型的人际关系，以重建一个富有活力的社会。[1] 这种文化改革，实质是在尝试对日本文化的基因进行根本性的改革。

但遗憾的是，文化基因就相当于该民族成员间彼此心照不宣的密码，它是在特殊的自然和历史文化风土下培育而成的，是一种比器物、习俗、制度等更加稳定的东西，不会被轻易改变。就如今天的日本，很多日本人也吃麦当劳快餐、穿牛仔服、过圣诞节和情人节，也拥有类似美国议会制的众参两院，因此从表面上看，日本不仅在文化消费内容上看似与美国很接近，在政治和社会制度上也看似与美国很接近，以至于有的政治家强调日本与美国拥有共同的价值观等，但实际上似乎尚无明显证据说明日本政治家的行为模式以及在此基础上的人际关系和政治、经济运

---

① 详细论述请参见崔世广《构筑新的社会文化战略》，载中国社会科学院重大课题《21 世纪初期日本国家战略（研究报告）》，2005 年 8 月。

作模式也完全向美国人靠拢了。

日本为了谋求经济复苏，过于性急地变革传统文化，积极导入西方的竞争原理及能力主义人事制度，结果导致曾支撑日本经济高速成长的力量源泉发生了变化，尤其是终身雇佣制的废止，的确使日本人根深蒂固的文化基因发生了动摇。但是，与此同时，支撑西方竞争原理的伦理价值观却未能被真正彻底地根植于日本社会，结果使日本社会形成了一种"非美非日"的价值观，非但未能如一些有识之士所愿将日本建设成为一个健全的"个人社会"，反倒使日本人，特别是日本的年轻人变得只知重视个人和个性，轻视公共精神、纪律和道德。据日本电通总研发表的第五次世界价值观调查报告数据显示，日本人将"公司、工作单位"作为重要归属集团的比率自 1997 年开始连续 3 年出现下滑，1997 年是48.8%、1998 年是 46.6%、1999 年是 44.1%、2000 年下降到 37.0%，随着日本人对公司依赖度的降低，其对公司的忠诚度及对工作的责任心也在不断下降。另外，在接受调查者中，认为日本的社会伦理道德水平在朝着好的方向发展的人只有 1.8%，而认为在朝着坏的方向发展的回答则占到了 70.7%；认为日本的教育水平朝着好的方向发展的人只有13.4%，而认为朝着坏的方向发展的回答则占到了 39.0%。① 由此可知，很多人已经明显感受到日本人的社会伦理观江河日下，并且对个人及日本社会的前途也带有一种强烈的悲观失望情绪，近年来颇为引人注目的"内部告发"事件频发，以及有增无减的甘居社会下流者的出现，可以说突出地反映了日本人这种心态的变化。

1. "内部告发"现象

看重义理人情，注重内外之别，奉行集团主义，无限忠诚于自己所属的拟血缘制集团，这曾被日本人视为至高无上的行为准则，视为一种传统的美德。因此，对注重上述美德的日本人而言，要其对所属集团的不道德或不法行为进行"内部告发"，这在 20 世纪 90 年代之前是极为罕见的。但是，自 20 世纪末至 21 世纪初，日本社会的内部告发事件不但时有发生，而且近年来可谓愈演愈烈。如近年来先后爆出的雪印乳业、

① 参见电通总研第 5 次价值观国际比较调查报告《全球化导致的价值观的变化——继续摸索的日本、视为机会的亚洲》，株式会社电通，2001 年 3 月。

Meat Hope、白色恋人、不二家、赤福、船场吉兆等品牌老店的食品造假问题，以及 2008 年 9 月轰动日本列岛的"事故米"事件等，都是因内部告发才使得这些企业的不法行为昭然于天下。但这里需提请注意的是，日本社会这种内部告发现象的频发并不意味着近些年日本人的伦理道德水准提升了，因为有些通过内部告发揭露出来的企业违背诚信事件，其实早在十几年前，甚至几十年前就已经开始了，为什么当时没有举报，而直到今天才有人决定告发呢？从日本人格外看重义理人情及其相对闭塞的社会结构特征来看，在日本，内部告发行为本来应该是很难发生的。在曾经视厂为家、拟血缘、拟家族制的日本企业里，究竟是什么原因让告发者如此痛下决心进行告发呢？

一些有识之士认为，这是因为受欧美的个人主义思想价值观的影响，旧的价值观被打破，而新的价值观又未能够完全确立所致的一种社会失序状态。著名的日本文化研究家、日本文化厅原长官河合隼雄就曾指出，在经济全球化浪潮中，欧美的个人主义思想在日本社会渗透得越来越深，但是，由于日本人没有基督教伦理观的规范，因此日本社会开始出现极端利己的人。如许多日本的政治家、官僚、企业家的非道德行为，都是由于"社会伦理"的缺失使日本人开始走向恶。① 于是，所谓的"赢家"往往为了追求一己之私而为非作歹，"输家"则打着为了正义的旗号进行"内部告发"。所以，现代日本社会才出现了百岁禅僧松原泰道所说的"现代日本人不知道敬天畏地，因为与老天爷相比，最近，内部告发更令人害怕"的境况。②

社会伦理的缺失使日本人开始走向恶，没有"恶"，"内部告发"也就无从谈起，所以诚如日本文化厅原长官河合隼雄所言，基督教伦理观的缺失的确亦可算作内部告发现象频仍的一个重要原因。此外，日本社会内部告发现象频仍，还有一个更为值得关注的原因，那就是曾支撑日本经济高速成长的力量源泉发生了变化，尤其是终身雇佣制的废止，已经从根本上动摇了日本人满足其社会需求的根深蒂固的民族文化基因。终身雇佣制曾经是日本企业的基本用人制度，即从各类学校毕业的求职

---

① 《应留给后世的日本的价值是什么》，《中央公论》2000 年 1 月号。
② 《朝日新闻》"人物"专栏，2008 年 2 月 27 日。

者，一经企业正式录用直到退休始终在同一企业供职。日本的终身雇佣制是从日本的家族制度发展而来，员工都把企业当作家一样看待。它成为满足日本人社会需求的一种重要模式，它造就了日本企业的人际关系融洽、重情重义的氛围，塑造了日本人的团队精神，历史事实亦证明，终身雇佣制度为第二次世界大战以后的日本经济腾飞做出了巨大贡献。但是，20 世纪 90 年代以来经济持续低迷，加之变革传统文化、导入西方的竞争原理，已经成为日本社会的主流观念，2001 年，松下、富士通、NEC、索尼等各家电子公司相继宣布裁员计划，这些都加快了终身雇佣制的瓦解。由于生硬地移植西方人的价值理念，废止终身雇佣制，大量裁员、年功序列制及终身雇佣制的瓦解，导致企业劳资结构乃至社会结构发生了根本性改变，进而直接导致了拟血缘家族式体制的崩溃，使得"亲亲相隐"失去了大义名分，因而也就削弱了日本企业所特有的员工对企业的忠诚度，所以告发者出于不同动机进行内部告发时，自然也就减少了很多心理上的负担。

2. "下流社会"现象

在经济全球化浪潮中，日本积极导入西方价值观的另一个影响就是"下流社会"的出现。"下流社会"是日本知名的社会观察家三浦展发明的新词。"所谓'下流'不仅仅是收入的低下，其人际沟通能力、生活能力、工作热情、学习意愿、消费欲望等也全都较之一般人更为低下，概而言之，即是对于全盘人生热情低下，其结果直接导致收入很难得到提高，独身的比例也极高。在这类人群中，疲疲沓沓走路、松松垮垮生活的人不在少数，因为这样的生活态度毕竟来得轻松。"① 简言之，欲望低下、能力低下者聚集的阶层即"下流社会"。

日本媒体的评论普遍认为，通过三浦展的《下流社会》一书可以清楚地看到，自小泉出任日本首相之后，积极推进基于美国新自由主义、市场原理主义的结构改革，致使日本社会阶层贫富两极分化日益加剧。《下流社会》之所以会受到日本社会各阶层的普遍关注，也正是因为他明确地指出了日本社会的弊端所在。其实，战后的日本基本上是遵照美国

---

① 三浦展：《下流社会》"前言"，陆求实、戴铮译，文汇出版社 2007 年版，第 4、5 页。

的意愿进行国家重建工作的，因而使得自由、平等之类的西方价值观在
日本得到广泛深入的普及，随着全球化的深入发展，特别是 2001 年上台
的小泉内阁积极推进基于美国新自由主义、市场原理主义的结构改革，
虽然这种改革使日本经济获得了短期性的成长，但同时也打造了一个基
于西方价值观的"残酷至极的竞争社会"，① 结果引发了更为深刻的社会
问题，导致了曾经号称"一亿总中流"的日本社会中产阶级的崩溃，取
而代之的是"下流社会"——一个新社会阶层的出现。"现在的年轻一代
面临就职难的困境，好不容易有了工作，加班又成为家常便饭，真可谓
苦不堪言。面对职业、婚姻等方面的竞争和压力，不少人选择不当事业
和家庭的'中流砥柱'，而心甘情愿地将自己归入'下流社会'的
行列。"②

根据三浦展的研究，"所处阶层越是'下流'的人，其追求个性、追
求自我主张的志向就越强烈"，但是，"自我主张志向强烈，并不意味着
一定能够实现自我主张。虽然以追求自我主张为志向，但却无法真正实
现愿望的人，不仅对生活的满意度无法提高，而且低收入也使得他们的
阶层意识日渐低下"。③

三浦展在接受《读卖新闻》记者采访时说，对"下流社会"不能
简单地以好或者不好来加以判断，但目前日本社会阶层的分化还只是处
于开始阶段，随着中产阶级的日益崩溃，各种社会矛盾也将接踵而
来。④ 其实，"下流社会"的日本人，既是日本社会奉行美国价值观的
牺牲品，因为"下流社会"的出现，正是由于昔日的小泉首相积极推
进基于美国新自由主义、市场原理主义的结构改革所致；同时甘居社会
下流的日本人又是美国价值观的最大拥护者，因为这些"下流社会"
阶层都高度认同美国强烈追求个性、追求自我主张的个人主义价值观。
进入 21 世纪以来，由于"下流社会"现象的不断扩大，导致整个日本
社会缺乏生机和活力，而且人愈"下流"，就愈强烈追求个性、追求自

① 三浦展：《下流社会》，陆求实、戴铮译，文汇出版社 2007 年版，第 45 页。
② 三浦展：《下流社会》"代序"，陆求实、戴铮译，文汇出版社 2007 年版，第 2 页。
③ 三浦展：《下流社会》，陆求实、戴铮译，文汇出版社 2007 年版，第 134、135 页。
④ 三浦展：《下流社会》"代序"，陆求实、戴铮译，文汇出版社 2007 年版，第 4 页。

我主张，因而难免会出现很多过激的行为，进一步激化和加深社会矛盾，这也成为近年来日本社会年轻人滥杀无辜等恶性事件频发的重要诱因。

另外，根据 Culture Studies 研究所与 e-FALCON 共同实施的"欲求调查"数据显示，"下流阶层"男女的一个共同之处就是对日本传统艺术文化几乎没有什么兴趣。① Culture Studies 研究所与 e-FALCON 共同实施的"欲求调查"结果所显示的文化取向，与 2010 年日本总务省统计局新出版的《第五十九次日本统计年鉴》的统计结果所显示的文化取向基本上是一致的。因此，如何提高人们对传统艺术文化的关心，并通过文化的力量来振奋日本人的精神，重构日本传统价值观，也就成为 21 世纪初期日本文化重建的一个重要课题。

## 第二节　日本文化振兴战略的内容及举措

"文化艺术立国"是 21 世纪初期日本文化战略的核心目标。日本政府围绕着该目标推进文化振兴战略，其核心内容与举措大体可分为三个方面：振兴文化力，以提升日本的综合国力；打造和推介日本品牌文化，以树立和维护日本的文化大国形象；强化传统文化教育，以重构日本人的价值观，增进自我认同感。

### 一　振兴文化力以提升综合国力

进入 21 世纪以来，日本社会朝着地域分权化和多样化方向发展，各都道府县纷纷从本地实际出发，用新的思维方式积极发掘地域文化特色，以体现本地域的文化主体性。2002 年 1 月 18 日，著名心理学者、心理疗法专家、京都大学名誉教授、国际日本文化研究中心名誉教授河合隼雄（1928—2007）以民间人士的身份出任日本第十六代文化厅长官后，顺应时代潮流，推出了一个新的振兴日本文化的举措——"文化力项目"，其目的就是为了充分提高各地域的"文化力"，鼓舞和振作整个日本社会的精神。

---

① 三浦展：《下流社会》，陆求实、戴铮译，文汇出版社 2007 年版，第 149 页。

"文化力项目"共有七个，其中四个基本上是按照地域来划分的，即"来自关西地区的文化力项目""来自九州、冲绳的文化力项目""丸之内锐气文化力项目""来自霞关的文化力项目"；两个是按照主题划分的，即"来自修理现场的文化力""来自发掘现场的文化力"；还有一个是跨地域和主题的"来自市民的文化力项目"。

### （一）按照地域划分的"文化力项目"

在地域性"文化力项目"中，最早实施的是"来自关西地区的文化力项目"。2003 年 5 月 22 日，在河合隼雄长官的倡议下，召开了来自关西地区的 2 府 4 县（京都府、大阪府、滋贺县、兵库县、奈良县、和歌山县）相关人士和经济团体、相关事业者、新闻媒体代表 50 人参加的"关西锐气文化圈发起人会"，同年 8 月 6 日，在原有成员的基础上又添加了三重县、福井县，进一步扩大了文化圈的范围，成立了负责实施"来自关西地区的文化力项目"的组织——"关西锐气文化圈推进协议会"。河合隼雄长官在阐述他倡议成立该协议会的目的时说："在日本，有很多充满锐气，极其优秀且有底力的人。因经济不景气导致的这种疲敝现状绝非日本的全部。目前，因为政治、经济、文化都集中在东京一极，所以就显示不出各地域的人们所持有的底力。如果能够将其充分展现出来，日本肯定会变得朝气蓬勃。关西地区有着深厚的历史与文化积累，有发挥大家的底力的舞台。所以，就让我们从关西开始吧，充分活用这些文化资源，将大家的锐气、底力传递到日本全国乃至世界。不是凭借文化厅或者国家的力量使大家变得富有朝气，而是我们主动去将自己所拥有的锐气、底力与其他地域的人们共同分享。"①

接下来实施的是"丸之内锐气文化力项目"，开始于 2004 年 5 月 20 日，负责该项目的组织是"大手町、丸之内、有乐町地区再开发计划推进协议会"。截至 2008 年，"丸之内锐气文化力项目"并不是一个纯粹的地方性文化项目，由于 2004 年 1 月文部科学省原办公地址进行整修重建，暂迁居至丸之内地区临时办公，所以"丸之内锐气文化力项目"实质上曾是由该协议会与文部科学省协力推进实施的半中央半地方的文化

---

① "关西锐气文化圈构想旨趣书"，http：//www. bunkaryoku. bunka. go. jp/cgi‐bin/kansai/index. php。

力项目。2008 年，文部科学省搬回新办公地址霞关地区后，于同年 3 月又启动了一个"来自霞关的文化力项目"，这基本上就是一个由文化厅来主导实施的文化力项目了。

在"丸之内锐气文化力项目"和"来自霞关的文化力项目"之间启动实施的是"来自九州、冲绳的文化力项目"，该项目开始于 2006 年 9 月 14 日，负责实施该项目的组织是"九州、冲绳文化力推进协议会"。河合隼雄文化厅长官在"来自九州、冲绳的文化力构想旨趣书"中阐述他的构想时说："文化能够给人带来快乐、感动，是可以丰富我们的人生的东西。另外，文化对社会、经济的发展也会产生很大的影响。但是，文化的'力量'远不止这些，它还可以将互相不同的人与人、人与地域、地域与地域、甚至将国家与国家都连接在一起，而且还能够由此创生出新的价值。……九州、冲绳拥有独自的历史与文化，自古以来，这里就是面向亚洲及世界的交流窗口，各色人等不断地往来于此，在彼此的交流中不断创生着新的文化。那种创生的能量，连绵不断地继承至今。让我们以一种更为显见的形式，把这种创生的力量展现给全国、全亚洲、全世界吧。让我们来协助大家，发挥大家所拥有的文化力，使九州、冲绳、进而使整个日本变得更加有锐气吧。"①

推进"来自九州、冲绳的文化力项目"的核心文化设施就是日本四大国立博物馆之一的九州博物馆。九州博物馆是由日本政府、福冈县政府投资以及从民众募集的 41 亿多日元捐款建设而成的大型文化设施，于 2005 年 10 月 15 日落成投入使用。在落成典礼上，时任日本文化厅长官的河合隼雄接受记者采访时说："经过战后六十年，我们积蓄了经济力量，但是，我们却忘记了本该作为车之两轮的'文化力'。文化的存在，可以使我们思考何为日本人，可以追问我们的根在何处，可以使我们明白怎样才是真正的日本人。发自东京的价值观和信息，并不代表整个日本。地方有培育历史的地力，从九州或者关西，地域的'文化力'可以为我们呈现多样的价值观。我认为能够思考这些问题的'场所'，就是博物馆，就是美术馆。""四个国立博物馆，不应仅仅是停留

---

① "来自九州、冲绳的文化力构想旨趣书"，http：//www.bunkaryoku.bunka.go.jp/cgi‐bin/kyushu/index.php。

在交换文物等展示品的层面，还应该开展学术研究和文化遗产的保存修复工作等，促进从事博物馆科学工作的研究人员的交流，希望能将这四个国立博物馆变成一个'文化外交'的据点。"时任福冈县知事的麻生渡说："希望能够与亚洲诸国的博物馆和教育机关等进行积极的交流，努力打造一个创造亚洲文化的据点。不要将博物馆仅办成一个展览设施，还应该通过举办各类活动，传递更多的信息，将九州博物馆打造成一个能够吸引国内外大批观光客人的博物馆，让这里成为整个九州地区最大的活力源泉。"九州山口经济联合会会长镰田迪贞亦希望九州博物馆能够成为"国际文化的交流据点"①。总之，无论是日本政府、地方政府还是财界，在积极推动博物馆建设时都考虑得更为长远，并不仅是为了建一个文物展示场所，而是为了将这些馆所建成日本人寻找自我认同感的圣地，建成推动文化外交的据点、亚洲文化创造的据点、九州观光的据点。这种通过整合地域性的大型文化设施来振兴地方文化力的举措，已经不仅仅是为了满足一种情感的需求，更是一种谋求如何满足文化大国地位需求的举措。

每一个文化力项目都设有自己的网页，从上述这四个地域性文化力项目网页上介绍的情况来看，他们所开展的活动都比较侧重对富有地域特色的传统艺术文化、祭礼等的挖掘、整理、保护，与此同时，他们还以地域为单位，积极扩大与日本国内外其他地区进行现代艺术文化方面的交流。

## （二）按照主题划分的文化力项目

按照主题划分的文化力项目——"来自修理现场的文化力"与"来自发掘现场的文化力"，这两个文化力项目主要是侧重对文化遗产的发掘整理和保护。

文化遗产是滋润现代科学、教育、文化和民族自尊心的源泉，任何对文化遗产的破坏和丢弃都将导致精神的贫乏和历史记忆的缺失。保护文化遗产实际上是保护民族的历史、精神的家园、民族的标识。一个漠视自己民族历史的民族不会有辉煌的未来，这也是保护文化遗产的重大意义之所在。众所周知，日本是最早制定综合性文物保护法典的国家，

---

① 《西日本新闻》（朝刊），2005 年 10 月 15 日。

日本政府为了更好地推进文化遗产的保护，也与时俱进地对《文化遗产保护法》进行修订①。

最初的《文化遗产保护法》是日本政府经过了55次大大小小的会议，并最终于1950年4月25日和30日分别获得参议院与众议院的全会一致表决通过的日本第一部综合性文物保护法典。②该法典自颁布实施至今已经进行了36次修订，《文化遗产保护法》最新修订版的颁布实施时间是2007年4月1日。

《文化遗产保护法》共分7章122条，其最大特色在于，不仅首次以立法的形式设立了推进文化艺术遗产保护的专门机构——文化遗产保护委员会，明确了政府及地方公共团体的任务，确立了文化艺术遗产的保护体制，使对文化艺术遗产的保护有法可依，有制度可循；而且首次导入了"文化遗产"的概念，不仅扩大了对有形文化遗产进行保护的范围，还早早地就将无形文化遗产、民俗文化遗产等列入了保护对象。近年来，日本政府基于"文化艺术立国"的大方针，在对文化遗产的保护方面又出台了一些新举措，即不仅要一如既往对个别的文化遗产予以保护，还决定以一定地域的历史和文化为背景，基于一定的主题，结合文化遗产周边地域环境，进行综合性的保护。

正是基于上述认识，2007年10月出台的《文化审议会文化遗产分科会企划调查会报告书》中提议，由市町村制定"历史文化基本构想"，进行文化场所的重塑。日本政府积极推进"综合性把握文化遗产的模范事业"，预定自2007年起3年内，要出台20个市町村制定的"历史文化基本构想"。2008年5月23日颁布了由文部科学省（文化厅）、农林水产省与国土交通省共同制定的《关于提高和维持地域的历史风致的法律》，并于同年11月4日起实施。该法规定，市町村提交"维持改善历史景观计划"申请，要接受国家认证，凡接受了国家认证的计划，就会获得与重构城镇相关援助制度的援助。市町村制作的

---

① 日文原文表记为《文化财保护法》，日语"文化财"，与中文"文化遗产"的意义基本相同，有的论著对日语原词照搬，为了行文用语的统一，本文将"文化财"译成"文化遗产"。

② 南博编：《战后资料 文化》，日本评论社1973年版，第360页。

"维持改善历史景观计划"，必须符合一个关键条件，即必须确定计划中要涵盖一个重点区域（第5条第2款第2号），这是前提条件。所谓的"重点区域"，即必须是"供被指定为重要文化遗产、重要有形民俗文化遗产或名胜古迹天然纪念物的建筑使用的土地区域及其周边的土地区域，或者是重要的传统建筑群保存地区内的土地区域及其周边的土地区域"（第2条第2款第1号）。也就是说，出台该法的目的就是为了保护文化遗产的周边环境，这对推动"来自修理现场的文化力"与"来自发掘现场的文化力"项目的实施，也提供了更加完善的法律保障。

### （三）跨地域和主题的"来自市民的文化力项目"

"来自市民的文化力项目"是一个综合性项目，原则上，凡是赞同"来自市民的文化力项目"的设立宗旨，不以营利为目的开展弘扬艺术文化活动的个人和团体，均可向文化厅申请作为"来自市民的文化力项目"会员，被批准者即可以"来自市民的文化力项目"会员的名义开展活动，并被允许在与活动有关的印刷品上使用"来自市民的文化力项目"的标识。另外，"来自市民的文化力项目"的活动除了要求不以营利为目的外，还要求会员不得借此名义开展特定的政治活动、宗教活动、暴力和破坏行为等违法活动，以及文化厅认为有违"来自市民的文化力项目"宗旨的活动。

"来自市民的文化力项目"的特色在于，它不但超越了地域，而且也没有主题的限制。日本全国各地凡有志于组织或参加相关活动的个人和团体均可报名参加，所开展的弘扬艺术文化的活动内容也是丰富多彩，既有关于文化遗产保护的内容，如"松代文化遗产志愿者之会""宇佐美江户城石丁场遗址保存会""奈良地域的学习推进机构"等团体开展的活动；亦有关于传统文化保护和振兴方面的内容，如"奈良葛城乐所雅游会"开展的与日本传统音乐——雅乐相关的活动、日本茶道里千家各地青年支部开展的日本茶道推广活动等；还有关于现代美术、音乐、歌剧、舞蹈方面的内容；甚至还有团体举办使用古日语假名撰写文章的活动、"NPO法人笑脸工场"开展"笑脸讲座"等别具一格的文化活动。

总之，这七个文化力项目，构筑了一个官民共同协力振兴文化艺术的合作机制，在这个合作机制下，通过文化团体、企业、地方政府、文化厅开展的丰富多彩的文化活动，来推动文化圈的一体化，促进国际间的文化交流。因此，可以说，振兴日本文化的"文化力项目"，既有地域性，又不乏国际特色；既有"官"主导，也不乏"民"参与，这在很大程度上纠正了所有领域都向东京一极高度集中的弊端，实现了文化的多极化，有利于实现举国一致振兴文化艺术的目的。

## 二　打造日本品牌以树立文化大国形象

打造日本品牌文化是 21 世纪初期日本文化战略的核心内容之一。为此，日本知识产权战略本部内容专业调查委员会于 2004 年 4 月制定了"内容商务振兴政策"，关于如何将享誉全球的日本电影、音乐、动画、游戏软件等内容产业作为商务继续发展下去，提出了具体的政策建议。其中，还特别提到了如何保护时装、料理等未受到著作权等保护的知识性、文化性资产问题。2004 年 11 月 24 日，日本知识产权战略本部内容专业调查委员会召开了第一次日本品牌文化工作小组会议，其后又经三次连续开会讨论，于 2005 年给政府提交了一份《推进日本品牌战略报告书》。

日本知识产权战略本部的"内容及日本品牌专业调查会"，为了使日本的动画、漫画、音乐、游戏、时装、饮食、设计等软实力能够成为日本经济增长的原动力，早日带动日本经济走出世界性经济危机的困境，2009 年又制定了《日本品牌战略》，祈望能够通过对创意者的创造活动的支援等开拓新的市场。并且，为了使这个国家战略能够引起日本国民的共鸣，还在 2009 年 2 月 6 日至 20 日，特向全国募集能够简明扼要地宣讲日本品牌战略主旨的广告词，在众多的应募者中，最终选定"日本力"作为日本品牌战略主旨的广告词。在相关印刷物的封面以及 2009 年 3 月 10 日知识产权战略本部出台的《日本品牌战略》电子版的封面上都使用了"日本力"这个词。下面，笔者就根据 2005 年的《推进日本品牌战略报告书》与 2009 年的《日本品牌战略——将软实力产业作为增长的原动力》，来介绍一下日本品牌文化包括的主要内容及重塑日本品牌文化的主要措施。

**（一）日本品牌文化的主要内容**

谈到 21 世纪日本的文化战略和日本品牌文化，总离不开"内容产业""文化产业""软实力""文化力""日本力"这几个关键词。

20 世纪末以来的日本文化战略中，"内容产业""文化产业"一直是很重要的关键词。"文化产业"概念的提出，源于对"大众文化"的争议。随着高新技术的飞速发展和经济全球化的推进，人们对文化产业的认识发生了彻底的转变，不再单纯地把它看作是一件"好事"或"坏事"，而是把它与经济、社会和文化的某些根本性变化联系起来看待。但是，世界各国官方和国际组织对文化产业的概念和行业的分类至今依然存在着明显的差异，尚未形成一个统一和严格的界定。因此，文化产业有时也被称作或引申为"文化工业""大众文化""媒体文化""内容产业""信息产业"等。在日本，对文化产业概念的界定非常宽泛。日本政府把凡是与文化相关联的产业都理解为文化产业，并把其中的报刊图书等出版物、音像影视产品、电子游戏、漫画、动画片称为内容产业。这类"内容"是一种具有独特价值的知识产权，它可以跨时代、跨行业重复使用，附加值高，因而日本政府将其作为文化产业的核心资源予以高度重视。据日本经济产业省的统计数字显示，2001 年日本的内容产业规模年值约为 11 万亿日元，相当于日本汽车产业（年值 20.8 万亿日元）的一半，钢铁产业（年值 5.2 万亿日元）的 2 倍。2003 年约为 12.8 万亿日元，2004 年约为 13.3 万亿日元。内容产业已经成为日本的重要产业支柱之一。而且，日本在东亚也是内容产业市场规模最大和创造力最强的国家。2007 年日本内容产业的市场规模是 13.8 万亿日元，仅次于美国，居世界第二位。2008 年 6 月 27 日改定的《经济成长战略大纲》中设定的目标是，截至 2015 年度将内容产业的市场规模扩大 5 万亿日元，由 14 万亿日元扩大到 19 万亿日元。

进入 21 世纪以来，"软实力""文化力""日本力"等概念开始日趋成为日本文化战略中不可缺少的关键词。在 2005 年的《推进日本品牌战略报告书》中，"第 1 部 基本方向"第一项内容的标题就是"21 世纪是文化力的时代"，开宗明义地指出，为了使日本"成为 21 世纪受到世界爱戴和尊敬的国家，关键不在于军事力量和经济力量这种强制性的和报酬性的力量，而是在于如何提高依据具有魅力的日本文化力获得所期望之结果的能力（即软实力）。这里所谓的文化力、日本的魅力，来自于以安全、安心、清洁、高品质等对日本的好感度为背景的，扎根于日本的独创性、传统与自然相调和的日本文化。因此，为了建设受世界爱戴和尊敬的日本，就必须进一步增强日本的文化力，并将其发挥到极致，同时充分活用日本强大的经济力量，确立和强化有魅力的'日本品牌'，这是努力的重点"。2009年3月，日本政府公布实施的《日本品牌战略——将软实力产业作为增长的原动力》，更是明确地将"软实力"概念写进了标题之中。

其实，"软实力"这一概念诞生于20世纪90年代，直至21世纪初才日臻完善。1990年，美国哈佛大学肯尼迪政府学院教授约瑟夫·奈在美国著名杂志《外交政策》上发表《软实力》（Soft Power）一文，宣告了"软实力"（或译"软力量""软权力"）概念的诞生。在此文中，奈首次将国家的综合实力划分为"硬实力"与"软实力"。硬实力（经济、军事）通常依靠"施压"迫使他国非自愿接受，是直接的、即时的、集中的、显性的；软实力则通常依靠"吸引"得到他国自愿认同，是间接的、历时的、弥散的、隐性的。随后几年，奈接连发表出版了一系列文章和著作，对软实力的概念做出进一步的解释和说明，在2006年发表的《软实力再思考》一文中，奈将"软实力"简要定义为"通过吸引而非强制或者利诱的方式改变他方的行为，从而使己方得偿所愿的能力"①，并指出一个国家的软实力主要来自三种资源："文化（在能对他国产生吸引力的地方起作用）、政治价值观（当这个国家在国内外努力实践这些价值时）及外交政策（当政策需被认为合法且具有道德威信时）。"②

由上述可知，"文化力"本来是"软实力"的组成部分，是"软实力"概念的一个下位概念，但在日本的文化战略中，"文化力"与"软实力"其实并没有太大的区分，所谓的"日本力"，也是刚提出不久的一个概念，实质上也就是日本的软实力之意。日本的文化战略中提到的"文化力""软实力"以及"日本力"所包括的主要内容，除了动画、漫画、

---

① 韩勃、江庆勇：《软实力：中国视角》，人民出版社2009年版，第3页。
② 同上书，第4页。

电影、游戏、音乐等内容产业外，主要是指不受著作权保护的饮食文化和时装文化等。

**（二）日本品牌文化的基本战略措施**

围绕文化艺术立国的大目标，日本政府与时俱进制定了日本品牌文化的基本战略措施，概言之，主要内容有三点：首先，是要强化日本品牌文化的创造力，这是文化艺术立国的基础；其次，是要加大日本品牌文化的对外宣传力度，这是美化日本国际形象的重要手段；最后，为了更好地推进日本品牌文化工作，建立和加强政府部门间以及官民之间的合作机制，这是日本品牌文化工作能够顺利进行的制度保障。

1. 强化日本品牌文化的创造力

为了强化日本品牌文化创造力，"日本品牌战略"制定了两大战略，分别是"为创意活动提供适宜的平台振兴软实力产业"和"夯实创造基础完善支持创造的环境"。为了配合这两个战略的实施，还实施了五项具体措施：第一，灵活应用中小企业支持政策，支持以没有被利用的地方资源为内容的相关播放节目、电影的制作与向海外的传播。利用中小企业支持政策，促进软实力产业孵化器的建设。加强政府、地方企业与大学的合作，构建软实力产业的地域性网络。第二，构建内容交易支持系统。通过成立"著作权信息集中处理机构"（音乐领域），以音乐数据的集中处理为基础，促进使用费用分配的顺畅化、合理化。根据实际业绩在电影内容产业促进建立内容交易系统。第三，促进文化资源的数据化处理。强化电影、播放节目、时尚的数据压缩化处理。第四，发现、培养、支援有卓越才能的青年创作者。第五，制定促进品牌力提升的知识产权制度。讨论农林水产品的产地标示制度、商标、实用新型制度。

强化日本品牌文化创造力，除了要加强动漫等内容产业的创造力外，还有三个需要予以关注的内容：一、培育丰富的饮食文化；二、确立丰富多彩值得信赖的地域品牌；三、创造有魅力的时装文化。

首先，在培育丰富的饮食文化方面，日本品牌战略中强调，要注重以民间为主体来发展优秀的日本食文化，将综合性的食文化教育作为一项国民运动来推广，其内容不仅限于料理、食材本身，还应包括餐具及其使用方法、接人待物的方法、进餐礼仪以及食文化的历史等。要注重从儿童教育做起，进行味觉授课；注重培养日本料理方面的专业人才，不仅仅是培养日本人，而且还要将外国人纳入培养对象，以利于向海外普及日本料理。

其次，在确立丰富多彩值得信赖的地域品牌方面，日本品牌战略强调，要通过生产者、观光业者、大学等的合作，战略性地创立丰富多彩值得信赖的地域品牌，地方自治体与产地共同有效地向日本国内外发布地域品牌信息，并且要制定合理的制度，对地域品牌进行有效的保护。

最后，在创造有魅力的时装文化方面，日本品牌战略强调，要努力培养继三宅一生、山本耀司、川久保玲等超一流的时装设计师之后的日本时装设计人才。对时装设计人才，产业界要在为其提供素材和商业机会方面下功夫，努力使其设计出高附加值的日本品牌。大学及产业界要积极发掘和培养能够成为时装设计师以及时装设计师得力助手的人才。通过驻外使馆、日本贸易振兴协会的宣传以及商务支援等，引导人们关注日本的时尚品牌。

2. 加强日本品牌文化的传播力

为了使世界各国人民了解日本品牌文化，必须强化对外传播日本品牌文化的力量，根据日本品牌战略提议，日本政府主要采取了如下措施：

首先，进一步强化软实力产业的海外拓展。集结官民之人力和物力，设立发展日本优秀内容产业的"内容产业海外拓展基金"，与此同时，制定综合性支援措施，确保为配合海外发展而进行的内容制作、销路拓展以及在当地各种媒体的宣传机会。

其次，为了获得海外顾客，向战略重点国家派遣"创意人才海外派遣团"及扩大日本品牌相关商品的促销使节。设置官民合作平台，通过日本贸易振兴机构，向中小企业提供在海外发展的市场动向以及相关法律制度等的信息支援。在海外进行现场宣传，举办与日本品牌文化相关的活动，配合内容产业的宣传活动，将日本农产品、日本料理融入其中，进行宣传普及，并且官民合力以直接向各国派遣"文化交流使"的方式来宣扬民族文化，美化国际形象。

最后，就是不断扩大接纳来日旅行者和留学生，让外国人亲临日本感受日本品牌文化的优良之处，借此提高世界对日本的认知度、扩大日本品牌文化的粉丝。对于目前正在推进的接纳三十万留学生计划，要进一步扩大其中对内容产业领域的留学生的接收人数。另外，对于通过欣赏日本的动画片、漫画接触到日本文化并对日本文化感兴趣的阶层，要积极推进日语教育，以增进其对日本的理解等。

3. 构筑日本品牌文化建设的推进机制

为了让世界各国人民接受日本品牌，日本品牌战略强调，有必要进行战略性的、持续性的创造和文化传播。另外，为了横跨各领域进行综合性的文化传播，各省厅间的合作、官民间的合作必不可少。为此，提议由内阁官房发挥综合调整的功能，确立省厅间、官民间通力合作的体制，战略性、持续性地进行文化创造和传播，同时还要明确相关省厅的对接窗口，以确保战略推进的实效性。

推进日本品牌文化的主要措施有两个：一、设置以活跃在第一线的创意人士为中心的恳谈会，目的是为了及时准确地把握业界需求，灵活地反映到相应举措之中；二、设置由官方和民间人士共同参与的"日本品牌战略推进委员会"，为推进日本品牌文化的建设积极建言献策。

### 三 加强传统文化教育以重构价值观

振兴日本文化，除了上述的振兴文化力以提升日本综合国力，以及打造和推介日本品牌文化以树立文化大国形象的举措之外，加强传统文化教育以重构日本人的价值观，也是其中一个很重要的内容。

价值观是人们对于事物的价值特性的认识，价值观的最终目的在于按照主体生存与发展的需要来有效配置价值资源。文化不同，主体的需求亦不尽相同，人们的价值观也会有很大的差别。另外，价值观是随着人们认知能力的发展，在环境、教育的影响下，逐步培养而成的，一旦形成，便是相对稳定的，具有持久性。日本由于过于性急地变革传统文化，导入西方的个人主义和自由主义思想，但却未能真正彻底地将支撑西方个人主义价值观的伦理根植于日本社会，结果使很多日本人并未能真正汲取西方个人主义价值观的优点，只知强调重视个人和个性，轻视公共精神、纪律和道德，特别是近些年来，日本青少年的恶性犯罪率上升，以强凌弱、校内暴力等事件频发。因此，很多日本有识之士认为必须加强日本传统文化的教育，从孩子抓起，重新塑造日本人的价值观。

加强日本传统文化教育的具体举措有两个：一个是日本文化厅推行的"传统文化儿童教室事业"；另一个就是修订《教育基本法》，以立法的形式加强在学校教育内容中日本传统文化教育的比重。

### （一）传统文化儿童教室事业

"传统文化儿童教室事业"① 始于 2003 年，是日本文化厅委托"财团法人传统文化活性化国民协会"开展的一项传承日本传统文化的工作。它仅针对中小学生，利用周末等时间，以学校、公民馆、文化会馆、体育馆等文化设施为据点，提供长达半年到一年的时间，有计划地、持续地体验和学习民俗艺能、工艺技术、邦乐、日本舞蹈、武道、茶道、花道等传统文化。除了国立、公立、私立学校外，凡与特定的政治活动、宗教活动无关且不以营利为目的的社团法人、财团法人、NPO 法人、地方各个团体及其他有能力承办活动的人和组织，均可申请开展此项活动。原则上，每年都会通过都道府县、市町村的教育委员会，公开招募志愿举办此活动的团体。

具体负责"传统文化儿童教室事业"的"财团法人传统文化活性化国民协会"成立于 2001 年 7 月 16 日，其设立的目的是通过对日本全国各地开展的歌谣、舞蹈、祭祀、工艺、茶道、花道、武道等传统文化的普及、研修、交流、调查研究活动的支援等，来谋求传统文化的活性化，进而提升日本文化的地位。"财团法人传统文化活性化国民协会"成立伊始，便于 2001 年 12 月 27 日接受了文化厅的委托开展"故乡与文化重建事业"；从 2003 年 4 月 1 日起，又接受文化厅的委托，负责开展"传统文化儿童教室事业"至今。

### （二）修订旧的《教育基本法》

"传统文化儿童教室事业"所开展的各种传承日本传统文化的活动，是一种不具约束力的自愿参加的活动，虽然明确将国立、公立、私立学校排除在应募团体之外，但并不意味着不允许国立、公立、私立学校从事日本传统文化的教育。恰恰相反，日本政府通过对旧的《教育基本法》的修订，进一步以立法的形式亦即以法律强制的形式，加强了国立、公立、私立学校对日本传统文化的教育。

---

① http：//www.bunka.go.jp/geijutsu_bunka/chiikibunka/shinkou/sisaku/dentou/index.html，除了日本文化厅的网页外，在下述网页 http：//www.dentoubunka‐kodomo.jp/有更为详尽的相关介绍。

　　旧的《教育基本法》是 1947 年颁布实施的，这是日本在对第二次世界大战前的军国主义教育进行反省和清算的基础上制定的法律。很多日本人认为，因为原有的《教育基本法》过于强调个人权利及尊重个性，致使公共精神、纪律与道德力量遭到削弱，使自以为是的思维占了上风，从而成为学校纪律问题频出，青少年犯罪激增的一个根源。另外，出于对战前日本军国主义教育的反省，致使人们长期在公立学校极力规避宗教教育，忽视了进行宗教情操教育的重要性，忽视了宗教情操教育对培养青少年伦理观念和公共道德的重要作用，这也被看作导致青少年犯罪激增的一个主要原因。进入 21 世纪以来，关于应该加强公立学校的传统文化教育和宗教教育的呼声不断，很多人希望通过政府强化公立学校的传统文化教育和宗教教育，特别是借助宗教的伦理教化功能来重建日本人的伦理道德观。

　　众所周知，日本是一个多神教国家，虽然人们的信仰虔诚程度不一，但大多都有意或无意地信仰着某种宗教。据日本总务省统计研修所编辑的《第五十六次日本统计年鉴 2007》的统计数字显示，截至 2004 年的宗教团体（包含宗教法人）有 22.454 万家，共有信教人约 2.1383 亿人，与之相对，2004 年日本的总人口为 1.2778 亿人，2005 年日本总人口数为 1.2776 亿人，日本的信教人数竟然比日本总人口数还要多，而且多出将近一倍，这至少说明每个日本人大概平均兼信着近两种宗教。自 1980 年以来的 20 多年间，日本的总人口数和信教人总数几乎都一直保持着这种比例。① 由此可见，在 21 世纪的今天，日本人对宗教的依赖心理依旧是非常强的。因此，政治家及一些社会有识之士在面对诸多痛心疾首又茫然无措的社会现实问题时，很多人还是希望借助宗教的作用，特别是希望通过强化在公立学校的传统文化教育和宗教教育，借助宗教的伦理教化之功效以重新拾回现代日本人已经渐渐忘却的宝贵的人伦道德观念。正是在日本民众要求和政治家推动的相互作用之下，才最终促成了对《教育基本法》第九条宗教教育条款的修订。

　　2006 年 4 月，日本政府向国会提交了《教育基本法修正案》，2006 年 12 月 15 日，备受争议的日本《教育基本法修正案》获日本国会参议

---

　　① 日本总务省统计研修所编：《第五十六次日本统计年鉴 2007》。

院通过，2006 年 12 月 22 日，新的《教育基本法》被正式公布实施，这是自 1947 年《教育基本法》颁布实施以来的首次修订。

新《教育基本法》对旧法的多项条款都进行了重大调整，其中关于教育目的和教育目标，新《教育基本法》表述如下："第一条，教育的目的是完善人格，培养作为和平、民主之国家和社会的一员而具备必要素质的身心健康的国民。""第二条，教育为实现其目的，要尊重学问的自由，努力达到以下的目标：拥有广博的知识和教养，养成追求真理的态度，具备丰富的情操和道德心，并培育健康的体魄；尊重个人的价值，培养和发展其能力及创造性，注重自主自律精神的培育，并重视教育与职业和生活的联系，养成崇尚勤劳的态度；培养正义感、责任感以及男女平等的意识，养成尊重自己、尊重他人、友爱互助、基于公共精神而自主参与社会的形成和发展的态度；培育珍视生命、崇尚自然、保护环境的态度；培养尊重传统和文化、热爱养育自己的祖国和乡土、并致力于国际社会的和平与发展的态度。"

这两个条目有很多新增内容，例如"广博的知识和教养""丰富的情操和道德心""健康的体魄""培养创造性""基于公共精神""珍视生命、崇尚自然、保护环境""尊重传统和文化、热爱养育自己的祖国和乡土"等。这些新增的内容反映出新《教育基本法》的两个特点：第一，时代性，例如"培养创造性""珍视生命、崇尚自然、保护环境"等，都是在全球化趋势不断加强以及人类生态环境面临严峻挑战的今天必须认真面对的课题；第二，民族性，例如"丰富的情操和道德心""基于公共精神""尊重传统和文化、热爱养育自己的祖国和乡土"等。特别是被列在最后第五项的"尊重传统和文化、热爱养育自己的祖国和乡土"，应当说是此次修订当中最重要的、具有方向指导性的内容。旧《教育基本法》所宣扬的理念侧重在民主、和平、普遍真理，而新《教育基本法》侧重尊重传统和文化、热爱祖国和乡土，这反映出全球化浪潮给日本的文化战略和教育改革带来的深刻影响。日本政府顺应世情，通过颁布实施新《教育基本法》来确定道德教育的重要性，其目的就是为了加强道德教育，恢复民族文化传统和精神凝聚力，宣扬日本文化的优越性，强调培养青少年学生的爱国心和作为日本人的自豪感，从而加强政治统合力，使日本由经济大国走向政治大国、文化大国。

另外，新法对旧法第九条宗教教育内容也进行了修订，这为今后在公立学校进一步强化宗教教育提供了法律依据。针对这一修订，很多批评者认为这是日本对第二次世界大战期间的教育的回归，认为其大有复活国家神道，复活日本军国主义时代《教育敕语》的企图。回顾日本近代以来的宗教教育情况，就会清楚批评者们的这种担心并不是多余的。但是，对于强化宗教教育这一举措本身，也不能完全认为是消极的。宗教已经有数千年的发展史，在生产力发展成就卓著的现代社会中，宗教不但没有被消灭，反而随着社会的发展不断有新的宗教产生。如今，宗教已不仅仅是一种意识形态，而是被作为一种社会文化形式得到广泛的认可，社会作用也越来越不容忽视。虽然宗教容易使人脱离现实，遁入幻想、虚构的世界，有碍发挥人的社会积极性，但在人类社会的发展还未能很好地保证人类的精神诉求和物质要求得到极大满足之前，在一个相当长的历史时期中，人类社会恐怕还不会轻易地抛弃宗教。从现实来看，在文化全球化日益增进的今天，为促进不同地域间不同信仰者间的彼此理解和交流，为构建一个精神和谐、物质和谐的世界，加强宗教教育是非常有必要的。为此，仅凭借各宗教教派特立独行的传教式教育显然是不够的，在公立学校强化正确的宗教教育很有必要。

## 第三节　日本文化振兴战略的效果

日本文化振兴战略的核心目标就是为了实现"文化艺术立国"，在保护民族文化安全的同时，努力树立日本的文化大国形象，并利用日本在软实力产业方面的强大实力，竭力争取和巩固日本的文化大国地位。日本政府文化振兴的效果，概言之，在保护文化遗产方面业绩斐然，在日本品牌文化建设方面也卓有成效，在提升日本国家形象方面功勋卓著，在价值重构方面效果似乎还不大明显。

### 一　文化遗产保护业绩斐然

无论是日本品牌文化建设，还是文化力项目的建设，保护和活用文化遗产都是其中一个很重要的内容。在日本政府2009年颁布实施的《日本品牌战略——将软实力产业作为增长的原动力》中，将文化遗产称之为"沉睡于地域的软资源";在七个振兴日本文化力的项目中,还专门设立了"来自修理现场的文化力"与"来自发掘现场的文化力"两个项目对文化遗产进行保护和利用。通过这些举措,足可见日本政府对文化遗产的重视程度之深,而且从日本文化厅网页上公布的截至2010年1月1日被指定为文化遗产的如下统计数字来看,日本政府在国内文化遗产保护方面也的确可谓是业绩斐然。

1. 国宝、重要文化遗产的数量

表2—2

| 种别/区分 | | 国　宝 | 重要文化遗产 |
|---|---|---|---|
| 美术工艺品 | 绘画 | 158 | 1962 |
| | 雕刻 | 126 | 2639 |
| | 工艺品 | 252 | 2419 |
| | 书法·典籍 | 223 | 1871 |
| | 古文书 | 59 | 730 |
| | 考古资料 | 44 | 572 |
| | 历史资料 | 2 | 157 |
| | 总计 | 864 | 10350 |
| 建造物 | | (263栋) 215 | (4339栋) 2359 |
| 合计 | | 1079 | 12709 |

注:重要文化遗产的件数中包含国宝的件数。

2. 史迹·名胜·天然纪念物的数量

表2—3

| 特别史迹 | 60 | 史迹 | 1624 |
|---|---|---|---|
| 特别名胜 | 29 | 名胜 | 317 |
| 特别天然纪念物 | 72 | 天然纪念物 | 938 |
| 合　计 | 161 | 合　计 | 2879 |

注:史迹名胜·天然纪念物的件数中包含特别史迹名胜天然纪念物。

3. 重要无形文化遗产数量

表2—4

| | 各个认定 | | 保持团体等认定 | |
|---|---|---|---|---|
| | 指定件数 | 保持者数 | 指定件数 | 保持团体等数 |
| 艺能 | 39 | 58（58） | 12 | 12 |
| 工艺技术 | 42 | 55（54） | 14 | 14 |
| 合计 | 81 | 113（112） | 26 | 26 |

注：保持者中存在重复认定，（　）内为实际人数。

4. 重要有形民俗文化遗产数量：207

5. 重要无形民俗文化遗产数量：264

【选定】

1. 重要文化景观：15 件

2. 重要传统建造物群保存地区：86 个地区

3. 选定保存技术数量

表2—5

| 选定件数 | 保持者 | | 保存团体 | |
|---|---|---|---|---|
| | 件数 | 人数 | 件数 | 团体数 |
| 70 | 48 | 53 | 29 | 31（29） |

注：保存团体中有重复认定的，（　）内为实际的团体件数。

【注册登记】

1. 注册登记有形文化遗产数（建筑物）：7730 件

2. 注册登记有形文化遗产数（美术工艺品）：10 件

3. 注册登记有形民俗文化遗产数：12 件

4. 注册登记纪念物：46 件

通过与往年的统计数字的比较来看，日本政府在国内文化遗产保护方面，应该说还是比较有成效的。从 2005 年 2 月到 2010 年 1 月，在将近五年的时间里，被日本政府所指定的各类文化遗产数均有不同程度的增加。截至 2010 年 1 月 1 日被指定为文化遗产的统计数字中，国宝总计1079 件，比 2005 年（1069）增加了 10 件；重要文化遗产总计 12709 个，比 2005 年（12435）增加了 274 个；特别的史迹、名胜、天然纪念物的数量均为 161 个，但一般的史迹、名胜、天然纪念物的数量 2879 个，比2005 年（2731）增加了 184 个。重要有形民俗文化遗产数量 207 个，比2005 年（201）增加了 6 个；重要无形民俗文化遗产数量 264 个，比 2005年（229）增加了 35 个。注册登记有形文化遗产数（建筑物）7730 件、注册登记有形文化遗产数（美术工艺品）10 件、注册登记有形民俗文化遗产数 12 件，总计 7752 件，远远超过了 2005 年注册登记有形文化遗产数的 4419 件。①

另外，日本政府依据《文化遗产保护法》，在对非物质文化遗产保护方面也取得了一定的成绩。在日本，被指定为传统技术技能的保持者，一般被称为"人间国宝"。"人间国宝"的称呼是媒体的造语，在艺能表演领域是指那些获得该称号的表演艺术家；而工艺制作领域则是指那些得到该荣誉的"身怀绝技者"（艺人），他们都师传弟（子）承，沿袭宗名。该法第三章第 56 条规定了日本文部科学大臣"认定"及"解除认定"无形文化遗产中重要无形文化遗产即"人间国宝"的权限和程序，还规定了被认定的"人间国宝"享受的权利和负有的责任及义务。根据《文化遗产保护法》，政府每年将会向这些人间国宝们支付一定数额的特别助成金，同时对重要无形文化遗产的保持团体也会相应地提供财政上的资助。时至今日，据前文列表中文化厅公布的数字可知，现仍健在的"人间国宝"中，在传统艺能方面认定的人间国宝共有 58 人，在工艺技术方面认定的人间国宝共有 53 人。

日本不仅在国内文化遗产保护方面业绩斐然，而且还在推动国际文化遗产保护方面享有很高的声誉。联合国教科文组织第三十二届会议于2003 年 10 月 17 日正式通过的《保护非物质文化遗产公约》，就是在日本的推动下出台的第一部世界性的文物保护法典。在汹涌澎湃的经济全

---

① 日本文化厅网站，http：//www. bunka. go. jp/bunkazai/shoukai/shitei. html。

球化大潮中，重视抢救和保护传统文化，尤其是重要的文化遗产和优秀的民族民间文化艺术，已成为一项非常紧迫和重要的任务。传统文化的保护，既包括物质形态的传统文化，也包括非物质形态的传统文化。目前，关于物质文化遗产保护的国内立法和国际协作机制已经比较完善，但在对无形文化遗产及民俗文化遗产的保护方面，有专门国内法的国家还很少，特别是具有如日本这样完备立法的国家，更是屈指可数。

联合国教科文组织在《保护非物质文化遗产公约》第 2 条第 1 款中对"非物质文化遗产"的定义是"指被各群体、团体、有时为个人视为其文化遗产的各种实践、表演、表现形式、知识和技能及其有关的工具、实物、工艺品和文化场所。各个群体和团体随着其所处环境、与自然界的相互关系和历史条件的变化不断使这种代代相传的非物质文化遗产得到创新，同时使他们自己具有一种认同感和历史感，从而促进了文化多样性和人类的创造力。在本公约中，只考虑符合现有的国际人权文件，各群体、团体和个人之间相互尊重的需要和顺应可持续发展的非物质文化遗产"。按照第 1 款的定义，在第 2 条第 2 款中规定"非物质文化遗产"包括以下方面："（a）口头传说和表述，包括作为非物质文化遗产媒介的语言；（b）表演艺术；（c）社会风俗、礼仪、节庆；（d）有关自然界和宇宙的知识和实践；（e）传统的手工艺技能。"

上述联合国教科文组织在《保护非物质文化遗产公约》中对"非物质文化遗产"的定义，基本都包含在日本政府在《文化遗产保护法》中界定的"无形文化遗产"以及"民俗文化遗产"的范围之内。如《文化遗产保护法》总则第二条中对"文化遗产"的定义是："第 2 条 在该法律中，所谓'文化遗产'，是指下列之物而言：1. 属于建造物、绘画、雕刻、工艺品、书法作品、典籍、古文书及其他有形的文化成果，对我国而言具有较高的历史或艺术价值的（包括与这些物品连为一体形成其价值的土地及其他物件）并考古资料及其他具有较高的学术价值的历史资料（以下称'有形文化遗产'）；2. 属于演剧、音乐、工艺技术及其他的无形的文化成果，对我国而言具有较高的历史或艺术价值的（以下称'无形文化遗产'）；3. 与衣食住・职业・信仰・每年定例的活动仪式相关的风俗习惯、民俗艺能及其所使用的衣服・器具・

家屋及其他物件，凡属于理解我国国民生活的发展所不可缺少的物品（以下称为'民俗文化遗产'）；4. 贝冢、古坟、都城遗址、城市遗址、旧宅及其他遗址，对我国而言具有较高的历史或学术价值的物品，庭园、桥梁、峡谷、海浜、山岳及其他名胜地，对我国而言具有较高的艺术或观赏价值的，并动物（包含其生息地、繁殖地及渡来地）植物（包含其自生地）及地质矿物（包含产生特异的自然现象的土地），对我国而言具有较高的学术价值的（以下称'纪念物'）；5. 与周围环境浑然一体形成了历史风致的传统的建造物群，具有较高价值的（以下称'传统的建造物群'）。"

日本的《文化遗产保护法》把文化遗产分为有形文化遗产和无形文化遗产，不仅拓展了保护文化遗产的范围，具有首创性意义，而且日本在国内文化遗产保护方面的先行实践，对世界范围内的文化遗产保护也产生了积极的影响，为推动第一个国际性文物法典《保护非物质文化遗产公约》的制定、出台，做出了贡献。《保护非物质文化遗产公约》中的非物质遗产概念，就是源自日本政府制定的《文化遗产保护法》中的概念。另外，日本对世界各国在文化遗产保护方面提供的技术、资金支持也得到了广泛的赞扬，这一切对于树立日本的文化国家形象都发挥了很大的积极作用。

## 二 日本品牌文化享誉全球

日本不仅在保护文化遗产方面成绩斐然，获得国内国际的好评，在重塑日本品牌文化方面也卓有成效，有些日本品牌文化可谓是享誉全球。

提到享誉全球的日本品牌文化，大概人们首先会异口同声地推举以动漫文化、电影、游戏软件为代表的日本内容产业。日本的动画片、漫画，在国际上一直享有很高的声誉，如日本动漫的代表作"机器猫""皮卡丘""奥特曼"，以及曾在 2003 年获得奥斯卡大奖的宫崎骏的动画电影，在国际上都有很高的知名度。据中国社会科学院国情调研成果《日本大众文化对中国青少年的影响调研报告——以大学生为中心》的数据显示，绝大部分中国青少年就是通过日本的动画片、漫画接触日本大众文化，了解日本的。"在被调查者当中有 88.0% 的人接触过日本的动画片，72.7% 的人接触过日本漫画，71.1% 的人接触过日本电影。这三个选项在位次上居前三。接下来的顺序是：4'音乐'，5'电视剧'，6'小说'，7'电子游戏〔网络游戏〕'。'舞蹈'和'戏剧'排位很低，接触过舞蹈的人占总数的10.1%，而接触过戏剧的人仅有5.0%，这两项远远落后于其它选项。可见，日本舞蹈和戏剧在中国大学生当中认知程度不高。"① 大概正是因为看到了日本动漫产品在世界各国，特别是在亚洲地区的影响和声誉，2007年，时任外相的麻生太郎曾亲自策划推行"动漫外交"，他希望通过向海外推广和宣传日本动画片、漫画书，以及音乐和时装等大众文化，赢得包括中国在内各国民众的心，来弥补其在历史问题上受损的外交形象，改善日本的国际形象。麻生太郎在题为"文化外交新设想"的演讲中还建议设立"漫画诺贝尔奖"，奖励来自日本和外国的漫画创作者，并建议创办一个24小时英文频道，用英语向其他国家传播日本文化。

其次，大概人们还会推举以日本茶道为首的日本传统文化。日本茶道融和佛教、儒教、阴阳道、神道思想之要义为一体，内涵固本之食道、长智之书道、积勇之武道、增美之花道和清神之香道等诸多文化内容之精华，可谓是日本品牌文化的荟萃。例如，日本茶道中的"怀石料理"，其实就是现代日本料理的基础。"怀石料理"讲究的是"一汁三菜"。所谓一汁三菜，就是一种酱汤和一小碟生鱼丝、炖煮菜蔬、烧烤菜蔬，再辅以米饭为主食，这也就是标准的怀石料理的全部内容了。现代日本料理的菜谱，尽管在"怀石料理"的"一汁三菜"的基础上有所添加，但在制作方法上，要求依然是相同的，即都要求材料应季新鲜，色泽自然，味道鲜美，切割有方，餐器古朴，摆放雅致，注重"色、香、味、器"四者的和谐统一，尤其是不仅重视味觉，也十分重视视觉享受。由于日本料理非常讲究食材和烹制方法，所以一提到日本料理，总会给人一种安全、安心、清淡、健康、高品位、高品质、精美雅致的感觉，因而也备受世界各国民众的喜爱。随着日本茶道在世界的传播，也自然地宣传和普及了日本料理等品牌文化。2012年2月6日，日本文化审议会的特别委员会正式批准向联合国教科文组织申请将"和食——日本人的传统

---

① 王伟：《日本大众文化对中国青少年的影响调研报告》，中国社会科学院国情调研成果，2010年，第9页。

食文化"列入世界非物质文化遗产。筹备申遗事宜的农林水产省在草案中将"和食"定义为"一个尊重自然,通过用餐增进家庭及集团联系的社会性习俗",并举出了"采用新鲜多样的食材精心装盘,与正月、插秧等日本传统活动密切相关"等特点。关于"和食"中所包含的地方菜系,申请书中明确表示"日本农产品、鱼等食材丰富多样,全国各地有多种多样的乡土料理",如寿司、火锅以及京都寺院的宗教性料理等均包括在内。3·11 核电站事故发生后,出现了很多关于日本的不利传言。民间希望能打破传言,日本文化厅应此要求于 2012 年 3 月提出了和食饮食文化的新提案,向联合国教科文组织递交了非物质文化遗产申请书。据日本农林水产省的统计数据显示,海外日本料理店自 2006 年的 2.4 万余家,到 2013 年已经急剧增加到 5.5 万余家。[1] 2013 年 10 月 23 日,日本"和食"的饮食文化入选以保护世界传统文化为宗旨的联合国教科文组织非物质文化遗产。日本目前已拥有"歌舞伎"等 20 项世界非物质文化遗产,"和食"申遗成功,成为传统节日、表演艺术和传统工艺以外领域的首次突破。

目前,无论是在日本国内,还是在国际上,传播最广、影响最大的日本茶道流派是里千家茶道。里千家第十五代家元千玄室大宗匠,一直坚持奉行"一碗茶中的和平"理念,率领同门弟子向世界各地介绍日本茶道。不仅在欧美等很多国家和地区设有里千家的分支机构,而且在中国北京、上海、天津、广州、大连、沈阳、香港等地也都设有里千家茶道道场。为了通过介绍和普及日本茶道来促进中日间的友好交流,里千家还向中国许多大学捐赠了茶室,如北京佛学院、南开大学、天津商业大学、大连外国语学院、天津外国语学院等,在这些大学中,日本茶道被作为本科生和研究生的选修或必修课,深受学生们的喜爱。另外,里千家还与天津商业大学共同创办了"天津商业大学里千家茶道短期大学",开设了"中日文化"和"日本料理"两个学科,已经向社会输出了数百名毕业生。2002 年秋,在纪念中日邦交正常化 30 周年之际,中国政府为了表彰千玄室大宗匠为中日友好文化交流所做的贡献,中华人民共和国文化部特向千玄室颁发了"中国文化交流贡献奖"。千玄室现任日

---

① 《JETRO Sensor》2013 年 11 月号,第 5 页。

本国联会长，这个职位按照惯例一般都是由退居二线的日本外交官担任，千玄室能够以一个民间人士的身份出任日本国联会长，这其实也是日本政府注重软实力外交的一个表现。现在，日本驻外使领馆也经常通过举办茶会的形式，集中展示和宣传日本的传统文化。日本茶道曾被视为礼仪、教养的代名词，它既是宗教化的世俗生活，同时亦是世俗生活化的宗教，所以，广大的日本茶道修习者们，或将茶道视为其不为无益事且度有生闲暇的娱乐手段，或将茶道视为创造交友之缘的工具，或将茶道视为修行得道的指月之指，等等。总之，每位茶人都可按照适合自己的形式，从日本茶道中获得一份闲情雅趣，获得些许心灵的慰藉。日本茶道作为一个日本品牌文化的荟萃，作为一个综合性的生活文化体系，传递给人的是一种恬静、和平、健康、精致、洁净、优雅、秀美的感觉，因此，日本茶道的普及也于无形中提升了日本的国际形象。

此外，作为提升日本文化国家形象的做法之一，日本文化厅还直接向世界各国派遣"文化交流使"，这项事业也取得了一定的成绩。"文化交流使"的派遣始于2003年，即将居住在日本的艺术家、文化人派遣到海外，进行与日本文化相关的讲演、讲习和实际操演等，来宣扬日本的民族文化。

通过一览表中的数据，我们可以看出派遣"文化交流使"事业具有两个显著特点：

首先，作为"文化交流使"被派往海外的人，既有传统文化的传承者，也不乏现代文化的研究家和精英人物，也就是说，"文化交流使"的专业领域涵盖了日本品牌文化的大部分内容。其次，日本对与亚洲国家进行这种艺术家之间的文化交流并不是很积极，而是更加注重向欧洲国家推介其文化。在2003至2009年间，日本文化厅共计向海外派遣了57名"文化交流使"，其中，向美国派遣了16名，向法国派遣了14名，向德国派遣了13名，向英国派遣了8名，向意大利派遣了7名，向澳大利亚派遣了6名，向捷克派遣了5名。自2006年以后才开始向中国和韩国派遣"文化交流使"，分别派遣了5名。其他派遣"文化交流使"在3次以下的国家，也大多为欧洲国家。从担任"文化交流使"的个人简历以及被派遣国的情况可以看出，日本政府在对外宣扬其民族文化时，还是比较倾向于欧美国家的。

**表2—6　　2003—2009 年日本文化厅派遣到海外的文化交流使一览①**

| 年度 | 姓名 | 人物简介 | 派遣国 |
|---|---|---|---|
| 2003<br>（12 名） | 三浦尚之 | 音乐制作人 | 美国 |
| | 田中千世子 | 电影评论家 | 约旦、斯洛伐克、冰岛、匈牙利 |
| | 渡边洋一 | 和太鼓奏者 | 美国 |
| | 小山内美江子 | 脚本家 | 柬埔寨 |
| | 梅林茂 | 作曲家 | 意大利 |
| | 国本武春 * | 浪曲师 | 美国 |
| | Baron 吉元 | 漫画家 | 瑞典 |
| | 三谷温 * | 钢琴演奏家 | 克罗地亚 |
| | 笑福亭鹤笑 * | 落语家 | 泰国 |
| | 小宫孝泰 * | 演员 | 英国 |
| | 平野启一郎 * | 作家 | 法国 |
| | 四方田犬彦 * | 电影评论家 | 以色列、南联盟 |
| 2004<br>（5 名） | 桥口让二 * | 写真家 | 德国 |
| | 北村昭斋 | 重要无形文化遗产"螺钿"（各个认定）保持者 | 德国 |
| | 杉本　洋 | 日本画家 | 加拿大 |
| | 井上广子 * | 造形作家 | 澳大利亚 |
| | 宫田真弓 | 笙演奏家 | 希腊、意大利、法国、德国、卢森堡 |
| 2005<br>（5 名） | 河村晴久 | 能乐师 | 美国 |
| | 村井　健 | 演剧评论家 | 俄罗斯 |
| | 神田山阳 * | 讲谈师 | 意大利 |
| | Ikuo 三桥 * | 演出家 | 法国、比利时、摩洛哥、马达加斯加 |
| | 平田 oriza | 剧作家、演出家 | 加拿大、美国 |

---

① 注：该表格根据 http：//www. bunka. go. jp/kokusaibunka/bunkakouryu/index. html 等日本文部省网页公布的相关资料制作而成；带有 * 者，乃跨年度继续开展活动的"文化交流使"。

续表

| 年度 | 姓名 | 人物简介 | 派遣国 |
|------|------|----------|--------|
| 2006<br>（9 名） | 寺内直子 | 神户大学教授 日本的宫廷音乐和雅乐的研究及演奏 | 美国 |
| | 源田悦夫 | 九州大学教授 媒体艺术、信息设计 | 中国、韩国 |
| | 川井春香 | 花道家 | 瑞典、西班牙、意大利、法国 |
| | 胜美巴湖 * | 日本舞蹈家 | 英国 |
| | 桂小春团治 | 落语家 | 美国 |
| | 丰泽富助 | 人形净琉璃文乐 | 英国、德国、瑞士、意大利 |
| | 寺井荣 * | 能乐师（能乐观世流 扮演主角） | 澳大利亚 |
| | 坂手洋二 * | 剧作家、演出家 | 美国、法国、德国 |
| | 小林千寿 * | 围棋棋士 | 澳大利亚、瑞士、德国、法国、捷克、保加利亚 |
| 2007<br>（9 名） | 立松和平 | 作家 | 中国 |
| | 三浦友馨 | 花道家 | 中国 |
| | 名嘉睦稔 | 画家 | 韩国、法国、西班牙 |
| | 本间博 * | 将棋棋士 | 法国、英国、德国、西班牙、摩纳哥 |
| | 中村享 | 盆栽作家 | 加拿大 |
| | 圆田秀树 * | 围棋棋士 | 巴西、中南美诸国、非洲 |
| | 汤山东 | 画家 | 法国、捷克、德国 |
| | 桂 kai 枝 * | 落语家 | 美国 |
| | 橘右门 * | 寄席文字书家 | 英国 |

续表

| 年度 | 姓名 | 人物简介 | 派遣国 |
|---|---|---|---|
| 2008<br>（8 名） | 岛田雅彦 | 作家 | 美国、韩国 |
| | 千宗屋 * | 茶道家 | 美国、法国、意大利、英国、德国、摩纳哥 |
| | 梅若犹彦 | 能乐师（扮演主角），静冈文化艺术大学教授 | 菲律宾 |
| | 小林千寿 | 围棋棋士 | 澳大利亚、德国、捷克、保加利亚、法国、瑞士、美国等 |
| | 中川卫 | 重要无形文化遗产"彫金"·（各个认定）保持者 | 美国 |
| | 常磐津文字兵卫 | 常磐津三弦演奏家，作曲家 | 韩国 |
| | 福田千荣子 | 地歌筝曲演奏家 | 菲律宾、印度尼西亚、马来西亚 |
| | 须田贤司 * | 木工艺作家 | 新西兰 |
| 2009<br>（9 名） | 青木绅一 | 围棋棋士 | 荷兰、澳大利亚、法国、德国、捷克 |
| | 有野芳人 | 将棋棋士 | 中国 |
| | 伊部京子 | 和纸造形家 | 美国、埃及 |
| | 喜濑慎仁 | 三弦演奏家 | 菲律宾、中国、法国、英国 |
| | 久保 修 | 剪纸画家 | 美国 |
| | 竹本千岁大夫 | 人形净瑠璃文乐大夫 | 捷克、德国、澳大利亚 |
| | 鹤贺若狭掾 | 重要无形文化遗产"新内节净琉璃"（各个认定）保持者 | 英国 |
| | 蜂谷宗苾 | 香道家元继承人 | 法国、摩纳哥、意大利、德国、巴林、美国 |
| | 三桥贵风 | 尺八演奏家 | 巴西、韩国 |

　　日本 21 世纪初期在文化战略中之所以非常重视欧洲，主要有两个原因：第一，欧洲的国际地位将更加举足轻重。"在欧盟一体化过程中，制度建设成果从共时性上说共有三种类型，从历时性上看存在着三个阶段。第一种类型是超国家机构建设，大约从 20 世纪 50 年代到 80 年代中期，这个阶段是通过建设超国家机构进行一体化的阶段；第二种类型为'欧洲化'建设，也就是对国内制度进行适应欧盟制度的调整，时间从 80 年代中期到 90 年代初，这个阶段特别与欧洲统一大市场的建设同步；第三种类型则是政治化建设，是一个从水平到垂直两个向度上涉及社会、法律、政治文化、制度等各个方面更为复杂、全面的适应性调整过程。有人也将这一进程称为宪法化进程。这个进程从 90 年代初的'马约'以后开始，一直是欧盟制度建设的重点所在。"[①] 对于目前正处日臻成熟、完善的欧盟，尽管尚不能将其看作一个现代意义上的国家，但是它具有立法、行政和司法制度，颁布和实施具有法律约束力的公共政策，并在一些政策领域对欧洲社会的价值分配产生着重要的影响。在 21 世纪的多极化世界，制度日趋完备、实力愈发强大的欧盟必将对世界产生更加重要的影响。第二，日本在国际事务中与欧洲的共同利益更多，因此，面向欧洲诸国加大对其文化的宣传推介力度，有助于树立日本良好的国际形象，增进彼此的理解，在未来的国际事务中合作得更加顺利。

### 三　提升国家形象成就东京申奥

　　英国广播公司（BBC）于 2012 年 12 月至 2013 年 4 月间委托西方民调机构以及大学对全球近 2.7 万人进行问询，请他们对 25 个国家的影响力进行"正面和负面"评估。从 2013 年 5 月 22 日公布的各国国家形象调查结果显示，在接受调查的 25 个国家中，德国的国家形象最好，日本排名第四，美国和中国分别排名第八和第九。虽然长居榜首的日本此次排名略有后退，但仍居亚洲之首，也就是说，在历史认识问题上的混淆是非以及在福岛核污染问题上的不负责任行为，并没有给日本造成多大的负面影响，日本依旧被视为世界上正面影响力最大的国家。日本这一

---

[①] 朱立群：《欧洲一体化理论：研究问题、路径与特点》，《国际政治研究》2008 年第 4 期。

正面的国家形象，正是得益于日本政府长年以来倾心重塑文化软实力的战略举措之影响，2013 年 9 月 7 日东京申奥成功就是一个很好的例证。

日本最近十多年的申奥活动可谓屡战屡败。申请 2008 年夏季奥运会主办权时，申办城市大阪第一轮投票就被淘汰；申请 2016 年夏季奥运会主办权时，申办城市东京又毫无悬念地败给了里约热内卢。因此，当 2011 年 8 月东京再一次提出要申办奥运会时，几乎没有人相信东京会获胜。在 2013 年即将决出 2020 年奥运会主办城市之际，以安倍晋三为首的右翼政客在历史认识问题上混淆是非的言论不断升级，以至于受到联合国秘书长潘基文公开批判。① 2013 年 9 月，国际奥委会理事会投票在即，时任内阁副首相麻生太郎关于修宪的纳粹发言风波尚未平息，② 福岛核废水问题亦大白天下。在这种情势下，不必说其他国家如何想，就连日本人自己对此次东京申奥都显得信心不足，《朝日新闻》推特（Twitter）曾一度误报"东京落选"。③ 但是，2013 年 9 月 8 日凌晨东京时间 5 点，国际奥委会理事会经第二轮投票表决，东京最终以 60 票比 36 票击败了伊斯坦布尔，获得了 2020 年夏季奥运会主办权。

东京申奥成功后，很多人对其成功的原因进行了探讨。概言之，主要有如下三种观点：

第一，东京都政府的妥善筹划。东京都政府吸取了申办 2016 年奥运会失败教训，无论是在对内举办各种活动提高民众参赛热情方面，还是在对外宣传和活用各类人脉争取选票方面，都进行了非常巧妙细致的筹划。其中，最值得称道的举措有如下两点：

首先，在这次竞办奥运会过程中，东京刻意强调其申办 2020 年奥运会的资金实力，突出其"确定性"，而且将宣传重点不是放在为什么要申奥上，而是置于申奥成功后怎样办奥运会上，以"可靠"打动评委。当时，正在筹备 2016 年奥运会的里约热内卢，各项准备工作进展得并不顺利，场馆建设缓慢，工期拖沓；俄罗斯索契 2014 年冬奥会预计会超支约 310 亿美元，同时俄境内一些恐怖袭击事件也让安保压力增大，这些都让

---

① 参见 http：//headlines. yahoo. co. jp/hl？ a = 20130827 - 00000016 - rcdc - cn。

② 参见 http：//www. asahi. com/politics/update/0731/TKY201307310561. html？ ref = rec。

③ 参见 http：//www. asahi. com/national/update/0909/TKY201309090326. html。

国际奥委会十分担忧。意欲申办 2020 年奥运会的西班牙因受欧洲经济危机影响，资金难以保障；土耳其国内政局不稳，同时近邻叙利亚局势动荡，安保压力也比较大。相比较而言，东京是唯一有举办奥运会经验的城市，而且在举办大赛方面也有着丰富经验。因此，承诺在这个不安稳的时代办好一届稳定奥运会的东京，其优势自然明显。东京在申奥书中称，已经准备好了 4088 亿日元办会资金，东京如果得以胜出，将凭借成熟的基础设施打造一届完美的都市奥运会。这对奥委会而言，无疑非常有吸引力和说服力。在 2013 年 6 月 25 日公布的 IOC 评价委员会报告书中，虽然没有明确述及三个申办城市的优劣，但对东京的评价最高，尤其是东京已经备好四千多亿日元的办会资金这一点受到了正面评价。[1] 时任奥委会主席雅克·罗格评价说："东京申奥表现出色，构思很好。就如在手术台前，东京好像（医生的）一双有安全感的手，这是最吸引我的。"国际奥委会副主席克雷格·里德评价说："确定性是关键因素，他们要能够提供确定性。"[2]

其次，东京的申奥团队精明能干，其中，有两个人物表现最为突出，一个是东京都花重金聘请的申奥首席战略信息顾问——英国人尼克·瓦利（Nick Varley），一个是最美申奥主播泷川雅美。东京申奥成功后，日本各大媒体曾一度称尼克·瓦利是日本申奥成功的最大功臣，称泷川雅美是东京申奥成功贡献最大的日本人。如果仅从东京申奥代表团出色的演讲及其效果来看，日本媒体对这二人的赞誉之词应该说并不算言过其实。

英国《卫报》（The Guardian）记者出身的尼克·瓦利，是专业的体育活动咨询公司 Seven 46 的创始人兼首席执行官，尼克·瓦利以及他的团队曾为多项重大体育赛事策划了一个又一个振奋人心的战略计划，曾助伦敦（2012 年）及里约热内卢（2016 年）成功获得奥运会主办权，2013 年又助力东京成功获得 2020 年奥运会主办权，因此被日本媒体戏称为申奥专业户包工头。尼克·瓦利的确是一位深谙广告宣传之道，且对日本国民性了解颇深的战略信息顾问，他针对日本人与欧美人的行为模

---

①　《东京申奥的三个顺风》，《周刊朝日》2013 年 7 月 19 日号。

②　张远：《东京奥运笑容背后有隐忧》，《国际先驱导报》2013 年 9 月 12 日。

式、思维模式等国民性特点，扬长避短，为东京申奥代表团设计的团队陈述令投票委员们大为赞叹，将日本的软实力向国际奥委会和世界进行了一次精彩展示。

例如，传统的申奥陈述往往先是由如首相之类高层领导率先登台演讲，接着其他领导依序发言，对于讲究等级序列的日本人而言，人们心目中的这种刻板印象尤甚。但是，瓦利设计的东京申奥代表团的陈述，却出人意料地由国际伤残人运动会选手佐藤真海明亮而面带微笑的脸庞开启。

瓦利还设计让每个演讲者都分享了一则关于运动如何改变自身生活的轶事，演讲者们面带微笑，用色彩强烈的措辞不断重复他们对于运动的热情，对于东京的热情，以情感人，自然地展示奥运会对日本的意义以及日本对奥运会的贡献。瓦利针对欧美人言谈举止的特点，对东京申奥代表团演讲者语言（演讲中使用英语和法语发言）发音、声音抑扬时间点、微笑和协调的手势等身体语言的细节都进行了认真推敲，并从七月就已经开始进行反复演练，所有演讲者还在一个模拟会场内进行了超过一个星期的集中彩排，甚至连首相安倍晋三也在最终陈述之前排练了自己的演讲部分。佐藤真海为诉说体育运动如何给人以自信和希望，讲了两个故事。一个是在其 19 岁那年因癌症而失去小腿的故事。身残后佐藤真海没有沉沦，而是努力考上了大学，参加田径运动并成了一名奥运会选手。佐藤真海告诉台下观众："我在这里是因为运动拯救了我。"另一个讲述的是她所经历的 2011 年海啸的故事，她说："海啸袭击了我的家乡。在整整六天时间里，我不知道我的家人是否还都活着。而当我找到他们之后，我个人的幸福比起全国的悲伤来说，简直不值一提。我与其他运动员一样参加了粮食供应，我们还一起组织了体育活动来帮助大家恢复信心。就在那时，我才看到了运动所具有的真正力量：创建新的梦想和微笑，给人们带来希望并将人们团结在一起。"安倍晋三讲述的是一则关于射箭的故事，1973 年，刚进入大学的安倍晋三就开始练习射箭，而就在那之前一年，射箭重返奥林匹克竞技项目。并且，安倍晋三还模仿欧美人向神明宣誓的样子将拳头抬到自己胸前，信誓旦旦地告诉大家：福岛的核污染已经得到完全控制，日本政府将全力支持，东京是安全的。

鉴于评委是由多语种和多国籍的成员组成，瓦利有针对性地设计了配合每位演讲者的视频幻灯片，在优雅舒缓的音乐声中，在美轮美奂的大场景下，幻灯片上没有更多的语言文字，每张幻灯片多由一组组精美照片构成，一边是各类体育项目运动员奋勇拼搏的英姿，一边则配上一幅稚气十足充满无限未来的顽童们模仿运动员动作的照片，无声地展示了东京的核心优势。另外，瓦利设计东京申奥团队的演说不仅要求演讲者以情感人，还追求以理服人，即要求演讲者的演说词要用数字说话，用数据来展示东京的风采。如泷川雅美的演说词中称"东京是一个拾金不昧的城市。去年交到警察那里的拾金就达 30 亿日元"等等。① 泷川雅美是一名日法混血儿，她动人的容颜，温文尔雅的举止，以及在申奥演说中描述的关于日本的待客之道，打动了很多人，使国际上觉得日本非常好客，会让来自远方的朋友有一种宾至如归的感觉。可以说泷川雅美的出色表现，也是尼克·瓦利设计的结果。全球多家最知名企业的沟通教练，在新闻学、传播和公共演讲方面拥有 25 年经验的专业人士卡迈恩·加洛（Carmine Gallo）亦曾将东京申奥成功的原因归结为瓦利优秀的沟通设计才能。② 如果单纯从演说词的层面来看加洛的确所评有据，但尼克·瓦利的成功实质上应该说还是东京都政府申奥战略决策的成功，被戏称为申奥专业户的尼克·瓦利的智慧得以贡献给东京都，也全赖东京都高额的聘金。

第二，日本政府的积极后援。无论东京都的办会资金多么丰厚，申奥专业户尼克·瓦利的沟通技巧多么优秀，花容月貌的泷川雅美言谈举止多么得体端庄，但仅凭这些条件便欲拿下 2020 年奥运会主办权显然不大可能，东京申奥成功离不开日本政府的积极后援。东京为了与马德里和伊斯坦布尔争夺 2020 年夏季奥运会主办权，由日本政府挂帅，构筑举国体制，组成了史上最强申办团。之所以称其为史上最强，是因为，以东京都知事猪濑直树为会长的日本 2020 年奥申委理事会是东京都和日本国家体育部门要人的有机结合，日本 2020 年奥申委评议会的成员更是网罗了日本政界、财界、产业界、学界、文艺界等各行各业的头面人物以

---

① 《申奥承包人瓦利细腻指导"要用数字说话"》，《女性 SEVEN》2013 年 9 月 26 日号。

② 《7 Proven Presentation Principles That Tokyo Used To Win The 2020 Olympics》，参见 http://www.forbes.com/fdc/welcome_mjx.shtml。

及在任所有阁僚。评议会成员绝非仅仅挂个名，而是各司其职，实实在在地为申办 2020 年奥运会奔走，每逢申奥关键节点总会有日本国家高级领导人出面。如 2013 年 7 月 2 日，日本政府派出了以评议会特别顾问、时任内阁副首相麻生太郎为团长的强大游说团去瑞士参加奥组委的申办答辩。作为评议会最高顾问的安倍首相也利用一切机会为东京申奥助力，在 2013 年 3 月 IOC 评价委员会访日时，还特意在委员们面前高唱上次东京奥运会流行歌曲来展示日本政府对东京申奥的支持；2013 年 6 月在横滨市举办的第五次非洲开发会议上，直接向拥有 15 名 IOC 委员的各国首脑做工作，希望他们支持东京申办 2020 年奥运会。据日本媒体透露，2013 年 8 月 24 日安倍首相访问科威特、卡塔尔、吉布提，会见任国际奥委会委员的科威特王子萨巴赫、卡塔尔元首萨尼、吉布提体育大臣阿里等人为东京拉票。① 2013 年 9 月，安倍首相在出席圣彼得堡举行的二十国集团峰会后匆忙赶往布宜诺斯艾利斯参加申奥陈述。安倍首相作为东京申奥最后筹码，果不负众望，虽然其在陈述中称完全控制了福岛核废水泄漏，是不负责任的谎言，但他这样的发言既是一种拉票行为，亦是一种国际公约，是一个日本首相下定决心要改变污染现状而做出的保证，这些对打动国际奥委会成员自然会起到一定作用。

第三，日本皇室的巧妙助力。在国际奥委会的一百多位委员中，除了选手委员之外的个人委员约有 70 人，这些人大多是由被称为王族、贵族的特权阶级、医师、律师等精英人物和已经成为其出身国英雄人物的原奖牌获得者构成，欧洲出身的委员占了将近一半。东京申奥委员会为了拿到尽可能多的选票，除了聘请被戏称为申奥专业户的英国人尼克·瓦利做东京申奥战略信息顾问，针对欧洲人的思维模式、行为模式等设计了精彩的最后竞选演说外，还冒着被批判是对日本皇室进行政治利用的风险，② 积极约请日本皇室成员为东京申奥加油打气。不仅在申办期间，而且在最后的竞选演说时，东京申奥委员会都很巧妙地借助了皇室力量。

---

① 《安倍首相云游遍访中东和非洲为申办奥运做最后的游说》，参见 http://www.zakzak. co. jp/society/politics/news/20130823/plt1308231535002 - n1. htm。

② 《皇室在 2020 年申办奥运上越界了》，《周刊朝日》2013 年 9 月 13 日号。

东京都申奥委员会在申办 2016 年夏季奥运会时也曾想过寻求皇室的合作，特别是希望拥有较高国际知名度的皇太子夫妇能够出面助力东京申奥，但宫内厅东宫大夫恪守前例未予应允，为此还招致前东京都知事石原慎太郎的无礼指责，结果当时连最有希望助力申奥的高圆宫妃也未能出面。此次申办，经过私下慎重交涉，终于获得了皇室支持。首先是在 2013 年 3 月 IOC 评价委员会视察东京时，皇太子以接受礼仪性表敬访问进行国际亲善为名亲自接见了评价委员会一行，自然而然地助推东京申奥。① 而且，允许高圆宫妃久子出席了安倍首相主办的正式晚餐会。为了避免受到非议，日本政府还尊重宫内厅意向将晚宴名称由最初拟定的"IOC 评价委员会欢迎晚餐会"改为"正式欢迎·东京主办奥运会 50 年纪念晚餐会"。2013 年 8 月 15 日，IOC 总会召开在即，宫内厅发布消息称，高圆宫妃久子与三笠宫彬子将访问阿根廷。这也是战后以来，皇室首次对申奥活动表现出积极态度。两位日本皇室成员以出访阿根廷的名义向奥委会委员们表达对其支援日本灾后复兴的感谢，她们分别于 2013 年 9 月 4 日、6 日抵达布宜诺斯艾利斯，随后便积极展开为东京拉票的游说活动。高圆宫妃久子 2013 年 9 月 12 日接受《每日新闻》记者采访时说：三天时间里与大约二十位 IOC 委员进行了会谈，恳谈时间每人大约是 15 分钟，并且还利用在饭店内就餐及饮茶等与很多人进行了交流，最后出席了 IOC 总会，在东京申奥团队正式陈述前登台，用流畅的法语和英语致辞，向 IOC 委员们表达了对其支援东日本大震灾复兴的谢意，为了避嫌虽然没有过多明确地为东京申奥拉票，但为东京申奥助力之意不言自明。彬子虽然没有出席 IOC 总会，但也如法炮制，约见了很多 IOC 委员。此次是日本皇室成员首次为东京申奥所做的拉票之举，于情于理都会助力东京获得更多选票。

以上对东京申奥成功原因的三种主要观点，皆言之有据，不容置疑，但无论是东京都政府的妥善筹划，还是日本政府的积极后援，或者是日本皇室的巧妙助力，东京申奥拉票成功依靠的是拉拢，而不是强迫；依靠的是日本的吸引力，而非控制力。而像这种"依靠吸引力，而非通过

---

① 《申办奥运 高额学费的教训能否汲取？》，《AERA》2013 年 9 月 2 日号。

威逼或利诱的手段来达到目标的能力"，人们一般称其为"软实力"。[①]
当然，东京在申奥游说活动中没有使用威逼手段，但并不能排除使用了
利诱的手段，所以严格来讲，东京申奥成功应该说不是"软实力"而是
"巧实力"使然。这种巧实力的积累毋庸置疑正是得益于日本文化振兴
战略。

　　"巧实力"（Smart Power）一词最早是由苏珊尼·诺瑟在 2004 年《外
交》杂志上发表的题为"巧实力"的论文中提出的。2006 年以后，约瑟
夫·奈等人对"巧实力"进行了全面阐释，从约瑟夫·奈等人对"巧实
力"概念的解释来看，所谓"巧实力"，从构成内容上看，包括硬实力和
软实力两部分。硬实力是指能够迫使他国遵从特定行为的军事和经济力
量，软实力则指能够让别国自愿追随的文化力、榜样力、理念和理想等
力量。其实，"巧实力"还远未成为清晰和具有操作性的概念，在很多情
形中，"巧"的意义也不是很明确，但大体意思是指，为了实现国家的利
益，在对外政策中要软硬兼施、文武并用，将硬实力与软实力两者巧妙
结合，不能顾此失彼。之所以称作"巧实力"，即不在权力本身，关键还
在于一个"巧"字，即作为其前提存在的硬实力和软实力本身固然重要，
但如何做到巧妙结合使用硬实力和软实力，不顾此失彼，则更需要大智
慧。东京最终以 60 票比 36 票击败了土耳其的伊斯坦布尔，高票获得了
2020 年夏季奥运会主办权，不能不说日本十分独到地运用了巧实力。

　　日本作为经济和科技超级大国，其巧实力中的硬实力今天依旧很硬。
首先从军事力量来看，恰如 2013 年 7 月 19 日中国战略文化促进会正式发
布的《2012 日本军力评估报告》（民间版）所指出的那样，经过第二次
世界大战后 60 多年的逐步发展，日本自卫队的军事技术、武器装备性能
和训练水平均处于世界领先地位。由于受到经济长期低迷的影响，日本
国防预算自 2002 年以后总体保持微弱减势，但 1993 年至 2008 年一直保
持在世界第二位的高水平。按英国伦敦国际战略研究所数据统计，2009
年日本国防费水平居世界第四位，人均国防费居世界第六位，约为中国
的八倍。根据日本 2012 年版《防卫白皮书》，2012 年日本的国防预算为
4.8274 万亿日元，巨额的国防费对日本军力未来五年的更新和发展将发

---

① 约瑟夫·奈：《软实力》"前言"，马娟娟译，中信出版社 2013 年版，第 12 页。

挥重要推动作用。其次，从经济力量来看，现在美国的 GDP 是世界第一，中国第二，日本自 1968 年至 2010 年居世界第二，现在居世界第三。但是，从联合国《包容性财富报告 2012》中提出的包容性财富指标进行评估的结果来看，美国居世界第一，总资本财富约为 118 万亿美元；日本居世界第二，总资本财富约为 56 万亿美元；中国排名第三，总资本财富约为 20 万亿美元。①

日本的软实力今天依然很强。进入 21 世纪以来，"软实力""文化力""日本力"等概念开始日趋成为日本文化战略中不可缺少的关键词。2009 年 3 月，日本政府公布实施《日本品牌战略——将软实力产业作为成长的原动力》，明确地将"软实力"概念写进了标题之中。日本政府多年来制定完善日本品牌战略，打造"酷日本"，制定各种有针对性的措施，谋求使日本的动画、漫画、音乐、游戏、时装、饮食、设计等软实力产业成为日本发展的原动力。例如，其中的日本动画片、漫画，在国际上一直享有很高声誉，从日本经产省对日本软实力资产对世界的渗透情况调查结果来看，日本漫画在美国的市场份额超过了 50%，在以法国和德国为代表的欧洲国家对日本漫画的认知度也在急速提升，② 日本的动漫产品在亚洲各主要大城市的普及度也要远远高于欧美及韩国的同类产品。③ 大概正是因为看到了日本动漫产品在世界各国特别是在亚洲地区的影响和声誉，2013 年 10 月 26 日，在中日有识之士共同举办的"第九届北京—东京论坛"上，原自民党干事长、日中友好协会会长加藤纮一在开幕式发表基调演讲时再度呼吁，日中两国应该通过互相看对方国家的动漫来培育相同的价值观。

评估日本的巧实力，对其中的军事力量和经济力量等硬实力予以量化评价相对容易，但对软实力则难以进行量化评估。这是因为软实力更多的是一个关系性、无形的概念，所以自提出以来就很难被定量评估。对于软实力的这种特征，在不同国家之间也存在着不同的认识，这也造

---

① 胡飞雪：《开辟包容性财富创造新境界》，《上海证券报》2012 年 7 月 23 日第 4 版。

② 日本经济产业省：《此前的探讨内容与酷日本战略的意图——酷日本官民有识之士会议》第一次会议资料，2010 年 11 月 19 日，第 1 页。

③ 日本经济产业省商务信息政策局媒体内容课：《内容产业的现状与今后发展的方向性》，2012 年 12 月。

成了跨国比较的困难。目前，通行的对软实力的评估框架主要以国家为行为体进行考察，而对公民社会及公益组织等非国家行为体的软实力评估实践也方兴未艾。总的来说，对某一行为体的软实力评估主要包括印象型评估框架、来源型评估框架与数据库型评估框架。目前，最为通用的方法是依靠调查数据对国家形象的评判，来对一国的软实力影响进行评估。

从一些媒体对日本国家形象的舆论调查数据来看，日本的巧实力对世界的影响力还是很大的。例如，2009 年 11 月至 2010 年 2 月，英国广播公司（BBC）与《读卖新闻》联合进行的以 33 个国家为对象的舆论调查结果显示，在对国际社会具有重要影响的 17 个主要国家和国际机构中，获得正面评价最高的德国是 59%；日本与欧盟并列第二是 53%，美国是 46%，中国是 41%。[①] 2012 年 12 月至 2013 年 4 月间，英国广播公司（BBC）委托总部设在加拿大的民调公司 GlobeScan 以及美国马里兰大学国际政策态度项目组对各国国家形象进行调查，对全球近 2.7 万人进行问询，让他们对 25 个国家的影响力进行了"正面和负面"评估。2013 年 5 月 24 日公布的调查结果显示，国家形象最好的依旧是德国，正面观点率达 59%，接下来依次是加拿大、英国、日本、法国，美国和中国分别排名第八和第九。伊朗则再次垫底，其国际社会负面看法率为 59%。[②]

另据日本《北海道新闻》报道，瑞士经济研究机构——世界经济论坛（即达沃斯论坛）2013 年 9 月 4 日发布了"2013 年国家、地区竞争力排行报告"。这次排名是在技术力、教育水准、基础建设完善度、劳动市场效率性等领域进行的比较排名，即便日本在"政府债务"这一项被排在 148 个国家和地区的最末一位，但日本整体国际竞争力仍旧比去年上升一位，达到第九位。商务环境与技术创新领域是日本的强项，尤其是创新，日本可谓遥遥领先于中国。中国则与去年相同，排在第二十九位。日本在高额债务以及财务赤字等因素的严重拖累下，竞争力不降反升，这与日本政府多年来实施并不断完善巧实力战略有直接的关系。虽然中国早已雄踞世界第二大经济体，可国际竞争力与大国地位并不相匹配，

---

① 平林博：《舆论调查所显示的日本的国际评价》，《自警》2011 年 8 月号。
② 《BBC 民调：中国国家形象排名第 9》，《参考消息》2013 年 5 月 24 日第 3 版。

这是值得国人深思的。

在近十余年申奥活动中屡战屡败的日本，总结了申办 2016 年奥运会的失败经验，以全日本之力展开申奥游说活动，对国际奥委会的政治动态与权力结构进行了分析，充分发挥日本巧实力的作用，集经济界与政界之力展开申奥活动，不仅赢得了关键人物的支持，而且也获得了许多出乎意料的助力，最终为东京赢得了 2020 年奥运会的主办权。虽然日本申奥游说工作的具体内容我们无从得知，但从各类媒体报道来看，依然可以推知其大概。

例如，国际奥委会委员、亚奥理事会主席艾哈迈德就是东京申奥拉票的重点游说对象之一。他是科威特亲王，也是国际奥委会副主席巴赫 2013 年 9 月 10 日竞选国际奥委会主席的后盾，对东京奥申委而言确实是一位举足轻重的人物。报道称，在 2013 年 8 月，曾出现了艾哈迈德转而支持马德里的传闻。东京奥申委便急忙通过日本政府派遣前首相森喜朗访问科威特，东京奥申委主席竹田恒和也从欧洲奔赴科威特。森喜朗苦笑着说，这次行程"是一场'急行军'"。据共同社 9 月 9 日报道，在最终结果出炉前夜，即阿根廷当地时间 9 月 6 日晚，国际奥委会委员艾哈迈德私下向相关人士透露了一个预测，"这次是东京获胜"。由于东京奥申委获得了艾哈迈德和巴赫的支持，那些试图在新体制中获得重要职位的委员纷纷把票投给了东京。某申奥顾问表示："东京申奥与巴赫的主席选举完全是联动的。"① 东京奥申委专务理事水野正人对东京在申奥过程中所做的游说工作并不讳言，而且还介绍了如何在不违背原则规定的基础上与奥委会委员进行沟通拉票的方法，指出进行游说活动时彼此的友情、信赖和理解很重要，各位委员都在慎重考虑如何活用其宝贵的一票，如果能够与对方建立起信赖关系，那么就可以自然地询问"我们是第二次申办奥运，您看应该注意些什么？"、"为了尽可能多地招揽客人销售门票您认为该如何做为好？"等等，以博取对方的好感，而不是一味地宣讲自己如何优秀要求对方投自己的票，否则就如同不顾对方感受介绍完自己

---

① 《东京申奥成功背后的秘密》，《参考消息》2013 年 9 月 10 日第 8 版；《申奥成功的要因何在？东京大捷的内幕》，参见 http://sportiva.shueisha.co.jp/clm/othersports/2013/09/09/post_252/。

的情况后马上向对方表白说"我想和你谈恋爱"一样，那是不可能谈成恋爱的。他还坦诚地说，他本人、竹田理事长、荒木田裕子理事、中森康弘理事，以及体育界、政界、官界等很多人彼此进行了有序的分工，满世界跑进行游说工作。① 当然，水野正人等这种游说拉拢工作的结果就是所谓的东京申奥大捷了。另外，最能体现巧实力成就东京申奥的例子，大概就是多年来一直与日本誓不两立的朝鲜的变化了，朝鲜不但出乎意料地自己对东京申奥投了赞成票，而且还主动为东京做了拉票工作。附带提一句，据《每日新闻》网站报道，在选举 2020 年奥运会主办城市的 IOC 总会上，中国的四位委员最终投票也全投的是东京，② 若此报道是真实的，从日本政府的举止和国民情感来看，中国的善意似乎并未得到日本善意的回应，这不能不说非常令人遗憾。

东京主办 2020 年夏季奥运会，将有助于日本人渐渐找回久违的自信。对于过分在意来自外部的、特别是欧美人的评价的日本人而言，日本经济持续二十余年的低迷、GDP 被中国赶超、近些年国际地位的相对下降以及东日本大震灾等天灾人祸，虽然有个体的程度差异，但总体来看确实使日本社会变得有些意志消沉，很多日本人失去了内心的余裕，变得益发保守和排外。东京前次申奥时仅有 40% 的民众支持率，而本次东京申奥的民众支持率竟一下提升到 75%，比 2012 年伦敦奥运会的 68% 还多，这就是所谓的失去二十年后的心理反动。日本社会实在太需要某种事件来提振民心了，在觉得被世界抛弃和嘲笑后，格外想给世界一个证明，同时，低迷的经济也需要一个起爆剂，奥运会就是这个起爆剂，所以东京以绝对优势获得 2020 年夏季奥运会主办权可谓恰逢其时，大快人心，日本若能借此良机妥善谋划，无疑将进一步强化日本的巧实力，提升日本国家形象，乃至促进日本实现入常，加速日本正常国家化进程。

## 四　价值重构尚需时日

日本政府围绕"文化艺术立国"的目标进行文化振兴的核心内容，

---

① 《为了 2020 年奥运会的成功需要年轻人大显身手》，《呼声》2013 年 12 月号。

② 《〈2020 年奥运〉中国 4 位委员最终投票全投东京》，参见 http：//mainichi. jp/sports/news/m20131119k0000e050214000c. html。

除了振兴文化力以提升日本的综合国力，以及打造和推介日本品牌文化以树立和维护日本的文化大国形象而外，还有一个重要内容就是从儿童教育抓起，通过加强传统文化教育，重构日本人的价值观。为此，日本政府一边大力推进针对小学生和初中生的"传统文化儿童教室事业"，一边积极修订旧的教育基本法，以法律强制的力量，强化了日本传统文化教育在学校教育中所占的比重。

从"传统文化儿童教室事业"网页①上介绍的近几年来的业绩来看，该事业可以说是开展得如火如荼，不仅响应该事业的团体遍及日本全国各地的各行各业，而且传统文化儿童教室所教授的传统文化内容更是丰富多彩，茶道、花道、空手道、剑道、雅乐、日本舞蹈、地方歌谣、歌舞伎、能乐、将棋等较具代表性的日本传统文化自不必提，甚至有的传统文化儿童教室还教授孩子们如何制作日本纸、日式玩具、水车以及如何插秧等内容。传统文化儿童教室寓教于乐，使孩子们在自愿自主的情况下，轻松愉快地体验和学习其民族的传统文化，久而久之，这些传统文化所承载的日本传统价值理念也就可以润物细无声地植根于孩子们的大脑中，孩子们会通过这种形式很自然地学会使用被本民族文化传统认可的方式来表达自己的态度与情绪，并进而形成与本民族文化相适应的个性。用传统文化熏陶儿童，其实也正是使儿童把一个社会通行的价值观和行为方式内在化的过程，这不仅是个人性格形成的过程，同时也是民族个性形成的过程。

"传统文化儿童教室事业"还仅是一种自愿性质的学习活动，参加者原则上也仅限于中小学生，与之相对，2006 年 12 月 22 日新《教育基本法》的公布实施，却不仅将传统文化教育变成了一项带有法律强制性的学校教育活动，而且还将传统文化教育确定为从幼儿园到高中道德教育的重要内容，从而大大地扩展了传统文化教育的对象。2008 年 7 月 1 日，日本内阁会议批准通过了根据新《教育基本法》第 17 条第 1 项规定制订的《教育振兴基本计划》，该计划明确了今后十年间的奋斗目标，即要建立举国体制，实现"教育立国"的大目标；同时，还制订了今后五年（2008—2012 年度）间的具体教育振兴举措，特别强调

---

① http：//www. dentoubunka‐kodomo. jp/examples/index. html.

了从"培养尊重传统和文化、热爱养育自己的祖国和乡土、并致力于国际社会的和平与发展的态度"这一观点出发，大力充实传统文化教育的重要性。

日本文部省不仅将传统文化教育作为中小学德育教育的主要内容，而且还将传统、文化等教材的开发事业作为强化道德教育的重要事业之一。2008 年 7 月 14 日，日本文部省初等中等教育局长签发《传统、文化等教材开发事业委托要点》①，该要点在宗旨部分明确指出，开发与日本国家或乡土的传统、文化相关教材的目的，就是为了在全球化不断进展的形势下，加深日本儿童对日本传统、文化的理解和亲近感，使其能够在国际社会中拥有作为日本人的自觉和素养。

开发教材的主题内容主要有四个：即与传统建筑物、美术、工艺品等有关的教材；与艺术（演剧、音乐、文学、茶道、花道等）、工艺技术等相关的教材；与风俗习惯、民间故事和传说、民俗艺能、民间艺术等相关的教材；与遗迹、史迹、名胜地、文化景观等相关的教材。

可以接受委托的机关有五类：即基于学校教育法设立的大学（包含大学共同利用机关）；依据特别法律设立的法人或者依据《民法》第 34条规定设立的法人；地方公共团体；民间企业（拥有日本的法人资格者）；其他拥有日本法人资格的组织。凡获得文部省委托的团体，可以获得上限为 300 万日元的事业费，该项事业的截止日期为 2009 年 3 月末。凡受文部省委托从事传统和文化相关的教材开发的团体（受委托团体为教育委员会者除外），必须与一个或多个教育委员会合作成立"教材制作委员会"，统一负责教材的开发、试用以及评估等工作，并且，接受文部省委托的团体必须保证在文部科学省的指导和监督下独立从事教材开发事业，不得将该事业的全部或部分业务再次委托给其他团体。

日本政府为了重构日本人的价值观，注重从传统文化的传承做起，从儿童教育抓起，这种做法无疑是正确的，其所开展的一系列事业活动，从长远来讲也必将会收到很好的效果。但是，从短期的效果来看，它不可能像对文化遗产的保护以及对日本品牌文化的建设那样，只要政策得

---

① http：//www. mext. go. jp/a_ menu/shotou/doutoku/07020611/1282634. htm.

当便能在短时间内收到显效。恰如古人所云："一年之计，莫如树谷；十年之计，莫如树木；终身之计，莫如树人。"（《管子·权修》）树人的一个重要的内容，即通过教育手段来对人的价值观进行培养，这几乎等于在培育建构一个民族的文化基因，绝非仅凭颁布几部法律、花费短短的时日即可一蹴而就。至少从目前日本社会的现状来看，《教育基本法》修订后，人们的价值观等尚未见有明显的改观。自杀、抑郁症、无动机杀人、以强凌弱、校内暴力、少子化、老龄化仍是近几年日本媒体和日本人生活中出现频率很高的几个词汇，与之相联系的统计数字和报道也颇引人瞩目。

　　例如，日本自杀率为0.024%，是美国的两倍多。根据日本警察厅公布的数据显示，2009年1月至11月，日本全国自杀人数累计30181人，从而使2009年成为连续第12个自杀人数逾三万的年份。以强凌弱、校内暴力事件也依旧很严重，甚至连受到极大保护的日本皇太子的女儿爱子也难以幸免。2010年3月5日宫内厅的野村一成东宫大夫在例行的新闻发布会上说，在学习院初等科读二年级的敬宫爱子因为受到同学的欺负，已经一个星期没有上学了。爱子因受同学欺负辍学之事至今仍没有得到圆满的解决。这些现象反映的是日本社会近些年出现的一个更深刻的变化，即"个人化"（individualization）。个人化给日本带来的社会问题，既有与社会现代化相联系、具有普遍性的"现代社会病"之表现，又有与日本人基本人际状态相联系的具有日本特点的"日本病"之症状。从心理文化的角度看，基本人际状态的变化类似"文化基因"的变化。人的生物基因的突变，既可能使人成为天才，也可能使人成为傻瓜。从自杀、精神疾病患者增多、少子化以及家庭、公司凝聚力下降等诸多社会问题来看，个人化使日本会失去自身的优点却没有出现西方个人社会的优点，亦非不可能。[1] 心理学家速水敏彦等人虽然也看到了日本社会个人化的特点[2]，但恰如尚会鹏所指出的那样，他把个人化的原因归结为日本人的"岛国根性""集团主义"，则完全是缺乏解释力的陈词滥调，这表明日本

---

[1]　尚会鹏：《日本社会的"个人化"：心理文化视角的考察》，《日本学刊》2010年第2期。

[2]　速水敏彦：《瞧不起他人的年轻人们》，讲谈社2006年版。

的心理学界也同社会学界一样，缺乏能够精确描述个人化带来的日本特殊症状的有效分析工具。① 目前，如何克服"个人化"的发展、阻止"下流社会"的蔓延，日本政府尚缺乏更为明确的措施，防止自杀法的出台恐怕也只是治标难治本，不可能从根本上解决问题。

因此，日本人价值观的未来走向如何，现有的重构价值观的举措最终是否能够真正奏效尚待观察。就现状而言，所有的文化振兴举措，大多着眼于如何向世界展示和宣扬日本文化优秀美好的一面。虽然日本对采纳外来文化也显示了比较开放的态度，但由于国民性使然，往往还仅停留于表层文化的接纳，所谓的价值重构也仅是囿于对日本原有价值体系的发扬，真正地采纳外来文化的深层价值理念等来重构日本的价值体系依旧是任重道远。因此，虽然进入明治时代以来，日本一直拼命努力着走向"全球化"，但一些有识之士对日本能否真正走向全球化并不乐观。例如，日本知名作家橘令就曾敏锐地指出，战后日本取得了很大的成功，却于 20 世纪 70—80 年代在原有的政治、经济的地方性结构方面束手无策。泡沫经济将这种束手无策掩盖起来，但进入 90 年代后，所有的矛盾喷涌而出。自明治维新以来，已经过去了 140 年，这个国家似乎终于被逼到悬崖边。如果这个分析正确的话，那么，针对它的处方很简单，即以全球性的标准重新构建日本社会。但是，全球性标准并非努力就能够获得，社会结构也并非可以由理念自由设计。日本要成为一个全球性标准的国家，社会必须事先形成一个全球化空间。所谓全球化空间是指不得不与无法包容的"他者"共同生存的世界。然而，在日本社会里，他者或被"家"社会所吸纳，或被排除。只要社会秩序以这种非此即彼的形式维持下去，那么就没有必要变动地方性规则。在全球化空间里，"他者"既不能被吸纳，也不能被排除，它要求人们将他者当作相同的人平等地对待。所谓"他者"，具体地说，是指人种、宗教、文化以及母语并不相同的非日系的日本人。当然，在日本也存在着非日系的人，如在日朝鲜人、韩国人等。但日本社会或将他们当作"日本人"加以吸收，或就像是无视他们存在似的，原封不动地以地方性规则加以

① 尚会鹏：《日本社会的"个人化"：心理文化视角的考察》，《日本学刊》2010 年第 2 期。

应对。全球化空间之所以形成，其前提是这个空间里存在着大量的不可能被主流文化所吸纳的他者。现在的日本从政治、行政到公司、学校，几乎所有的单位都是由"日系日本人"组成的，只要这种状况不发生变化，日本根本没有走向"全球化"的理由。① 著名日本文化学家加藤周一也曾指出："日本人有特别强烈的'外国人'、'外人'、'非家人'的观念。"② 由于历史上日本人长期生活在一种封闭的村落社会中，外国人在日本人心中，"如果不是'神'的话，就是'非人'"。③ 也就是说，日本越是着力展示、强调其独特的价值理念，也就会益发强化其"文化基因"，因而也就不利于其通过价值重构提出作为世界大国引领全球的核心价值观。

当然，也并不是说日本文化、日本国民性就会一成不变，如果日本成功加入美国主导的《跨太平洋伙伴关系协定》（TPP），不仅会给日本重塑文化的各种战略带来影响，也必然会对日本国民性造成影响。日本首相安倍晋三2013年3月15日晚正式宣布日本将参加《跨太平洋伙伴关系协定》（TPP）谈判，称现在是加入这一自由贸易协定谈判的"最后机会"。回顾日本的TPP决策历程：2010年10月8日，时任首相菅直人表示将考虑加入TPP谈判；2010年11月13日，菅直人在日本APEC上正式公布将着手和TPP成员国就加入问题进行谈判；2011年11月11日，时任首相野田佳彦表示和TPP成员国就加入事宜进入协商阶段；2012年2月7日，日本政府与美国进行首次TPP谈判前期磋商，并宣布已经和越南、文莱、秘鲁、智利进行了TPP前期磋商，当月还将启动与其他五国的磋商；2013年2月22日，日本首相安倍晋三在白宫和美国总统奥巴马举行会谈，确定加入TPP并以"圣域"之外零关税为前提；2013年4月12日，日美就加入TPP谈判签署协议；2013年4月20日，TPP先行谈判国一致同意日本加入谈判；2013年4月24日，美国白宫正式通知国会，允许日本加入TPP谈判；2013年7月23日，日本正式加入TPP谈判。自

① 橘玲：《〈日本人〉：括号里的日本人》，周以量译，中信出版社2013年版，第244—247页。

② 加藤周一：《日本文化中的时间与空间》，彭曦译，南京大学出版社2010年版，第79页。

③ 同上书，第83页。

2010 年日本萌生加入 TPP 之念，到 2013 年日本搭上 TPP 谈判的末班车，日本政府从观望到付诸行动，其 TPP 决策一直受到世界各国很大的关注，因为随着日本的"投怀送抱"，参加 TPP 谈判的十二个成员国国内生产总值（GDP）之和达 27 万亿美元，占全世界的 40%，① 若谈判顺利结束，届时将形成一个庞大的经济区，必将对世界经济的发展乃至全球治理规则的制定产生重大的影响。

日本决定加入 TPP 协商进程，从一定意义上讲，可谓是日本人的村共同体意识及其行为模式特点使然。所谓的现代发达国家——日本，尽管对众多的大小集团已经不再以"村"相称；所谓的现代日本国民，虽然按照现代的呼称，大多应该分别称其为都民、道民、府民、县民、市民、町民，而不是什么村民，但从其社会心理来看，日本社会就宛若一幅大村套小村的曼陀罗图案，其国民不过都是在根深蒂固的村共同体意识指引下的、由无数小村落统合在一起的略大一点的大和村民而已。从 2011 年下半年开始，关于是否加入 TPP 的争论日趋激烈，其实就是在这种村共同体意识驱动下的日本各类"村"集团的角力使然。围绕是否加入这个旨在追求高度贸易自由化的跨地区多国经济合作组织的问题，日本朝野之间、执政党内部、阁僚之间、不同行业之间，皆以谋求日本国家利益为口实，但实际上多是从自身所属的"村"——小集团的利益出发，形成了完全对立的意见。其中，行业团体中，成员多为工业生产集团的"经团联"态度积极，认为"不通过经济协定扩大外需，日本就没有未来"，而"日本农协"则以"加入 TPP 将毁灭日本农业"为由坚决表示反对。2011 年 10 月 25 日，日本农协还发动 356 名议员联名向众参两院议长请愿，反对政府参加 TPP 谈判。配合农协活动的政治家也未必真的就是为了日本的国家利益，恐怕想得更多的还是眼前的选票，"日本农协"反对 TPP 也未必是出于维护农民的切身利益，因为日本的农业无论是否参加 TPP，其将来都是非常堪忧的。据日本农林水产省新近公布的"关于农业劳动力的统计"数据显示，日本的农业后继乏人，农业劳动力已经由 2006 年的 320.5 万人降至 2011 年的 260.1 万人；务农人口高龄化逐年加剧，2006 年务农人口平均年龄是 63.4 岁，2007 年为 64.0 岁，

---

① 《参考消息》2013 年 3 月 16 日第 4 版。

2008 年为 64.7 岁，2009 年为 65.3 岁，2010 年是 65.8 岁，比企业法定退休年龄都要高出 6 岁。再过几年，若务农人口平均年龄超出 70 岁，估计离日本农业崩溃的日子也就不远了。所以说，如今日本的农业改革已经迫在眉睫，从这个意义上讲，参加 TPP 谈判对日本农业而言未必全是坏事，相反，或许能成为一个农业再生的好机会。① 但日本的农业团体却一搬连声地反对，究其原因，并非完全考虑农民本身的利益，而是因其作为一个机构所垄断的既得利益本身受到了触动。所以，有些赞同加入 TPP 的论者指出：日本自战国时代至今，虽历经国难，在各种制度和表面的国民意识方面发生了一些变化，但国民性格并没有发生任何本质上的变化，而今机会终于来了，加入 TPP 将成为彻底根除日本人的岛国根性和官吏根性的最后良机。② 不过，已经几乎成为日本文化基因的村共同体意识并不会轻易被改变，因为恰如有日本思想史家曾经指出的那样，"日本人的社会性格的基础，依旧是小农式的"，③ "日本的现代化过程，其实就是日本农村社会，将日本式的人及其行为模式持续植入城市和企业社会的过程"，"虽然实体的村庄无法搬迁，但是，却实现了精神意义上的村的搬迁"，④ 乃至人们曾一度称"大东京实质上也是一个大的村庄"。⑤ 因此，TPP 对日本国民性的影响以及对日本社会价值重构的影响，值得我们继续予以密切关注。

## 五　简短的结论

日本为以美国文化为核心的"文化全球化"发展形势所迫，出于满足其保护民族文化安全、争取和巩固其文化大国地位之需，出台了一系列相关的法律政策，谋求对日本文化进行振兴。在本章中，笔者主要运用心理文化学的方法，对日本振兴其文化的背景、举措及其效果进行了

①　《政府内部文件露真言》，《每日新闻》2011 年 10 月 28 日。

②　小山清二：《TPP 将成为日本变革国民性的良机》，参见公益法人日本国际论坛网站政策布告牌"百花齐放"专栏，2011 年 2 月 11 日。

③　源了圆：《日本文化与日本人性格的形成》，郭连友、漆红译，北京出版社 1992 年版，第 44 页。

④　玉城哲：《日本的社会体系》，第 15—17 页。

⑤　福武直：《日本社会的构造》，东京大学出版会 1984 年版，第 38 页。

粗浅的分析。

在日本振兴其民族传统文化的过程中，无论是在振兴地域文化力、提升综合国力方面，还是在进行以传统文化为核心的日本品牌文化建设方面，以及在保护文化遗产、推进国际文化交流、树立和维护日本的文化国家形象方面，日本政府所发挥的积极主导作用都功不可没，这无须赘言。在此，笔者想特别强调的是，在振兴日本文化的过程中，政府扶持固然重要，但以保护传统文化为己任的公益性民间机构的存在，以及传统文化承载者个人的努力更是不可或缺。

在日本，以保护和振兴传统文化为目的而设立的公益性民间机构非常多，来自这些公益性民间机构的建言献策和实践，对日本诸多文化政策的制定和实施都有着不可忽视的影响。例如，2001 年 7 月 16 日成立的"财团法人传统文化活性化国民协会"，就是一个颇具代表性的公益性民间机构。该协会设立的目的，是通过对日本全国各地开展的歌谣、舞蹈、祭祀、工艺、茶道、花道、武道等传统文化的普及、研修、交流、调查研究活动的支援等，来谋求传统文化的活性化，进而提升日本文化的地位。"财团法人传统文化活性化国民协会"成立伊始便接受文化厅的委托，负责开展"故乡与文化重建事业"与"传统文化儿童教室事业"至今。该协会成立之初由颇具国际视野的著名画家平山郁夫任理事长，由百余名国会议员参加的"日本传统文化活性化议员联盟"会长绵贯民辅任最高顾问，由丰田汽车名誉会长丰田章一郎与日本邮船公司名誉会长根本二郎任顾问，其 21 名理事和 23 名评议员中更是囊括了传统文化界、学界、产业界的大部分著名人物。平山郁夫去世后，由绵贯民辅接任理事长职务。这样一个由各界有识之士组成的公益性民间机构，在传承、保护和振兴日本传统艺术文化中发挥了很大作用。与之类似的团体还有1993 年就已经成立的专门保护无形文化遗产的公益法人"财团法人日本传统文化振兴财团"等。

与日本相对，在中国，类似的公益性民间机构不但较少，而且规模小，活动能力也很有限。目前，国内最著名的公益性民间机构大概当首推"冯骥才民间文化基金会"。该基金会是由中国民间文化遗产抢救工程的倡导者和领导者冯骥才发起并创立的非公募基金会，也是国务院颁布实施新的《基金会管理条例》之后成立的第一家以当代文化名人名字命名的公益性民间机构。该基金会于 2004 年 12 月 31 日在天津市社团管理局正式登记成立（津基证字第 004 号），注册资金为人民币 200 万元，由发起人冯骥才和台湾著名演员赵文瑄先生捐赠。基金会的决策机构为理事会，冯骥才任理事长，赵文瑄任副理事长，理事十二人，由国内知名的文化学者、民俗专家以及文艺界、新闻界和企业界人士共同组成。基金会的工作机构设秘书长办公室、项目部、联络部、民间文化研究中心等部门。"冯骥才民间文化基金会"通过"民间自救"的方式来唤起公众的文化意识和文化责任，汇聚民间的仁人志士，调动社会各界各种力量，抢救和保护岌岌可危的民间文化遗产和民间文化传人，在弘扬与发展中华文化方面做出了较大的贡献。

除了以保护传统文化为目的的公益性民间机构外，传统文化的传承者个人的努力对日本传统文化的传承和普及也起着非常重要的作用。例如，现今日本茶道之所以能够闻名世界，其实并非全靠日本政府的努力推介，更多是得益于日本茶道传承者的自强不息，更加确切地说，应该说是得益于日本茶道中最大的流派里千家第十四代和第十五代家元的不懈努力。

另外，政府虽然是出于保护和振兴传统文化的目的而制定法律政策，但是，有些法律政策的出台有时也会适得其反，此时传统文化传承者个人的努力就显得更加重要。例如，据《每日新闻》报道，由世界非物质文化遗产、木偶净琉璃文乐的技艺员及女流义太夫等人间国宝构成，专门从事日本传统文化"文乐"普及活动的"财团法人木偶净琉璃因协会"（会员约 150 人），由于受到 2008 年实施的公益法人制度改革等的影响，于 2010 年 1 月 31 日被迫解散。如果从该协会的前身即 1684 年成立的互助团体"因讲"算起，"财团法人木偶净琉璃因协会"是一个有着近 336 年历史的专业文化团体，但就是这样一个有着悠久历史的文化团体，却在有着极为完备的保护文化遗产法律法规且至今依旧拥有强大的经济实力的现代日本，仅仅因为未能满足公益法人制度规定的团体基本财产在 300 万日元以上这一条件，而被迫解散。"财团法人木偶净琉璃因协会"被迫解散后，以竹本住大夫等六位"人间国宝"为首，包含年轻技艺人员在内共计十四人为发起人，开始酝酿着准备结成新的互助团体"因讲",以维护文乐这一传统文化之灯永久不熄。①

总之,在全球化时代的今天,一个国家的巩固和发展离不开由其民族文化打造的国家核心价值观。国家核心价值观不仅是凝聚全民共识、维系国家认同的精神纽带,也是处理对外关系、塑造国家形象的思想坐标。虽然日本经济增长率持续低迷,但日本在始于 2005 年的针对全球五十多个国家进行的"国家品牌指数"年度调查结果排名中一直保持在前十位,特别是从 2008 年开始一直保持在第五位。② 尽管"国家品牌指数"只是众多国家评价指标之一,但这一指标排名也从一个侧面反映出了国际社会对日本的良好评价。因此,梳理日本文化振兴战略的具体措施及其演化脉络,继续关注其与时俱进的战略措施,必将会为我们构建上承旧统下启新运的世界之中国的核心价值观提供参考与借鉴。

① 《每日新闻》(夕刊),2010 年 2 月 5 日。
② 徐进:《国家品牌指数与中国国家形象分析》,《国际关系学院学报》2012 年第 1 期。

# 第 三 章

# 日本的文化产业战略

文化产业是商品经济发展到一定阶段的产物，是文化与经济相结合的必然结果。日本从 20 世纪 90 年代开始着手构建文化产业战略，它不仅推动了日本文化产业的壮大和发展，也是日本文化战略的重要组成部分。同时，发展日本文化产业是扩大日本文化影响力的重要途径，也是维护日本国家政治安全和文化安全的重要手段。

## 第一节　日本文化产业战略的形成与演变

文化产业是经济学中的一个概念，日本学者山田浩之、枝川明敬等人认为文化产业也有广义和狭义之分。狭义的文化产业是指与艺术、学术、道德和宗教等相关联的产业；广义的文化产业是指涵盖艺术、学术、道德和宗教从业者在内的教育部门以及生产从事这些活动之必备道具和设备的部门、装饰设计产业、出版印刷业等的总称，它又被称为文化关联产业，而电影院、广告业和观光产业等则属于文化周边产业。[1] 本书中的文化产业是一个广义的概念，相比工业、农业可以称为"软产业"，它既有文化的内容，又有产业的运作特征。文化产业有着不同于其他产业的特点。其一，从某种意义上说，文化产品就是一种信息，这种信息通常需要通过媒体提供给用户，但具有经济价值的并不是媒体而是信息本身，信息被通过不同的媒体传送给具有不同要求的顾客；其二，可以通

---

① 半泽诚司：《日本的映像系内容产业分工与集聚》，东京大学大学院综合文化研究科博士学位论文。

过多种媒体向成千上万的客户提供文化产品服务，可以利用文化产品本身和文化产品中的人物来开发其他商品和服务吸引顾客；其三，在文化产品中通常包含有一国的文化基因、国民性和价值观等内容，可以通过消费者对文化产品的体验、经验和共鸣，增进他们对该国文化的尊敬和对该国人民的理解。[①]

具体而言，本书中的日本的文化产业既包含传统艺术文化产业，也包含现代的数字文化产业。日本文化产业还是一个历史概念，它是伴随日本现代化产生的文化产业化的结果，在日本文化土壤和产业环境中生长出来的一朵奇葩。

## 一 日本文化产业战略的生成基础

日本的文化产业战略并不是凭空产生的，而是伴随着文化产业的发展壮大、日本政府对文化产业认识的深化而被制定出来的。因此，欲了解日本文化产业战略的形成就有必要先了解日本人对文化产业的认知过程。

### （一） 日本文化产业战略生成的理论基础

从总体上看，20 世纪 80 年代文化产业研究在日本还没有得到高度重视。这一时期人们对文化与经济关系的认识刚刚从文化人类学的框架中摆脱出来，形成了文化现代化和企业文化研究的理论框架。

文化人类学研究是把文化与经济分开来看的，文化被视为经济发展的背景性因素。文化人类学研究的目的是解决人类所创造的物质文化和精神文化的起源、特点及其发展变化的规律，并对不同人类群体文化的相似性和相异性做出解释，应用人类学的理论方法来研究和解决现代人类社会有关的实际问题。[②] 而随着美国学术思想的渗透，美国式文化人类学的理论和研究方法也传到日本，并对日本的人类学家产生了很大影响，出现了川岛武宜的《日本社会的家族式结构》、南博的《日本人的心理》、中根千枝的《纵向社会的人际关系》 等一批有代表性的日本文化研究作

---

① 《内容产业国际战略研究会中间报告》，平成十五年 7 月，http：//www. meti. go. jp/report/data/g30731aj. html。

② 黄淑娉等：《文化人类学理论方法研究》，广东高等教育出版社 2004 年版，第 8 页。

品。他们的研究颇为关注日本的社会意识形态、组织制度和日本人的生活方式、性格特征、心理状态，即使是从心理学、历史学、民俗学等角度对日本文化进行研究，主要关注的也是这些问题。

20 世纪 80 年代以后，受西方文化现代化理论和企业经营学的影响，日本政府和学术界对文化与经济关系有了更加深入的认识，将文化视为推动日本经济发展的精神动力。

文化现代化理论研究始于马克斯·韦伯。他从 20 世纪初期就已开始关注西方资本主义发展的文化精神来源，将文化与现代化联结起来，开启了文化现代化理论研究的先河。韦伯认为西方社会的新教中蕴含着一种新的职业观念，即"上帝应许的唯一生存方式，不是要人们以苦修的禁欲主义超越世俗道德，而是要人完成个人在现世里所处地位赋予他的责任和义务。这是他的天职"。[①] 这种世俗的新教禁欲主义与自发的财产享受强烈地对抗着，它束缚着人们的消费，尤其是奢侈品的消费。而另一方面，它又有把获得财产从传统伦理的禁锢中解脱出来的心理效果。它不仅使获利冲动合法化，而且把其视为上帝的直接意愿。正是在这个意义上，它对西方近代资本主义的发展起了重大的作用。[②] 韦伯揭开了西方资本主义发展的文化精神所在，但是需要说明的是，韦伯认为非西方世界的文化中没有发展出经济理性资本主义。

20 世纪中叶以后，有些学者开始挑战韦伯命题，他们认为东亚文化与现代化之间也存在着关联，代表人物是美国著名思想家、宗教社会学家罗伯特·N. 贝拉（Robert N. Bellah）和日本学者森岛通夫、山本七平等。

贝拉继承了老师帕森斯的观点，认为现代化是一个理性化的过程。他认为日本是唯一将自己改造成"现代化工业国家"的非西方国家，日本的成功并非源于人们所想象的日本人所具有的某种神秘模仿能力，而要归因于为日后发展奠定了基础的前现代时期的某些因素。在《德川宗教》一书中，贝拉试图揭示日本的前现代文化渊源是如何有助于解释这一成功的。通过研究，贝拉得出了两个结论：第一，日本强固的政治系

---

① 马克斯·韦伯：《新教伦理与资本主义精神》，于晓、陈维纲等译，生活·读书·新知三联书店 1987 年版，第 59 页。

② 同上书，第 134 页。

统和占据主导地位的政治价值显然有利于工业社会的勃兴。作为后发国家日本不可能经历西欧那样缓慢的资本积累过程，其结果是采取了政府支配或政府资助的形式来推进工业化的发展。在这个过程中政治及政治价值的力量起了决定性的作用。第二，在日本的政治和经济理性化的过程中，宗教发挥了重要作用。它通过支持和强化对中心价值的实践，对某些必要的政治改革提供动机和合法性、强化主张勤勉和简约的世俗禁欲主义伦理等来支持政治和经济的合理化。①

此后，在日本掀起了研究日本文化与现代化关系的热潮。代表人物是森岛通夫和山本七平。森岛通夫是著名的理论经济学家，他在《日本为什么"成功"》一书中指出，以儒教为中心的民族精神是日本取得成功的重要原因。日本的儒教虽源于中国，但也有明显的不同。就如"在欧洲，由于对相同的《圣经》做出不同的解释，其结果是耶稣教与天主教决裂；然而耶稣教建立了一种全新的行为伦理道德，即韦伯所谓的'资本主义精神'"，"日本的儒教开始时与中国的儒教信奉同样的准则，但是由于对这些准则所作的不同研究和解释，其结果是在日本产生了一种完全不同于风行于中国的民族精神"。② 森岛通夫认为日本的儒教有以下特点：（1）与中国的儒教强调"仁"不同，日本儒教的核心是"忠"和"和"。（2）与中国的儒教相比，日本的儒教更加世俗化，渗透于武士、商人、农民等各阶层之中。（3）日本的儒教与佛教、神道教被有机地结合在一起。"日本人是通过改变异族宗教（或者伦理道德的学说）的相应重点来丰富自己的精神生活的。他们在民族危机的时候强调神道教的原则，在他们的政权经历了激烈的变化之后又强调儒教的教义。通过这样做，他们获得了一种意识形态方面的推动力来解决自己国家所面临的问题"。③ 森岛通夫把宗教分为三种类型，"第一类型是为统治势力辩护的工具型宗教；第二类型是救济被统治者或个人的合理性宗教；第三种类型是救济个人的神秘性宗教"。森岛通夫认为，清教是典型的合理性宗教，

---

① 罗伯特·N. 贝拉：《德川宗教：现代日本的文化渊源》，王晓山等译，生活·读书·新知三联书店 1998 年版，第 233—235 页。

② 森岛通夫：《日本为什么"成功"》，胡国成译，四川人民出版社 1986 年版，第 5 页。

③ 同上书，第 27—28 页。

儒教则属于工具性宗教，道教属于神秘性宗教。而在日本，儒教、神道教和佛教都被改造成了工具性的宗教。这三种宗教相互结合，促进了日本文化和经济的发展，是日本现代化成功的精神动力。

山本七平是日本当代著名的文化学者，他在《日本资本主义精神》一书中指出，日本虽然没有出现西方那样的宗教改革，但是却出现了铃木正三和石田梅岩等庶民思想家，他们的思想是日本资本主义精神的重要源流。铃木正三从佛教的角度赋予士农工商业者工作的宗教意义。他指出："世俗的业务就是宗教的修行，如果专心致志于此就会成佛。"[1]"追求利润不能允许，但作为结果的利润得到肯定。"[2] 每个人在勤于世俗的佛行来获得内心精神充实的同时，社会也会增加财富积累，形成新的社会秩序。石田梅岩则立足实用，把宗教作为传播思想的手段，倡导人们克制追求利润的贪心、自我节俭，从而获得内在良心的满足。山本七平认为，在日本资本主义发展过程中，武士们在"武士的逻辑"的基础上也形成了一种伦理，即承认资本的逻辑，但却把藩的利益放在更高的位置。武士们追求利润的最终目的是为了藩的利益，他们将自己视为"藩股份公司"的经营者。总之，山本七平认为："资本的逻辑"和"藩的逻辑"是日本资本主义的重要特征，是日本资本主义精神的核心原则。"德川时代，是一个告诉人们上自诸侯下自庶民如果不懂得经济，不遵循'资本的逻辑'就会走向死亡的时代；同时是一个告诉人们如果不在'资本的逻辑'的基础上建立'资本的伦理'，'资本的逻辑'本身就会崩溃的时代。"[3]

到了20世纪80年代，由于日美经济发展的不平衡和日本企业文化的成功实践，美国的一些管理学家开始探讨日本企业文化对企业经营的意义，这使企业文化理论风靡一时。威廉·大内在《Z理论——美国企业界怎样迎接日本的挑战》一书中将日本成功的管理模式定义为"J型组织"，其特点是实行长期或终身雇佣制，员工与企业同甘苦、共命运；实

---

① 山本七平：《日本资本主义精神》，莽景石译，生活·读书·新知三联书店1995年版，第121页。

② 同上书，第124页。

③ 同上书，第186页。

行年功序列制，对员工实行长期考核和逐步提升；通过非专业化的经历，培养适应各种工作环境的多面手人才；管理过程既运用统计报表、数字信息等清晰鲜明的控制手段，也注重对人的经验和潜能进行细致而积极的启发诱导；决策过程注重集体研究；树立员工整体意识，彼此之间平等相待，每个人都具有独立工作能力。威廉·大内认为，相较美国企业，日本企业的管理模式似乎效率更高，美国企业应该向日本企业学习管理经验。美国学者 R. 帕斯卡尔和 A. 阿索斯在《日本的管理艺术》一书中提出了"7-S"管理模式。所谓"7-S"指的是以字母"S"打头的七个英文单词——战略（Strategy）、结构（Structure）、制度（Systems）、人员（Staffs）、作风（Style）、技能（Skills）、崇高目标（Super ordinate goals）。这种模式代表着对企业成功之路所持有的一种简明而颇有影响的见解。① 他们认为这七个要素只有融合起来形成一个强有力的网络，才能推动企业取得成功。R. 帕斯卡尔和 A. 阿索斯通过运用这一理论分析对比了松下电器公司、国际电话电报公司等典型的日美企业，得出了日美两国的企业在"硬"因素——战略、结构和制度上比较相近，而在"软"因素——才能、风格、人员和崇高目标上存在着差距的结论。

美国的企业文化研究成果被翻译成日文，很快引起了日本学术界和产业界对企业文化的巨大关注。日本学者梅泽正在《企业文化论》一书中指出企业与文化之间存在紧密的联系：（1）企业推进各种文化活动，虽然企业的这些活动原是为了改善企业形象，是经营战略和企业宣传的一环，但是企业对文化的贡献仍是不可忽视的；（2）企业与文化通过文化销售和文化产业等方式被联系起来，企业把文化商品化，把文化作为商业的工具；（3）从增强组织活力、促进公司职员能力开发的观点来看，在改善工作场所、环境以及革新企业文化方面，企业与文化存在着联系；（4）企业与文化的关系也是日本经营理论的研究课题。很明显，与外国相比，日本的企业经营具有简单明了的特点，这完全是经营文化的差别。② 名和太郎则在《经济与文化》一书中指出："无论是经济，也无论

---

① 理查德·帕斯卡尔、安东尼·阿索斯：《日本的管理艺术》，张宏译，科学技术文献出版社 1987 年版，第 2 页。

② 梅泽正：《企业文化论》，吴晓林等译，贵州人民出版社 1991 年版，第 2 页。

是文化，都是人的创造物。没有文化，经济无法成立；而没有经济，文化也无法存在。"① 文化是产业的决定因素。人的需求主要包括七个方面，即饮食、衣物、居住、健康、智慧活动、余暇和维持社会形态（包括警察、消防、自卫队等）。而有关饮食的产业活动内容取决于这一国家的饮食文化的特点。诸如此类，文化内容决定着人们生活的方式，实际上也决定着这个国家的产业。②

总之，20世纪80年代从现代化理论和企业管理理论的视角出发，日本人意识到了经济与文化存在着紧密的关系，文化是日本现代化发展和企业发展的深层精神动因，这是一个巨大的进步。但是，总体来说，20世纪80年代日本政府和学界对文化产业还没有足够的重视，文化只是被视为一种经济发展的精神动力。这一状况直到20世纪90年代伴随着"文化经济学"的繁荣才发生了根本性的改变。

"文化经济学"（cultural economics）是经济学的一个分支，它诞生于美国，20世纪60年代后期才逐渐为学术界和社会所承认，代表人物是鲍莫尔（William Baumol）和包温（William Bowen）。这两人的最大贡献是发现了文化的产业化特征。文化经济学的理论重点可以概括为：①表演艺术具有产业特性；②文化艺术的消费者具有高收入、高学历等特性，艺术消费可以起到所得再分配的作用；③文化艺术具有威望价值（prestige value）、选择价值（option value）、存在价值（existence value）、遗赠价值（bequest value）和教育价值（education value）等作用，其具有兼备公共产品和私人物品的双重性质，是一种准公共产品。

1992年日本成立了日本文化经济学会（JACE），文化经济学研究取得了快速发展。其中代表性的作品是池上惇、植木浩和福原义春编的《文化经济学》。书中指出文化作为一种"文化环境"与经济存在着密切的关系。"文化环境"是一个内涵丰富的概念，它包括社会规范、宗教等精神产物，音乐、戏剧、美术等艺术活动，法律、政治系统和学术、教育制度等社会制度，个人的价值观、生活方式等生活美学，历史文化遗产、传统产业等历史遗产，等等。"文化环境"将经济活动涵盖其中，

① 名和太郎：《经济与文化》，高增杰、郝玉珍译，中国经济出版社1987年版，第99页。
② 同上书，第102—103页。

"文化环境"为经济活动提供文化资源或文化能量，而经济活动的结果必然产生文化的积累和文化的变迁。文化资源包括知识、技术信息、美意识、价值观等内容。文化能量则是从文化资源中释放出来作用于人们行动的驱动力，亦是技术革新的原动力。不仅如此，在当代社会文化本身也可以成为商品，具有明显的产业化特征。"从经济学的立场上看，艺术、学术和教育都是一种产业活动，即使是宗教也属于非营利产业。"①其主要包含以下含义：①艺术活动也需要采用各种材料和道具才能创作作品，从经济学上看，这种投入产出活动本身就是一种经济活动，而相同种类的经济活动归结在一起就可称为一种产业活动；②通过艺术创作活动制作出来的作品，被拿到市场上去贩卖，就具有了市场价值，即使艺术家本人不是为了营利，但他们所属的组织则有不少是以营利为目的的；③艺术作品的复制生产是文化产业化的典型特征，特别是在电影艺术领域，原版与复制品的区别并没有太大意义，复制文化产业正在扩展至整个艺术文化领域；④在很多情况下，各种文化活动对于它的举办地来说具有经济上的重要意义，如音乐演奏会、美术展览会能招来大批客人，促进当地的消费，拉动当地经济的发展。

池上惇等人认为从文化经济学的角度看，文化产业的主要内容是艺术文化产业，但是随着服务经济化的发展，又出现了美容产业、时装产业、外卖产业等文化关联产业和文化周边产业。艺术文化产业主要由六要素构成：①从事文化创造和生产的艺术家，即具有文化"创造能力"的专家和辅助文化创造活动的技术人员；②文化创造、生产过程中使用的手段，即工具、机器、设施和组织等；③把艺术家和辅助技术人员与文化资本结合起来，从事文化生产和创造的经理人，这些人在经济学上被称为企业家，在经营学上被称为经营者，在艺术文化领域则被称为"文化经理人"；④需要文化产品和服务的文化爱好者，经济学上称之为文化消费者；⑤促进文化创造，也就是孕育文化的外在环境，即文化环境；⑥文化援助制度。② 而文化关联产业主要由两部分构成，一部分是文化活动支援产业，另一部分是文化产品利用产业。文化活动支援产业包

---

① 池上惇、植木浩、福原义春编：《文化经济学》，有斐阁 1998 年版，第 84 页。
② 同上书，第 88—90 页。

括：①培养文化产业从业者、创作者，如艺术家、研究者、宗教家等的教育产业；②生产从事文化活动必需的用具、机器和设施等的文化手段产业。文化产品利用产业包括：①生产附带文化活动所创造出的新文化价值之商品的产业；②生产文化活动所创造出的产品之复制品的产业。文化周边产业则主要包括：①文化产业和文化关联产业产品的流通产业，如录音带、CD 和录像带的贩卖出租业、书店、电影院等；②广告业；③运动产业；④观光产业；⑤继续教育产业；⑥饮食业，等等。①

　　进入 21 世纪后，日本人对文化产业的认识又有了进一步深化，先后提出了"内容产业""酷日本"等概念。"内容产品"在《内容产品创造、保护及有效利用促进法》第二条中的定义是：电影、音乐、戏剧、文艺、摄影、漫画、动画、电脑游戏以及其他文字、图形、色彩、声音、动作和影像或由电子计算机将它们组合起来的、由人类创造性活动生产出来的产品，其中与教育和娱乐有关的就是内容产品。而"酷日本"则比"内容产业"范围更广，内容更加丰富。它正式被使用是在 2010 年左右，并作为成长战略的一部分被提出来，其对象范围指的是动漫、音乐、游戏等内容产业，以及饮食、时装、旅游等内容。

**（二）日本文化产业战略生成的经济社会基础**

　　日本文化产业的产生是日本产业重心下游化的产物。第二次世界大战后，日本经济结构的重心不断下移。日下公人认为这一过程主要经历了三个阶段：昭和二三十年代（1945—1964 年）是日本经济的开发期，在这一时期民间企业支出的市场占有率明显增加，对日本产业结构造成了决定性影响。昭和 40 年代（1965—1975 年）是日本社会开发时代，这一时期日本财政支出的市场占有率大幅增加。由于财政方面购入的多为社会资本，促进了建筑业和不动产业的飞速发展。昭和 50 年代（1975—1985 年）以后，社会开发时代已经过去，个人消费的市场占有率迅速增加，专门生产个人消费品的产业成为发展迅速的产业，② 文化产业就是其中的代表。据统计，日本在这一时期艺术、电影、电视节目、音乐、出

---

① 池上惇、植木浩、福原义春编：《文化经济学》，有斐阁 1998 年版，第 97—99 页。
② 日下公人：《新文化产业论》，范作申译，东方出版社 1989 年版，第 30—31 页。

版、茶道、插花、娱乐等文化项目的年收入已经达到了 18 万亿日元。①

这一时期，以日下公人、庄林二三雄等为代表的一些学者开始关注文化产业这一新兴的产业。日下公人在《新文化产业论》一书中指出，创建文化产业需要具备五个基本条件：①雄厚的经济实力；②国民文化水平的普遍提高；③悠久的文化历史传承；④大量的反思机会；⑤为文化商品化服务的多种高级加工产业的存在。② 庄林二三雄则在《日本的文化产业》中进一步指出，文化产业既与文化相关，又是一种产业，它需要有一定数量的需求的支撑，同时也必须有满足这些需求的供给能力，即复制文化的能力。总之，文化如果要成为一种产业，可复制是一个重要的条件。③ 日本文化产业之所以能够得以形成，正是因为电影、绘画、歌曲等能够被复制的文化在日本国民中已经得到了较为广泛地渗透和普及。

伴随着日本文化产业的日益发展，日本政府也开始认识到文化产业的重要性。1970 年 5 月 6 日，日本政府颁布了《著作权法》。与此同时，各种版权协会也应运而生。这些协会主要负责管理征收各种文化产业被电视、广播、卡拉 OK、CD 等使用时的著作权使用费。1986 年日本政府又制定了《研究交流促进法》，鼓励国家机构的研究人员到民间企业参加共同研究，为文化产业项目的开发提供智力上的支持。1980 年大平正芳总理大臣政策研究会中的文化时代经营研究小组明确指出："就如所谓的'文化的时代'已经来临，为丰富和满足（国民）精神和文化上的强烈需求，'文化产业'已经兴盛起来。①在'教养、趣味'的领域，综合文化讲座、商务学校等'生涯教育'，②在'艺术'领域，除茶道、插花、书道、俳句等之外，面向孩子的'练习教室'也兴盛起来，③即便在'体育'领域，各种'体育俱乐部'和'体育设施供应业'等也发展起来。"④

在 1986 年通产省产业政策局编的《21 世纪产业社会的基本构想》中

---

① 日下公人：《新文化产业论》，范作申译，东方出版社 1989 年版，第 11 页。
② 同上书，第 24 页。
③ 庄林二三雄：《日本的文化产业》，有斐阁 1981 年版，第 3 页。
④ 内阁官房内阁审议室、内阁总理大臣补佐官室编：《文化时代的经济运营》，大藏省印刷局 1980 年版，第 146 页。

进一步提出了"文化性产业"一词。其中所说的"文化性产业",指的是适应战后四十年日本人生活方式和国民意识变化而出现的新兴产业。应该说,战后四十年日本人的生活方式发生了很大变化。其一,日本人的工资水平大幅提高,引起了消费结构的改变。从 1947 年到 1984 年,日本人的名义工资增加了 156.6 倍,实际工资也提高了 10.7 倍。从消费结构上看,"教养娱乐费""交通通信费"等选择性消费支出增加,而"食品费"和"被服费、鞋费"等基础性消费支出的比例在缩小,其中"食品费"的降幅比例最大,从 1947 年的 66.1% 下降到了 1984 年的 26.3%。其二,国民生活时间的安排也发生了很大变化。随着五天工作日的普及,日本人的工作时间相比以前减少了,而旅游、修养等自由时间却大幅增加。其三,日本社会明显向长寿化方向发展。1947 年日本人男女的平均寿命分别为 50.1 岁和 54.0 岁,而到 1984 年时已经分别提高到了 74.5 岁和 80.2 岁。其四,日本女性进入社会的比例进一步提高。1984 年非农林业就业人口中女性就业者占了大约四成。其五,随着技术革新和信息化的发展,人们生活模式的选择范围不断扩大。其六,国民生活的国际化在急速扩大。1950 年日本人出国人数不足万人,而到 1984 时增加到了 466 万人。进入日本的外国人也从 2 万人增加至 204 万人。另外,日本人的国民意识、价值观也发生了很大变化,变得更加多样化、个性化,自我实现的愿望和创造性意愿也都在提高。以上诸种变化孕育出了一种新的生活文化,在产业活动上也出现了适应这种情况的新变化,产生如图 3—1 所示的各种文化产业。[①]

　　20 世纪 90 年代以后,日本文化产业不断成长壮大并逐渐成为新的支柱产业。纵观日本文化产业的生成发展,主要是以下几个因素共同作用的结果。

　　泡沫经济破灭的影响。1991 年泡沫经济破灭后,房地产价格暴跌、经济长期低迷导致日本一些涉足房地产业较深的大企业纷纷倒闭。仅 2000 年,包括房地产商在内的建筑行业就有 6000 多家公司破产。2002 年,日本有 28 家上市公司倒闭,其中有 1/3 以上是房地产公司,创战后

---

　　① 通商产业省产业政策局编:《21 世纪产业社会的基本构想》,通商产业调查会 1986 年版,第 70—84 页。

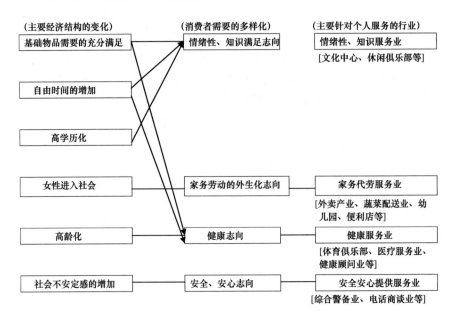

（主要经济结构的变化）　　　　（消费者需要的多样化）　　（主要针对个人服务的行业）

基础物品需要的充分满足　　　　情绪性、知识满足志向　　　情绪性、知识服务业

[文化中心、休闲俱乐部等]

自由时间的增加

高学历化

女性进入社会　　　　　家务劳动的外生化志向　　　　家务代劳服务业

[外卖产业、蔬菜配送业、幼儿园、便利店等]

高龄化　　　　　　　　健康志向　　　　　　　　　健康服务业

[体育俱乐部、医疗服务业、健康顾问业等]

社会不安定感的增加　　　安全、安心志向　　　　安全安心提供服务业

[综合警备业、电话商谈业等]

**图 3—1　经济社会结构的变化与针对个人的服务行业**

上市企业倒闭的最高纪录。[①] 泡沫经济的破灭导致日本金融体系动荡。3670 亿美元的呆账坏账把日本银行压得喘不过气来，在 1997 年金融危机爆发后的两年里，许多金融机构相继破产倒闭，其中就包括第四大证券公司山一证券、第七大证券公司三洋证券和日本北海道拓殖银行。[②] 更重要的是，泡沫经济破灭导致了日本经济结构的改变，一些曾经十分有优势的传统产业发展速度变缓，甚至不断萎缩。而与之相对，从 1990 年到 2007 年的十几年间，服务产业占 GDP 的比重从 17.1% 增至 24.1%。以文化产业为代表的新兴产业在经济结构中的比重也稳步增加。1995 年到 2005 年，日本文化产品出口翻了三倍，达到 125 亿美元，而同期日本制造业出口仅增长了 20%。2001 年包含电影、音乐、游戏、广播等在内的日本文化产业销售额约为 11 万亿日元，其中海外市场开拓规模为 3258 亿日元，[③] 位居世界第二、亚洲第一。实际上，不仅在日本，整个世界文化产业的市场规模都在不断扩大。2002 年全球文化产业的增长率为 3.6%，

① 《泡沫破了，日本经济十年疲软》，《参考消息特刊》2005 年 4 月 7 日。
② 《日本经济学大师感慨：泡沫破灭 失落 10 年》，《扬子晚报》2007 年 7 月 3 日。
③ 滝泽意伲：《日本文化产业的发展与启示》，《国际贸易》2006 年第 10 期。

超过了全球 GDP 的增长。

知识社会的孕育。文化生产作为一种独立的创造活动是人类社会分工发展的产物。"社会分工一方面使科学、技术、知识、理论、哲学、神学、文学、艺术等等文化的独立成为现实；另一方面也产生了专门从事这些文化生产的人。正是社会分工，使文化生产从一般生产劳动中分离出来成为一种专门的创造活动，使文化生产者摆脱一般的物质生产活动而成为文化的创造者，成为一种社会职业。"① 在进入知识社会后，文化生产更是表现出了大规模产业化生产的特征。知识社会是一种全新的人类社会形态，其实质上是知识要素在经济和社会发展中占据主导地位的社会。较之工业社会，知识社会的核心特征是知识和人才取代自然资源、机器设备等有形资本成为经济和社会发展的决定性因素，成为创造财富的第一资源，知识经济成为社会的主要经济形态，创新成为发展的主要动力和竞争力的核心因素。② 据美国学者布雷尔 2000 年所作的一项调查研究表明，1978 年末美国上市企业的市场价值中有形资产（设备、机械等）的比例为 83%，无形资产（专利、品牌等知识性资产）的比例为 17%。而到了 1998 年末，有形资产的比例下降到 31%，而无形资产上升到了 69%。总之，生产力的中心已经从"物"转移到了"信息"。③ 文化是一个极富创造性的领域，是产生出丰富多彩的艺术文化的源泉。文化产业的核心就是文化，是发明、创新，是无形资产的创造。文化产业的发展和壮大是知识经济的产物。文化产业是更加适应知识经济的新的经济增长点。文化产业与其他产业相比，具有低能耗、低污染、文化资源能在使用过程中不断积累和增值等特点。

消费观念的变化。战后日本经过几十年的发展，随着机械化大生产的普及，生产效率的提高，人力被解放出来。国民的工资收入大幅提升，社会福利明显改善，物质生活水平明显提高。同时，伴随着高学历化的进展，人们开始将大量收入、时间和精力投入到追求自我实现的过程中。

---

① 司马云杰：《文化社会学》，山东人民出版社 1986 年版，第 308 页。

② 尚勇：《论知识社会》，《中国软科学》2009 年第 8 期。

③ 经济产业省：《通商白皮书 2004》，http：//www.meti.go.jp/report/tsuhaku2004/index.html。

现代人对于知识和信息的渴求渗透到了他们的工作，甚至余暇生活当中，而包含着丰富文化信息的文化产品则成为他们满足这一需要的重要选择。就如堺屋太一所说："今天，人们所追求的不是用数量可以计算的物质财富，而是无法用数量计算的'舒适感'、'外形美'以及丰富多彩的精神生活等。"[1] 也正是由于机械化大生产的普及，一些能够被复制的文化产品得以大量生产，这些文化产品被投入市场，成为大众消费品。除了公益性文化，文化产品的生产和经营主要是以市场为主导的，遵循着市场规律。文化产品在满足人们精神需求的同时也体现着经济效益。而伴随着保障信息传输的信息通信业的不断发展，人们可以及时方便地接收来自世界各地的信息，从而使出版业、电影、动漫、时装等文化产品得以迅速为世界各国民众所消费、分享。

经济政策调整的结果。泡沫经济破灭后，日本经济长期低迷，十年间经济年平均增长率仅为 1.61%。[2] 经济的长期停滞迫使日本开始反省以往的经济运作模式，着手改革不适应生产力发展的经济结构和制度。细川内阁设立了缓和规制为中心课题的"经济改革委员会"，村山内阁提出了"面向结构改革的经济社会计划"，桥本内阁更是提出了行政改革、财政结构改革、金融体系改革、经济结构改革、社会保障改革和教育改革六大改革措施。但是，"纵观桥本内阁的经济政策，应该说'过大于功'。'功'在于桥本提出的六大改革的原则和内容为以后的经济体制改革提供了一个完整的框架，为日本经济转轨奠定了基础。'过'在于对制度变迁所需付出的成本估计不足，没有处理好体制改革和刺激景气之间的关系，或者说没有处理好解决日本经济衰退的长期措施和短期措施的关系"。[3] 此后，小泉内阁大胆提出了"没有圣域的结构改革"，在《关于今后经济财政运营及经济社会改革的基本方针》中明确指出："归根结蒂，经济中既有高生产性和高需求性的成长产业和商品，也包含与之相反的生产性和需要都停滞的产业和商品。新的成长产

---

① 堺屋太一：《知识价值革命》，金泰相译，沈阳出版社 1999 年版，第 138 页。

② 张雅丽：《战后日本对外战略研究》，浙江人民出版社 2002 年版，第 141 页。

③ 余晷雕、李萍：《20 世纪 90 年代日本的反危机政策和体制改革》，《东北亚论坛》2000 年 4 月。

业和商品不断出现取代停滞的产业和商品，这样的经济结构叫做'富有创造性的破坏'。它是经济成长的源泉。通过富有创造性的破坏，劳动和资本流向成长领域。这种资源的转移基本上是通过市场来实现的。消除市场的阻碍物和抑制成长的因素。……以此经济资源能够快速流向成长领域，这就是经济的'结构改革'。"[1] 日本政府认为文化产业符合经济政策调整的大方向，企图重点打造文化产业等具有成长力的产业，从而将日本经济拉出困境。

### 二　日本文化产业战略的演变

日本文化产业战略是伴随着文化产业的发展形成的，它的产生、发展和确立反过来又作为推手加速了日本文化产业的成长壮大，使之由一种新兴产业变成了战略性产业，成为既立足国内发展，又远销世界，国内国外全面开花的产业。

#### （一）日本文化产业战略的萌生——20 世纪 90 年代

20 世纪 80 年代末，日本经济泡沫破裂，全国经济陷入长期萧条。从 1992 年到 2000 年的九年时间里，日本经济的年平均增长率仅为 1.2%。[2] "日本泡沫经济破灭后，留下的是大量难以化解的不良资产，将财政拖向了崩溃的边缘，产业结构没有实质性的提高，实体经济受到沉重打击，企业大量倒闭，失业人口大量增加。"[3] 在这种状况下，日本政府下决心对经济体制进行彻底改革。1996 年桥本龙太郎内阁提出了财政、金融、行政、经济结构、社会保障和教育六大改革，此后日本政府虽历经数次政权更替，但改革的步伐却没有停止。小泉内阁时期制定了《关于今后经济财政运营和经济社会结构改革的基本方针》，提出了旨在激活日本经济的"科技实力战略"和"产业发掘战略"，为文化产业发展创造了制度条件。所谓"产业发掘战略"就是在新的经济社会环境下，为提高国民的生活质量和搞活经济，在发掘现有产业潜力的基础上，以保护自然环

---

① 《关于今后经济财政运营及经济社会结构改革的基本方针》，http：//www. pref. mie. lg. jp/KENGIKAI/katsudou/iinkai/siryou/2013/yoke/0626/130628j5. pdf。

② 日本经济财政咨询会议：《关于结构改革与经济财政的中期展望》2002 年 1 月，http：//www. mhlw. go. jp/shingi/2002/03/dl/s0319 - 5a. pdf。

③ 张舒英主编：《日本经济发展模式再探讨》，方志出版社 2007 年版，第 61 页。

境、革新技术、发展新型服务业和文化娱乐业为中心，创造出新的需求创造型的生活产业。文化产业就是其中的重点产业。在《基本方针》中明确写到，文化产业是 21 世纪的新兴产业，是产业创新的重要方向，为此要振兴文化艺术，促进日本传统文化产业的发展，要完善人才、音像和书刊流通市场，保护知识产权，培育游戏、广播电视和动漫等日本文化产业。

政治上，随着"五五年体制"崩溃，政界重新组合，各派势力合纵连横。日本政府试图平衡各方利益，但推出的政策却往往受到各方掣肘。为了改变这种状况，日本政府尝试进行一系列改革。日本学者渡边浩在研究这段历史以后指出，20 世纪 80 年代末 90 年代初以来，日本的政治变动与社会结构变迁之间呈现出了一种环形的改革关系。它由政治制度、政治内容、官僚机构和企业结构四部分构成。其演进的过程是：政治体制的改变——政治内容的改变——官僚机构的改变——企业结构的改变——政治体制的再改变。从 1993 年自民党第一次下野到 2009 年自民党第二次下野的十六年间，政、官、财三角关系就经历了上述一番势力格局的重组。① 日本文化产业战略就是在这种势力格局的调整中被提出来的。

社会上，20 世纪 80 年代末日本国内第三产业的比重超过了制造业，这种就业结构和劳动力结构的变化引起了日本社会结构的巨大改变，形成了一个由公务员、企业职员、专业技术人员、管理人员和商业、信息服务业人员为中心构成的"新中间阶层"。1990 年，日本的城市工薪阶层已占总就业人口的 70%，其中新中间阶层占了 49.9%。② 村上泰亮用"新中流阶级"来定义这个新阶级，他认为"新中流阶级"主要具有三个特征：（1）从经济的维度上看，这个阶级不能称为富足，仅有能维持一定生活方式的收入和资产；（2）从政治的维度上看，这个阶级一般具有选举权，并且在行政机构、民间法人企业、地域社会中发挥着一些领导

---

① 金赢：《密室与剧场——现当代日本政治社会结构变迁》，人民出版社 2009 年版，第 126 页。

② 仲卫：《选择什么样的政治——走向"后五五年体制"的道路》，中央公论社 1993 年版，第 87 页。

者的作用，为产业社会提供和传送运行所不可缺少的情报和知识的专门知识层（技师、教师、医师等）也属于这个阶级；（3）从文化的维度上，这个阶级接受过高等教育，具有独特的"中流式"的生活方式，并且是勤勉、节约、结婚和尊重家庭、计划性、效率性和责任感等与产业化适应的"手段性价值"的自觉承担者。① 无论是"新中间阶层"，还是"新中流阶级"，他们都是文化产品的忠实消费者，是推动日本文化产业发展的重要力量。

国际上，20 世纪 90 年代初苏联解体，冷战结束，"以政治意识形态为主导的对立让位于以经济为主导的国家综合国力的竞争"②。面对完全不同于冷战结构的国际新格局，日本开始调整国家战略，从经济大国、政治小国的赶超型战略转向经济大国、政治大国的竞争型战略。日本著名的国际政治学家舛添要一在《日本要使 21 世纪成为日本世纪》一文中指出，20 世纪 90 年代对日本来说是一个与明治维新时代具有同等重要意义的大变动时期，日本掌握着"资金"与"高技术"两大武器，距离世界超级大国只有一步之遥，只要继续努力就可以充当世界主角，21 世纪将是日本的世纪。③ 总之，日本政府在经济持续低迷、政治动荡和国家战略重大调整的过程中，将日本文化产业战略提了出来，并不断充实有利于文化产业发展的政策措施。

1995 年"日本文化政策推进会议"发表了题为"以新的文化立国为目标——关于当前文化振兴的重点施策"的报告，其中明确提出了文化立国的方略和施策重点。（1）促进适应新文化立国的创造性艺术活动的活跃发展；（2）继承发展在日本漫长历史中孕育并获得独自发展的传统文化；（3）振兴地域文化和生活文化，以孕育生活中丰富多彩的文化；（4）培养、培育优秀文化和开发新文化所需的人才；（5）通过文化对世界做出贡献，通过文化让世界知道日本优秀的传统文化和艺术文化，以此做出国际贡献和传递文化信息；（6）为了实现以上目标，需要完善必

---

① 村上泰亮：《新中间大众的时代——战后日本的解剖学》，中央公论社 1984 年版，第 175 页。

② 李寒梅等：《21 世纪日本的国家战略》，社会科学文献出版社 2000 年版，第 72 页。

③ 同上书，第 95 页。

要的基础。① 1997 年日本国际贸易产业部（Ministry of International Trade and Industry）发起成立了一个数字动画研究团体，旨在研究推进日本动漫产业的发展。在资金方面，日本政府也加大了对文化事业的投资。1998 年日本文化厅所属的文化政策推进会议又提出了题为"文化振兴基本计划——为了实现文化立国"的报告，具体指明了 21 世纪日本文化政策的发展方向。在上述思想的指导下，日本政府开始积极地发掘、发展文化，振兴文化产业，加强与各国间的文化交流。文化厅的预算逐年增加，1996 年的预算为 668 亿日元，占国家总预算的 0.09%。② 文化产业的就业人口也明显增加。据统计，1990 年到 1995 年，日本文化产业的就业人数增长了 5.3%，达到 610 万人，约占总就业人口的 9.6%，而同时期所有产业的平均就业人数只增长了 3.6%。③

总之，20 世纪 90 年代可谓日本文化产业战略的萌生期。这一时期文化产业战略还不够成熟，也未成体系，应该说是被作为"文化立国"战略的一个组成部分看待的，还没有达到国家战略的高度。

### （二）日本文化产业战略的发展——21 世纪头十年

21 世纪的头十年，是日本文化产业战略的发展充实时期。在日本，这一时期虽然没有成立专门的国家级文化产业战略策定机构，但包括内阁府知识产权战略本部在内的相关国家机构也都从自身的立场出发，推出了一系列保护文化产业发展的政策措施。

2002 年，为了保护文化产业的健康发展，小泉内阁发表了《知识产权立国宣言》，其中指出，在物质饱和的年代，人们迎来了知识时代，信息和知识成为附加价值的源泉。知识产权已经成为新的成长结构的中心，日本要在十年内将本国建设成为世界上首屈一指的知识产权大国。

同年 7 月，日本政府又进一步发表了《知识产权战略大纲》，其中明确指出"知识产权立国"实际上是以发展文化产业为基础的举措。所谓"知识产权立国"是指把明确尊重发明和创造作为国家的发展方向，把包

---

① 《以新的文化立国为目标——关于当前文化振兴的重点政策》，《文化财》1995 年 9 月号。

② 同上。

③ 林拓等编：《世界文化产业发展前沿报告（2003—2004）》，社会科学文献出版社 2004 年版，第 214 页。

括物品生产、技术、设计、品牌、音乐、电影等文化产业这一有价值的"信息生产"（无形资产）的创造作为产业的基础，以实现日本经济社会的再次飞跃发展。《大纲》中提到了实现知识产权立国、促进知识再创造的四个具体战略，即"创造战略""保护战略""活用战略"和"人才基础充实战略"。尤其值得一提的是"创造战略"和"保护战略"。"创造战略"包含：（1）促进大学、公立研究机关等知识财产的创造；（2）促进企业加强战略性知识财产的创造、获得和管理；（3）充实培养教育的创造性，加强人才培养。"保护战略"主要包括：（1）加强专利审查和审判的迅速性和准确性；（2）加强对著作权的适当保护；（3）强化对商业秘密的保护；（4）强化纠纷处理的基础建设；（5）强化海外知识产权的保护。

根据《知识产权战略大纲》，日本国会于 2002 年 11 月通过了《知识产权基本法》。该法通过法律形式将知识产权从部级主管的事务提升到国家事务的高度，为知识产权战略的推行及相关措施的实施提供了更有力的保障。同时，根据《知识产权基本法》第 24 条，为了有计划地集中推进知识产权的创造、保护和使用，在内阁中设立了由内阁总理大臣担任本部长，官房长官、科技政策担当大臣、文部科学大臣、经济产业大臣担任副本部长的知识产权战略本部，作为统一推行知识产权战略的专门机构。从知识产权战略本部成立伊始，每年都定期提交一份名为"知识产权推进计划"的报告。在《2006 知识产权推进计划》中，明确地提出了文化产业大国战略，此后又经历了数度补充完善。总体看来，日本文化产业大国战略主要由以下几部分构成。（1）打造文化产品的消费大国，促进文化产品顺利流通，确保国民可以最大限度地享受技术革新带来的好处和便利性。（2）打造文化产品的生产大国，培养文化产业的专业人才，鼓励文化产品的研究开发，促进创作人员能力的发挥，为创作人员制作和发布作品，提供平台和资金的支持。（3）打造文化产品的交易大国，消除商业壁垒，支援制片人的国际共同企划开发，扩大海外市场、文化产品的著作权保障，完善文化产品的资料统计，振兴以观光产业为首的地方文化产业，彰显地域文化的独特魅力。（4）打造与数字网络时代相适应的文化产业大国，完善文化产业的法律环境，整备与数字网络时代相适应的知识产权制度，导入流通促进机制促进新技术进步，振兴文化产业。

文化品牌战略也是"知识产权推进计划"的重要组成部分。文化品牌战略主要有以下几个重要内容。（1）完善日本品牌战略的基础。2008年为构筑贯穿饮食文化、服装文化、传统文化和地域品牌等各个领域的日本文化品牌战略，日本成立了"关于日本品牌的确立与宣传的关联省厅联络会议"，联合内阁官房、总务省、外务省、文部科学省、农林水产省、经济产业省、国土交通省等各省厅统一制订行动计划。充分利用国内外宣传机构，充实有关日本品牌的海外宣传信息，强化对日本品牌的宣传，表彰在日本品牌海外宣传中做出突出贡献的人。（2）树立多样的有信誉的地方品牌。支持各地加强对自我品牌的宣传，支持各团体积极利用地方团体商标制度，构筑确保地方品牌信誉的技术基础，推进从事地方品牌管理人士的知识普及。（3）培育、丰富日本的饮食文化。强化对传统优秀饮食文化的继承，保护日本农林水产品和食品方面的品牌，加强对日本生产食材的统一管理，充实以外国人厨师领班为对象的实务研修，强化针对海外评论家等群体的日本饮食宣传，扩大日本农林水产品和食品的出口。（4）培育打造时装领域的世界品牌。培养一流上乘的时装设计人才，为年轻设计师创造展示自身才华的机会。完善衣料、设计的存档工作，加强支持国内服装产业团体的发展和对时装品牌的保护。利用日本国际交流基金和日本贸易振兴会（JETRO）等机构支持开办海外展览会，加强海外宣传。

文化产品的海外拓展在这一时期也受到了重点关注。经济产业省商务信息政策局内部设有许多与文化产业关联的研究会，其中"内容产业全球战略研究会"在 2007 年提出了一个《内容产业全球战略报告书》。[①] 该报告中指出：第一，要实现文化产业自身的全球化。日本文化产业应以日本的强项"创造性"和"感性价值创造力"为核心，以"资本"和"产业"理论为依据开展国际业务。通过与海外开展业务合作，提高日本文化产业自身的素质和竞争力。通过积累精细的地方元素，踏实有效地推进日本文化产业的全球化；第二，着力加强人才、技术等文化产业业

---

① http：//www. meti. go. jp/policy/mono_ info_ service/contents/downloadfiles/houkokusyo - Jversion. pdf.

务"资源"的积累。不仅要在日本国内培养人才，还应把海外人才网络作为日本的资源来培养。在资金方面，要有效运用国内外多种面向文化产业的投资渠道；第三，在日本不仅要构筑文化产品的交易市场，还要构筑共同制作、策划、脚本、拍摄、人才、融资等所有与文化产业相关信息的收集和交易市场，把日本建设成为对海外文化产品而言"在日本被交易本身就有价值"的市场；第四，通过组织商社、IT 企业和金融机构等多种参与者的参与和协作重新构筑"价值链条"和开展新的业务活动。

2007 年 5 月，为了进一步提高日本文化产品的世界影响力，振兴日本经济，第一届安倍内阁成立了亚洲门户战略会议，由东京大学伊藤元重教授担任会长。会议制定了"日本文化产业战略"，文中指出，文化产业的影响力是反映一个国家综合魅力的文化力。"文化产业向海外扩展，会促进海外对日本人生活方式和文化产业背后的价值观和美意识的共鸣，还会增进人们对孕育出它们的日本文化和艺术、传统的理解。不仅如此，人们对综合文化力的憧憬，还可大大提高对许多日本产业的长期波及效果。同时，通过经济效果和对日本好印象的提升还可以提升'日本品牌'的价值，通过世界各国人来日访问、交流的增加亦可增进国民间的相互理解。"日本民众的感性认识力是文化产业力的源泉。日本人民从近世以来宽容地吸收国内外多种文化，在这个过程中磨炼出了优秀的审美力和表现力，正是依靠这些能力使日本人能够生产出种类多样的精巧产品和服务。因此，为了提高日本文化产业的竞争力和海外影响，需要（1）充实和强化日本国内的宣传机会，强化在海外宣传"日本魅力"的据点，通过加强面向海外宣传"日本的魅力"的力度来扩大海外市场；（2）制定包含不同领域、不同地区行动计划的"内容产业全球化战略"，构筑能够充分发挥"感性认识力"的商业组织，加强知识产权保护，实现海外拓展，强化日本文化产业的竞争力；（3）注重人才培养，灵活运用各种文化财产，推进国际文化交流，夯实文化产业的基础。

日本是法治国家，为了能够有效保护文化产业的发展，日本政府在进入 21 世纪后进一步建立健全了法律法规。2000 年 11 月，日本国会通过了确保信息通信网络安全、推进实施信息化社会建设的《形成高度信息通信网络社会基本法》。2001 年 10 月，日本政府又对 1970 年颁布的

《著作权法》再次进行修改，并更名为《著作权管理法》。同年 11 月，日本众参两院审议通过了《文化艺术振兴基本法》，该法规定大力振兴构成文化核心的艺术、媒体艺术、传统技能、生活文化、大众娱乐、出版物、唱片、文化遗产等文化艺术，明确了国家及地方政府的责权所在，同时还规定了有关振兴文化艺术的基本政策和方法。2004 年日本政府又专门针对文化产业颁布了《内容产业创造、保护及有效利用促进法》，明确规定了促进内容产业的创造、保护和有效利用的几项基本政策：（1）培养人才。为了提高并确保内容产业的人才和资源，必须振兴高校有关文化产品制作的教育，促进国内外文化产品制作人才的相互交流，召开文化产品展示会、品评会和其他类似的会议。（2）推进先进技术的研究开发。为了能够创造出适应影像制作、上映以及传输领域技术革新发展的具有高技术的优质文化产品，国家要推进振兴先进技术的研究开发和教育工作。（3）适当保护文化产品的知识产权。伴随网络普及和其他社会经济情况的变化，文化产品的利用方法也越来越多样，为了在这一过程中能够对文化产品知识产权进行适当保护，在注意正确利用文化产品的同时，要对产权的内涵进行重新解释。（4）促进文化产品顺利流通。国家通过提高网络及其他信息通信网络的便利性，并确保其安全性和信赖性，促进文化产品的顺利流通，支援利用网络提供的文化产品的认证技术、网络的技术性保护，以实现网络高速化、稳定化的电气通信技术和其他有关文化产品流通技术的开发和利用；为了实现文化产品的顺利利用，国家一方面要关注个人和法人的权利利益的保护，另一方面还要支援完善文化产品知识产权所有者的信息和文化产品内容信息等的数据库。（5）促进文化产品的正确保存。为通过利用网络及其他信息通信网络进行正确而有效地发布信息，国家和地方公共团体要完善文化产品的制作、收集、保存、发送和将已有文化产品数字化的体制。（6）纠正利用机会的不均等现象。为了使广大国民都能够享受文化产品带来的好处，国家和地方公共团体要纠正因年龄、身体条件以及其他因素而造成的利用文化产品的机会和利用能力上的不平等现象。（7）打造充满个性的地域社会。为了促进展现地方特色的文化产品的创造、保护和充分利用，打造充满个性和活力的地方社会，国家和地方公共团体支持富有地方魅力的文化产品的创造活动，支持地方为顺利开展电影等文化产品制作而举办的各种活动。(8)增进国民的理解和关心。为了促进文化产品的创造、保护和充分利用,加深国民对文化产品制作者价值的理解和关心,国家和地方公共团体要充实文化产品的宣传活动和振兴教育。

总之,这一时期的文化产业战略重心放在振兴内容产业上,主要由知识产权战略本部下设的专门调查会来主导各项工作。然而,随着日本饮食、地方产品、时装等不断被纳入振兴对象之中,与关联省厅和民间组织的合作也遂逐渐被重视起来。同时,各省厅也都从自身的角度制定了振兴文化产业的各项举措,其中既涉及了文化产业的全球化战略、品牌战略、文化产业大国战略,也涵盖了文化产业的法律保护、制度支持等内容。

**(三)日本文化产业国家战略的确立——21 世纪 10 年代**

21 世纪 10 年代是日本文化产业战略在国家维度上的确立期。这一时期文化产业的内涵进一步丰富起来,"酷日本"成为取代内容产业、文化产业的核心概念。所谓"酷日本",在《知识产权推进计划 2013》中的表述是,"就如酷日本一词所代表的我国独特的富有个性的文化,已经得到了世界的共鸣。这种共鸣不只限于漫画,还扩展到了动画、游戏这样的内容产业。甚至工业设计、服务水平、家庭经营和生活方式等经济文化的全部领域都受到了世界的关注"。① 总之,就"酷日本"的内涵而言,在以前以内容产业为中心的文化产业的基础上又增加了时装、饮食、住居、传统文化、地方产品、观光旅游等多个领域。这一时期领导机构的级别得到进一步提升,在内阁中设立了专门负责实施"酷日本"战略的"酷日本"战略担当大臣,这是前所未有的举措。

"酷日本"这个词开始使用是在 2010 年左右,当时是作为成长战略的一部分被提出来的。2009 年底,民主党鸠山由纪夫内阁讨论通过了《新成长战略(基本方针)——实现辉煌的日本》,到菅直人担任首相时,内阁又将其进一步充实完善,通过了《新成长战略——"有活力之日本"的复兴计划》。这份《新成长战略》把"酷日本"的海外推广作为一个重要的国家战略措施提了出来。其中指出:"我国时装、内容产品、设

---

① 知识产权战略本部:《知识产权推进计划 2013》,http://www.kantei.go.jp/jp/singi/titeki2/。

计、饮食、传统·文化·观光、音乐等'酷日本'，其潜力不仅有助经济增长，今后还可以灵活运用这些软实力，将其与产品和服务结合起来提供给世界，这是关键。"① 为此，政府将着力强化数字传输，减轻或撤销对海外文化产品流通的管制，严防盗版的发生，支持与"酷日本"相关的民间团体的活动，鼓励地方产品打入海外市场，强化人才培养，为海外创意人才来日发展开绿灯。

知识产权战略本部根据 2011 年初内阁通过的《新成长战略之实现2011》又进一步制订了《关于推进"酷日本"的基本方针》，该计划对于发掘创造"酷日本""世界宣传""扩大人气""整备基础"等诸多方面都提出了具体的措施。其中提到，在全球化时代，只有不能复制的固有自我认同才能让外国人感觉到我们的独特之处。只有扎根于日本独特文化传统和生活方式的东西，基于日本人认真的工作态度之上生产出的东西，只有那些展现日本人"轻薄短小"特长的先进的节能环保技术和孕育自由之心的创意文化产品，才是真正蕴含着日本"酷"的所在。2012 年 7 月日本内阁通过的《日本再生战略》中，也提到要把日本打造成世界文化产业大国，通过日本品牌的渗透和价值的提高来增强日本文化产品的国际竞争力。

经济产业省产业结构审议会产业竞争力分会在 2010 年 6 月制定的《产业结构愿景 2010》中，也把文化产业立国作为未来施政的方向，提出未来要推进"酷日本"，促进日本文化的产业化发展，增加内需，拓展海外市场。2010 年 11 月，为了将"酷日本"与商业活动联系起来，探讨商品制作、地域发展、饮食、时装、设计等在海外发展的具体推进措施，相关省厅的官员联合活跃在第一线的有识者成立了"酷日本官民有识者会议"，该组织由资生堂名誉会长福原义春出任会长，编集工学研究所所长松冈正刚任代理会长。"酷日本官民有识者会议"于 2011 年 5 月提出了名为"新日本的创造"的提案，该提案也把强化"酷日本"的海外推广作为一个要点。福原义春甚至说："东日本大地震引起了世界对日本的关注，此时正是重新认识日本品牌本质的好时机，不是要复原已经受伤

① 《新成长战略——"有活力之日本"的复兴计划》，http：//www. kantei. go. jp/jp/sinseichousenryaku/sinseichou01. pdf。

害的品牌，而是要创造新的日本品牌，将其推向世界。"① 2012 年 6 月，
"酷日本官民有识者会议"进一步讨论通过了《酷日本战略（中间报
告）》，把"全面部署，以点展开"和"赚大钱"作为未来日本的课题，并
提出了一个"让海外消费者都知晓日本文化产品，在当地形成日本热；由
此构筑网络，通过商品销售和提供服务在当地获取收益；进而在外国培
养日本粉丝，促进他们来日本消费"的三环相扣的具体计划。而为了实
现这个计划，需要：（1）将文化产品与消费品紧密结合起来（推进文化
产品专利所有者与衣食住等消费品生产者之间的合作，确保内容产品在
海外有稳定的宣传场所，整备海外基础设施）；（2）与零售流通业合作
（建立饮食、服装、动画、地方特色产品中小生产厂商与流通、零售企业
间的合作，联合开展大规模商业活动，援助这些企业开展海外推广活
动）；（3）将地方资源的发掘与国际传播结合起来（发掘地方资源，将其
与饮食和观光产业结合起来。从大的方面上讲，这样做有利于扩大世界
影响，打造日本的创意城市；从小的方面上讲，这样做有利于盘活地方
经济，促进地方旅游业的发展）。

　　第二届安倍内阁成立以后，把"酷日本"视为经济增长的原动力，
为进一步推进"酷日本"战略，设置了"酷日本"战略担当大臣，协调
负责国内基础整备（包括文化厅、经济产业省、总务省、农林水产省）、
海外宣传和开拓销路（包括经济产业省、外务省、总务省、农林水产
省），以及招徕访日游客和创意人才（包括观光厅等各关联省厅），从而
将"提高日本的魅力""向世界宣传日本""招徕外国人到日本"三方面
统和起来。安倍晋三在 2013 年 1 月召开的日本经济再生本部会议上指出，
为了推进"酷日本"战略，"由酷日本战略担当大臣，协调关联省厅大
臣，探讨推动以官民合作促进日本内容产业、时装、文化传统等强项的
产业化、国际化推广的方策"。② 根据这一指示，2013 年 3 月召开了"酷
日本推进会议"，由"酷日本"战略担当大臣稻田朋美担任会议议长，内

---

① 福原义春：《所谓品牌，是扎根于传统又经常创造出新变化的东西》，经济产业省
"METI" 2011 年 8、9 月号。
② 日本经济再生本部（第 3 回）：《基于第 1 回产业竞争力会议的当前政策对应》（2013 年
1 月 25 日）。

阁府副大臣担任副议长，主要成员还有辅佐知识产权战略担当大臣的内阁府副大臣、总务副大臣、外务副大臣、财务副大臣、农林水产副大臣、文部科学副大臣、国土交通副大臣和辅佐"酷日本"战略担当大臣的内阁府大臣政务官，以及秋元康（词作家）、角川历彦（角川集团控股有限公司董事长）、金美龄（评论家）、小篠顺子（设计师）、佐竹力总（日本饮食服务协会理事）、千宗室（茶道里千家家元）、依田巽（GAGA CORPORATION 公司 CEO、董事长兼社长）等民间人士。就如稻田朋美所说，"酷日本"是一个官民紧密结合的战略。"酷日本"当然包括动画、游戏等年轻人的流行文化为代表的令人异常耳目一新的东西，然而就像源自海外的点心传到日本后又加进精细的技艺演变成了甜点，在四季分明的美景中以热情周到的服务使人们身心愉悦的温泉旅馆，在这些对我们来说极其普通不过的日常生活中也蕴藏着许多"酷日本"的种子。总之，"酷日本"战略的核心不是通过一部分特殊的人以某种特别的东西来实现的，而是全体日本人一起来重新发现自己身边的"美好的"日本，并使之成为传播到世界各地的社会运动。①

2013 年 3 月安倍内阁向国会提出了《株式会社海外需要开拓支援机构法案》（简称"酷日本推进机构法案"），作为紧急经济对策的一个具体措施。株式会社海外需要开拓支援机构是为了支援"展现我国生活文化特色的富有魅力的商品及业务"在海外的顺利拓展，灵活运用财政投融资的资金而专门设立的官民出资型基金，政府持有该基金一半以上的股份，基金的董事长和监察部长的任命和卸任都必须由经济产业大臣认可。该基金通过提供资金和专家派遣等方式向"酷日本"企业提供支援。其支援对象主要分为三大类：（1）媒体空间型投资对象。主要投资通过媒体向海外主要城市传播日本文化产品、贩卖相关商品的活动。（2）物理空间型投资对象。投资对象为有效向人们提供时装、杂货、餐馆、室内设计、饮食店街等商品和服务，而在人流大的街市中心建设商场等设施的活动。（3）地方资源发掘型投资对象。支持地方中小企业所生产的蕴含地方智慧和工艺的地方产品开拓海外市场的

---

① 稻田朋美：《重新发现日本，将大家的"日本真好"推向世界》，http://www.cas.go.jp/jp/seisaku/cool_japan/pdf/p1.pdf。

活动。

2013 年 6 月内阁通过的安倍主义第三支箭——《日本再兴战略》中也把推进"酷日本"战略作为扩大海外市场的重要战略举措提了出来。《日本再兴战略》还为日本文化产业未来的发展设定了明确的目标，计划到 2018 年实现广播类文化产业海外销售额提高到 2013 年的三倍；2020 年实现农林水产品、食品年出口超过一万亿日元；2030 年实现访日游客达至三千万人。

由此可见，这一时期的日本文化产业战略已经基本确立，其主要有三大特征。

第一，有较为明确的中枢机构。第二届安倍内阁成立后，有史以来第一次在内阁中设立了"酷日本"战略担当大臣，并联合各关联省厅及民间人士成立了"酷日本推进会议"，成为文化产业战略的领导中枢。虽然"酷日本推进会议"与知识产权战略本部有一些功能上的交叉，但是"酷日本推进会议"统括的领域总体上要比知识产权战略本部宽，而且辅佐知识产权战略担当大臣的内阁府副大臣也是"酷日本推进会议"的成员，从而使两者保持着有效的协调配合。

第二，范围更加宽泛。日本政府企图通过"酷日本"这个词将原本在各个领域的全球化竞争当中以创造性作为附加价值的各种"cool"的元素统合起来运用到海外市场的开拓中去，体现了"文化与产业"和"日本与海外"的有机统一。其内涵不仅包括动漫、音乐、电视等内容产品，还包括衣食住等消费品和旅游观光。不仅注重日本传统文化要素的发掘展示，还着力推进日本文化产品的海外传播、销售，并促进海外粉丝赴日本消费，体现了强烈的跨产业携手合作的特征。

第三，国家在文化产业战略中的作用更加明晰。（1）国家掌控着战略全局，协调各省厅以及民间团体间的合作。（2）为日本的品牌、文化和生活方式提供综合性的宣传。（3）建立"新的孵化基地"，包括培养人才，提供风险资金。（4）确保海外播放网络与流通网络的顺畅，完善基础设施。（5）向文化企业提供各类行政服务，如防盗版和不法流通对策，文化产品的现代化支援，以及提供市场信息、法务和会计手续方面的支持等。

总之，日本文化产业战略是伴随着日本文化产业的发展而形成确立起来的，是日本政府适应冷战后世界形势和日本国内政治经济社会发展变化而做出的战略选择，它经历了生成、发展和确立三个阶段。随着日本政府对文化产业认识的逐步深化，文化产业战略的内容逐步得以充实，领导结构也日益明晰。

# 第二节　日本文化产业战略的内涵与特征

经过 20 多年的发展，日本文化产业战略已经形成了一个由"酷日本推进会议"领导，知识产权战略本部、文化厅、经济产业省、农林水产省、外务省、观光厅、法务省等各省厅与民间文化团体相互配合共同推进的比较完整的体系。如果按其功能划分，可以将日本文化产业战略分为基盘打造战略、文化产业充实战略和海外拓展战略三大部分。这三部分相互渗透，互为支撑，又各有侧重。基盘打造战略是文化产业壮大发展和走出去的基础；文化产业充实战略立足国内，是文化产业战略的核心所在；海外拓展战略面向海外，是发展壮大日本文化产业、提高日本文化产品国际影响力的重要手段。

## 一　基盘打造战略

基盘打造战略主要是为了整备日本文化产业发展的各项基础条件，从文化历史、人才、技术、法律和资金等方面为日本文化产业的发展保驾护航。就如《日本文化产业战略》中所说，支撑着日本文化产业的是日本人在接受国内外多样文化时，所磨炼成的审美观和表现力。这种审美观和表现力与艺术、设计、内容、文化遗产以及孕育衣食住等生活文化要素结合起来，制造出了各种各样精巧的产品、服务以及现代大众文化和生活方式等"繁花硕果"。而为了今后继续开放出赢得世界好评的"花朵"，需要始终保持孕育出日本人生活方式、风俗、习惯、传统文化和艺术等具有悠久历史的"土壤"的丰润，这是十分重要的。基盘打造战略主要由以下几部分构成。

第一，充分利用各种文化资源，打造日本的独特魅力。为了促进文化艺术的交流与繁荣，日本政府早在 20 世纪末就将文化立国定为重要国策。在 1995 年文化推进会议制定的《以新的文化立国为目标——关于当前文化振兴的重点政策》中，提出了六点振兴日本文化的重点策略。
（1）促进与新文化立国相适应的富有创造性的艺术活动的繁荣。（2）继
承和发展在漫长的历史中孕育出来的有着独特发展的传统文化。（3）振
兴在日常生活中孕育出的丰富多彩的地域文化和生活文化。（4）培养和
保护为守护、培育优秀文化而勇于开拓的、支撑文化发展的人才。
（5）通过发展和向世界宣传日本优秀的传统文化和艺术文化，为国际社
会做出贡献。（6）要实现这些就需要构筑文化发展和传播的基础，充实
加强国际文化交流据点的功能，在积极向海外宣传日本优秀的舞台艺术
和引以为豪的文化遗产的同时，支援保存和修复作为人类共同之宝贵财
产的文化遗产。

　　第二，制定、完善法律制度，为文化产业发展保驾护航。2000 年前
后，日本政府开始着手文化产业立法。2000 年日本政府颁布了《形成高
度信息通信网络社会基本法》，目的是适应急速发展的信息化社会的需
要，促进信息通信网络的发展，使人们自由安全地从全世界获取并传送
多样的信息和知识，从而促进日本社会各个领域创造性的、富有活力的
发展，为提高文化产业的国际竞争力和方便人们的生活做出贡献。2001
年日本政府通过了《文化艺术振兴基本法》，以促进从事文化艺术活动的
人能够自由地开展活动，全面推进艺术、媒体文化、传统艺能、生活文
化、大众娱乐、出版物、唱片和文化遗产的保护和振兴。同年 10 月又将
1970 年颁布的《著作权法》更名为《著作权管理法》，目的是引导人们
公正合理地使用文化成果，有效维护作者的权益，从而促进文化产业的
健康发展。2004 年日本国会批准通过了《关于促进创造、保护及活用内
容制品法案》（即《内容产业促进法》），这是第一部有关文化产业的专
门法，为日本文化产业的健康发展提供了重要法律保障。

　　第三，利用各种渠道筹融资，为文化产业发展提供资金支持。日本
政府除了逐年增加对文化事业的投资外，还通过日本政策投资银行的融
资和债务担保，向文化产品制作公司提供资金保证。① 日本政府还设有
"振兴文化艺术基金"，主要用于连续稳定地支援各种艺术文化活动。
该基金成立于 1989 年，到 2002 年时已募集资金约 14 亿日元。除此之

---

① 姜自茹：《中日文化产业政策比较研究》，《安徽文学》2007 年第 11 期。

外，为了促进日本文化企业和文化产品走向海外，日本总务省和经济产业省2013年3月联合成立了"日本内容产品地方化推进援助基金"（J-LOP），援助影音制品添加英文和西班牙语等小语种字幕，以促进这些影音制品顺利在海外传播。几乎同时，日本内阁通过了《株式会社海外需要开拓支援机构法案》，宣布成立支援"展现我国生活文化特色的富有魅力的商品及业务"并促进其在海外顺利拓展的官民出资型专门基金。此外，民间企业和财团等也积极支持文化事业的发展，设立了"企业文化资助协会""1%俱乐部"，将企业利润的1%拿出来贡献给社会。① 产业革新会（株式会社）出资成立了"全日本娱乐株式会社"（All Nippon Entertainment Works），旨在向世界推广日本电影、漫画，以及协助海外公司共同开发日本文化产品。日本政府欢迎个人或企业赞助文化艺术活动，凡是捐款赞助振兴文化艺术事业的企业或个人，国家将减少其应交纳的所得税或是将捐款算入企业开支。需要注意的是，个人或企业在提供赞助时，不得直接将钱交付给受援对象，而是需要经过企业知识产权协议会的审核批准。

第四，发掘培养人才，支撑文化产业的发展。就如"酷日本"担当大臣稻田朋美所说，"酷日本"不是搁在那就能如喷泉一样喷涌而出的东西，无论是运用最先进技术的游戏、动画，还是与历史息息相关的传统工艺和古典艺能，或是使用安全安心的日本食材的日本饮食，如果没有既继承传统又勇于创新的、践行"传统与创造"的人才的话，日本就会很容易失去先人留下的遗产。因此，必须抓紧时间培育能够承担起未来"酷日本"的优秀人才。② 为此，首先，要着力培养创意人才。支持鼓励儿童的创作活动和培养他们感性能力的活动。充实中小学校等教育设施中培养儿童创造性的体验活动。完善包含教育内容、教育方法和教育体制等内容在内的人才培养振兴方策，同时加强大学与文化产业界、海外机构间的合作。资助日本人进入海外一流人才培养机构留学。不仅如此，为了引入竞争，在日本国内要完善以学生团队对抗为形式的流行文化竞

---

① 池上惇、植木浩、福原义春编：《文化经济学》，有斐阁1998年版，第230—231页。
② 稻田朋美：《重新发现日本，将大家的"日本真好"推向世界》，http：//www. cas. go. jp/jp/seisaku/cool_ japan/pdf/p1. pdf。

赛。其次，奖励电影、广播、游戏、动画、音乐等文化产业振兴机构的活动。再次，培养娱乐产业的专门律师，通过积极利用娱乐产业律师协会等手段，增加学生学习诉讼实务、海外法律制度和契约规则的机会，鼓励他们与法学家、企业家和创作人员多交流，以培养世界级娱乐产业律师。最后，推进专门学校和大学招收海外留学生的工作，推进以文化艺术交流为中心的国际交流。大幅增加亚洲的日语学习据点，重新认识并推广日本语能力测试考试，以强化日本语教育。

第五，利用文化整合地方资源，拉动地方经济社会的发展。将文化产业与地方资源联系起来的渠道主要有文化旅游、特区建设和创意城市建设。早在2003年小泉纯一郎担任首相时，为了繁荣地区经济、创造就业机会、增进国际间相互了解，组织成立了"观光立国恳谈会"，并随后制订了"访日旅行促进计划"。该计划以国土交通省为中心，着力推动向海外宣传日本的品牌，支援有魅力的日本旅游商品的制作。2006年12月，内阁通过了《观光立国推进基本法》，并于次年设立观光厅。鸠山内阁更是从执政伊始便将旅游作为振兴日本经济的支柱。2009年12月，成立了以前国土交通省大臣为本部长的观光立国推进本部。2012年3月内阁又进一步通过了《观光立国推进基本计划》，明确了今后的行动方针和目标任务，计划到2016年实现国内旅行消费达到30万亿日元（2009年为25.5万亿日元），访日外国人游客数量达到1800万人（2010年为861万人），举办国际会议1000次以上（2010年为741次）。① 同时，为了将文化产业与地方优势资源联系起来，日本政府还积极着手建立综合特区。特区分为两类，一类是国际战略综合特区，一类是地区活性化综合特区。所谓国际战略综合特区是为了形成促进作为国家经济发展引擎的产业和功能的集聚基地而建立的国家级综合特区。地区活性化综合特区指的是为了最大限度地盘活利用地区资源，通过地区的活性化改组来提高地区实力的地区级别的综合特区。划为综合特区的地方可以得到税收、财政和金融方面的政策支持。札幌内容产业特区是2011年12月第一批通过国家批准设立的地方活性化综合特区之一。该特区有三大功能，（1）国际

---

① 《观光立国推进基本计划》，http：//www.mlit.go.jp/kankocho/kankorikkoku/kihonkeikaku.html。

共同制作：放映宣传北海道和北海道产品的优秀影片，与海外制片人共同制作影片；（2）国际共同流通：促进影像类文化产品的相互流通；（3）国际共同人才培养：共同培养各国能够将影像制作和商业贩卖结合起来的制作人才。通过促进文化产品在亚洲市场顺利流通，促进外国游客来北海道观光，拉动北海道地方经济的发展，从而将札幌内容特区打造成亚洲文化产业的据点城市。

此外，在日本打造富有特色的、聚集着国内外文化企业的城市也很重要。建设这样的城市，既可以为文化企业提供制造和展览自己作品的场所，又有利于提高这些企业的影响力和品牌价值，并促进该地观光产业的发展。2011 年 11 月东京都发表《创意东京宣言》，宣布要将东京打造成亚洲文化产业的据点。该宣言倡导要在以下领域实现人员、信息的强化交流和制度改革。（1）东京全市街区开展宣传活动，向日本国内外传播日本的感性形象。以此吸引世界上的人才、信息和资金流入东京，从而确立东京的创意据点地位。（2）促进跨行业的合作交流，以生发出与日本文化和生活方式相关的新商机，从而扩大内需，推进企业的海外发展。（3）促进人才的成长，为年轻有为的文化人才提供在多样文化中切磋磨炼的机会。（4）通过与国内外创造城市间的合作，推进人才和信息的交流以及合作项目的实施，确保把东京打造成举办国际活动的场所。（5）把东京全部街区建设成能够接受新价值观，举办创意活动的场所。①

第六，推进技术开发，构筑充分发挥"感性"的商业组织。强化文化产业与技术革新间的连携：（1）开展战略性的技术开发，促进产官学协作。制定文化产业关联技术的开发路线图，重点分配研究开发经费。（2）以日本具有优势的硬件技术为杠杆，振兴日本的文化产业。（3）为应对文化产业开发费全面高涨的状况，制定以提高 CG 技术②为目标的"亚洲坐标图"，整备文化产业横向软件开发的基础。（4）摸索有效运用网络的新型业务模

---

① 《面向 CREATIVE　TOKYO——将东京打造成亚洲的创意中心》，http：//www. meti. go. jp/policy/mono_ info_ service/mono/creative/creative_ tokyo/about/sengen. html。

② CG 是英语"Computer Graphics"的缩写，指利用计算机技术进行的视觉艺术创作活动，如平面设计、网页设计、三维动画、影视特效、多媒体技术，以及计算机辅助下的建筑设计等。

式，尝试构筑网络文化产品的制作和投资市场。（5）为了解决海外难以获得日本文化产品所有权信息的问题，应促进海外日本文化产品的利用，并通过与文化产业门户网站的携手合作向海外传递信息。（6）打造能够有效将硬件和软件结合起来的商业模式。（7）积极利用网络有效抵制盗版，强化对海外防范盗版新渠道的实证调查。不仅如此，还应着眼于日本文化中的"感性价值"，通过产官学协作，发挥日本的强项，增强文化产业的竞争力。推进住居和汽车开发等领域以"感性"为基轴的革新以及重视"感性"的制造业的发展。积极灵活地完善办公环境、提高个人的感性和创造性，促进知识的创造。建立普通人和企业可以共同进行创造活动的场所，增加以"感性"丰富生活的机会。

总之，基盘打造战略有两个出发点：第一，是夯实基础，充分发掘利用各种文化资源、着力培养文化人才、整合地方资源、推进技术开发，为日本文化产业的发展提供充分的营养；第二，是保驾护航，制定和完善法律法规、积极利用各种渠道筹措资金，为文化产业的发展提供法律制度和资金保障。

### 二 文化产业充实战略

文化产业充实战略主要着眼于日本国内，归根结底是要发展壮大日本国内的文化产业。株式会社编集工学研究所所长松冈正刚指出，日本文化产业大多是"设计"（しつらい）、"表现"（ふるまい）、"周到"（もてなし）三位一体的。科尔尼（A. T. Kearney）驻日本总代表、"酷日本"官民有识者会议民间委员梅泽高明则认为：日本文化产业具有三大优势：第一，从事消费和生产文化的大众水平很高；第二，具有无抵抗地接受海外文化产品的"受容性"以及将它们与既存之物自然而然地混合起来并生成新价值的"编辑力"；第三，这种文化的活跃发展，最终形成了"文化的多样性"。日本的文化产业或可谓是巨大的"长尾"的集合体。① 然而，毋庸置疑，21 世纪日本文化产业也面临着以下几大风险。

---

① 长尾（The Long Tail）一词是由《连线》杂志主编 Chris Anderson 在 2004 年的一篇文章中最早提出的，用来描述以前被认为是边缘化的、地下的、独立的产品现在共同占据了一块市场份额，足可与最畅销的热卖品匹敌的商业和经济模式。

第一，内需增长的烦恼。2001 年到 2005 年日本文化产业的国内市场年增长率为 0.7%。数字文化产品市场以 DVD 和网络信息传输等影像为中心的产品取得了很大发展，但也只占全部文化产业市场份额的 18%，对整体市场的牵引力不大。

第二，人才流失的危险。日本国内文化产业整体增长困难，一些优秀的制作者、创作者有可能流向海外。因此，如果不有效开展利用流向海外的人才的全球战略，把他们作为国内外共同商务的联结点，文化产业人才就会出现从日本单向流出的危险。

第三，从中长期看，日本文化产业整体有被（欧美乃至中国、印度等其他亚洲诸国的）全球化过程所吞没的风险。欧美增加了向亚洲文化产业的投资，新加坡、中国香港等国家和地区的文化产业商务中枢机能也正在逐步被开发，在这个过程中日本的文化产业和市场有可能被吞噬。①

在上述情况下，为了进一步发展壮大文化产业，日本政府在文化产品创造开发、文化产品的数字传输和产权保护、交易流程保护、品牌塑造、消费者权益保护等方面都做了积极地应对。②

1. 促进文化产品的研究开发。促进在学校教育中开发普及并增加数字放送的方法，支持数字电影技术向国际标准靠拢的研究开发活动。促进文化产品的展示和开发利用，使文化产品的版权既能得到切实保护，又能确保文化产品使用的高度自由性和便利性。支持高清晰影像关联技术的研究开发，鼓励研究开发教育类文化产品，以促进文化产品的共同利用。支持文化产品研究的跨学科合作。奖励和促进改良文化产业界的结构和传统行规，通过普及禁止垄断法等法律，使创作人员能够获得适当的利益。促进创作人员能力的发挥，鼓励创作人员利用网络发布自己的作品，支持创作人员合法利用他人的作品和已过保护期的作品，激发他们的创作活力。制定金融商品交易法，完善信托制度并扩大信托对象，加强对文化产品制作的投资。设立文化产品制作和投资奖励金，为文化产品制作公司提供资金支持。支持电影制作活动，为电影拍摄时利用道

---

① 《内容产业全球战略报告书》，http://www.meti.go.jp/policy/mono_info_service/contents/downloadfiles/houkokusyo-Jversion.pdf。

② 请参见 2005 年以后历年的《知识产权推进计划》。

路、公共设施等国家设施提供便利。表彰优秀的文化产品，其中包括表彰外国漫画家和表彰在电影、音乐、动画等各领域取得了优异成绩的人才。

2. 确保文化产品的数字传输和产权保护。互联网是一种全信息的传播媒体，信息的自由流通、自由传播，都在网上得以实现。[1] 因此，对于文化产业而言，需要促进电视、电脑等数字文化产业终端的融合和合作，推进家庭用动画传送网络基础的开发和标准化制定，促进与文化产品传输服务有关的通用基础技术的标准化，促进地上数字传输基础设施的整备，支持动画传送业务的发展。站在使文化产业的生产、流通和消费最大化发展的方向上，改革与通信和广播有关的法律；解决与网络检索服务相关的法律课题，使利用者获得满意的服务；解决关于文化产品传输过程中服务器上复制行为的法律课题，以防止权益受到不当侵害；解决研究开发过程中如何顺利利用信息的法律课题，保障图像、声音和语言等高度信息化社会的基础技术的研究开发；解决有关倒叙制造（Reverse engineering）的法律课题，保护新软件的开发和信息安全。整备与数字网络时代相适应的知识产权制度，导入流通促进机制促进新技术进步，振兴文化产业。

3. 保障文化产品交易的顺利进行。消除商业壁垒，支援制片人的国际共同企划开发，支援大学培养具有国际商业开拓能力和文化产业知识的制片人。促进国际化贸易，支持企业拓展海外市场。从根本上扩充东京国际电影节的功能，创立公布文化产品信息的门户网站，进一步促进信息家电的网络化，在制作具有国际竞争力的文化产品的同时，吸引外国创作人员来日本发展。促进文化产品的流通和对创作人员利益的保护。完善对日本文化产业相关资料的统计。促进电视产业的现代化和合理化发展，奖励剧场、电影院等的集约化发展，鼓励文化产业与观光产业联手，大力发展现场直播类娱乐节目。振兴以观光产业为首的地方文化产业，以彰显地域文化的独特魅力。

4. 保护消费者的合法权益。文化产业的成长壮大，也有赖于消费

---

① 王强：《网络艺术的可能——现代科技革命与艺术的变革》，广东教育出版社 2001 年版，第 156—157 页。

群体的不断扩大。为此，要有效保护文化产品消费者的合法权益。要积极灵活地利用 IP 多点放送技术，在促进文化产品流通的同时，确保国民可以最大限度地享受技术革新带来的好处和便利。为了让消费者能够享受更加丰富多彩的文化产品，奖励企业家开展弹性价格设定等业务。充实放送节目中心和东京国立近代美术馆胶片中心的功能，以促进漫画、动画和照片的收集存档和二次利用。奖励、援助为安全使用文化产品所作的配合工作。譬如，2006 年文化产业界自主成立的"影像文化产品伦理联络会议"，就对防止青少年接受有害的文化产品起到了很大作用。

5. 塑造日本文化品牌。正如松冈正刚所说，不仅要创造出产品，还要把它们作为品牌传播出去。品牌是给拥有者带来增值效益的一种无形资产，它的载体是与其他产品或劳务相区别的名称、术语、象征、记号或者设计及其组合。为构筑贯穿饮食文化、服装文化、传统文化和地域品牌等各个领域的日本文化品牌战略，2008 年日本成立了"关于日本品牌的确立与宣传的关联省厅联络会议"，联合内阁官房、总务省、外务省、文部科学省、农林水产省、经济产业省、国土交通省等各省厅统一制订行动计划。同时，系统整理和有效利用日本国际交流基金、日本贸易振兴会（JETRO）、国际观光振兴会（JNTO）等机构所作的有关日本品牌的调查结果，充分利用国内外宣传机构，强化对日本品牌的宣传，充实国内外宣传介绍日本品牌的各项活动，如商品交易会、展览会等。进一步充实有关日本品牌的海外宣传信息，积极向外国游客和媒体宣传日本的品牌，支持企划和制定包含宣传日本饮食、服装、地域品牌等日本品牌的观光路线。表彰在日本品牌海外宣传中做出突出贡献的人，以推进充分显示日本人感性智慧的设计和制品，促进日本品牌向国内外的渗透。就品牌的种类而言，有以下几个品牌战略值得关注。

（1）饮食文化品牌战略。培养精通世界饮食的人才，充实以外籍厨师领班为对象的实务研修。支持提高海外日本料理店的信誉，保护日本农林水产品和食品方面的品牌，加强日本生产食材的统一管理，提高日本食品、食材的安全信誉。对优秀的日本饮食文化进行重新定位，加强在国内外的宣传。强化针对海外评论家等重要群体的日本饮食宣传，扩大日本农林水产品和食品的出口，依照"饮食教育推进基本计划"强化对传统优秀饮食文化的继承。支持"食文化研究推进恳谈会"等民间组织的活动，提高日本饮食文化的口碑。总之，饮食最能体现一国文化的民族气息，日本在人才培养、食材的统一管理、食品安全信誉以及扩大外宣，积极推进官方和民间的食文化教育活动等方面都做出了积极的努力，对于塑造日本食文化的品牌，扩大日本食文化的世界影响具有重要作用。

（2）时装品牌战略。日本目前已经拥有 COCOON（可可尼）、三宅一生（Issey Miyake）、"OLIVE des OLIVE"等国际知名时装品牌，也拥有像高田贤三、森英惠、山本耀司、山本宽斋、川久保玲等享有盛名的时装设计大师。为进一步塑造日本时装品牌，扩大世界影响，还需要做到：完善能够激发创作人员活力的工作环境，向年轻设计师提供展示才华的机会。从 2008 年开始，有计划地在"东京出发 日本时装周"上介绍国内外年轻的优秀设计师。支持具有较高技术水平的中小纤维制造企业的发展。在大学和研究生院中设置时装专业，培养一流上乘的时装人才。扩大海外时装人才在日本的受教育机会。完善衣料和设计的存档工作。在日本纤维产业联盟中设置"知识产权保护推进委员会"，以加强支持国内服装产业团体的发展和对时装品牌的保护。强化海外宣传，支持日本优秀设计师利用日本驻外公使馆进行海外宣传。支持国际交流基金、日本贸易振兴会等机构援助开办海外展览会，强化对优秀衣料和服装的参展支持。

（3）多样的、有信誉的地方品牌战略。"日本一直实行地方自治制度，并在宪法上作了明确的规定。"[①] 地方公共团体有管理财产、处理行政事务的权能。当然，发展地方经济不仅是地方政府，也是中央政府需要考虑的问题。中央政府特别重视地方品牌的建设工作，支持各地区充分利用本地资源打造地方特色品牌，促进致力于发展地方品牌的人士间的合作和交流。树立地方品牌的信誉，构筑确保地方品牌信誉的技术基础，推进地方品牌管理者的知识普及，促进各团体积极利用地方团体商标制度。支持各地加强对自我品牌的宣传。在树立品牌初期，对于一些新产品还可以考虑"俱乐部文化"的形式，最初不把它们当作商品，而

---

① 任进：《日本地方自治制度的新发展》，《新视野》2004 年第 6 期。

是先放在俱乐部等小团体中，待其得到充分好评后再投入市场大规模生产。①

总之，文化产业充实战略主要面向日本国内，以增强日本文化产业自身的竞争力为目标，从文化产品的开发、传输、交易、品牌塑造、产权保护和消费者权益保护等各个方面为文化产业的发展壮大创造条件。文化产业充实战略是基盘打造战略的目标，同时也是海外拓展战略的基础。

### 三　海外拓展战略

日本政府高度重视扩大文化产品的海外传播，这不仅有利于盘活日本经济，给各产业带来中长期的波及效应，而且也有助于"日本品牌"的价值增值，有助于增进不同文化间的相互理解和相互认同。为增强日本文化产品的国际竞争力，日本各部门颁布了《内容产业全球战略报告书》《亚洲门户构想》《酷日本战略报告》等文件，比较清晰地刻画了日本文化产业的海外拓展战略。

（一）实现文化产业自身的全球化。日本文化产业应以日本的强项"创造性"和"感性价值创造力"为核心，与其他的全球产业一样根据"资本"和"产业"理论开展国际业务。通过与海外开展业务合作，提高日本文化产业自身的素质和竞争力。通过积累精细的地方元素，踏实有效地推进日本文化产业的全球化。具体而言主要体现为以下几项内容。

1. 电影业的全球化战略。电影的全球化战略主要是通过以下途径来实现的。首先，日本电影自主出口。以往日本国内制作的电影通常是被拿到海外电影节或电影市场上来实现出口的。今后日本电影将重点出口亚洲市场，通过运用字幕等有效手段积极加入亚洲各国市场之中，扩展业务。其次，贩卖重新制作权。贩卖重新制作权也是电影业获得收益的重要手段。通常日本电影所有权人会以比较便宜的价格出让重新制作权，今后应该改变这种做法，尽可能地以共同制作的方式来实现盈利。再次，大力提倡国际共同制作。为有效地获得海外市场，共同企划、共同开发

---

① 松冈正刚：《在产业·文化·生活的混合中产生"故事"》，经济产业省"METI"2011年8、9月号。

脚本、共同制作、两国演员共同出演等形式是今后电影业国际化的大方向。最后，鼓励重新制作与国际共同制作相结合。这种方法在日本的书籍、漫画等文化作品已经很流行的国家将会非常有效。

2. 动画的全球化战略。该战略主要通过以下几个途径来实现。(1) 动漫作品自主出口。此前日本动画产业走向海外的主流做法是向当地代理店颁发贩卖许可证，利用代理店开展业务。这种做法的好处是追加成本和风险都比较小，但是因为这些作品都是以满足日本市场的需求而制作的，所以很难完全满足海外市场的需要。特别是，电视动画的海外受众主要是孩子，而日本动画作品中以成人为对象的却不断增多，造成很多日本动画作品无法在海外直接播放，从而影响了销售。(2) 通过当地法人来进行销售。近几年日本大型动画制作公司在北美、欧洲等地设立了当地法人，开始自我海外营销。企业设立当地法人需要招募当地工作人员，成本比较大，但是这样做的好处是可以通过当地法人的身份在当地开展更为细致的销售工作。(3) 售前销售 (Pre-Sales)。要有效使用售前销售的方法，从作品策划一开始就把海外市场纳入视野，寻找当地制作人员。这种方法的优势是，从产品开发时就与对象国市场的主要工作人员共同合作，能够在对象国获得更多的市场支持，从而获取更大利益。(4) 参加外国资本主导的项目。日本动画企业可以在国外大型企业主导的项目中承担一部分制作工作，从而赚取大量制作费。然而，这种做法也有缺陷，即日方企业很难在业务上获得主导权，难以确保自身的权利。并且，迎合海外口味而制作的这些作品将很难在日本国内打开销路。

3. 游戏产业的全球化战略。随着国际游戏市场竞争的日益激烈，日本游戏企业应进一步推进自身的国际化进程，继续引领世界游戏产业。(1) 通过当地法人销售游戏软件。日本游戏业界大鳄很早就开始在北美和欧洲设立当地法人来销售自己的游戏软件。近年来这些公司在亚洲也开始设立当地法人。这样做虽然会因雇佣当地员工而增加成本，但是也可与当地的流通公司开展更加具体细致的业务。(2) 通过颁发许可证实现游戏产品的国际化销售。日本游戏公司在没有设立当地法人的国家或地区，可以通过允许当地游戏公司或其他日本公司在当地的法人来销售本公司的游戏软件，这样也可以实现游戏产品进入该国或地区市场的目的。（3）通过海外开发据点来开发游戏软件。有些日本游戏公司不仅在海外设立游戏销售点，而且还设有游戏开发据点，这样做可以大大减少开发费用。（4）支持日本游戏公司同海外开发公司开展国际分工合作。

4. 电视节目的全球化战略。电视节目是最能有效地将日本文化和生活方式传递到海外的文化产品。电视节目可以通过以下几种途径实现自身的国际化：（1）电视剧的国际化。日本电视剧的国际化主要是以中国台湾地区为中心展开的，中国香港地区、中国大陆和韩国等亚洲国家和地区也是销售的重点地区。在欧美市场上，日本电视剧的人气并不高，所以对欧美地区的战略重点应放在开发儿童电视剧上。另外，还要积极尝试与国外企业开展电视剧的重新制作和共同制作。（2）纪录片的国际化。在日本，纪录片存在着两极化倾向，以一般预算制作的纪录片主要是面向日本国内发行的，而以大量预算共同制作的纪录片则是面向国际市场发行的。未来日本企业与海外媒体联合制作纪录片将是纪录片走向世界的重要发展方向。（3）教育节目的国际化。在日本，教育类文化产品的制作历史悠久，质量也很高。并且，为了促进日本教育节目走向世界，NHK 还专门设有"日本奖"。（4）演艺会的国际化。日本是演艺会大国，日本明星在亚洲的人气非常高，可以考虑将他们出演的演艺会推向亚洲市场。而在欧美地区，日本的演艺会则需要设计处理后才能进行推广。

5. 音乐的全球化战略。为了确保日本音乐市场世界第二的地位，有必要以全球化的视点进一步将日本音乐作品推向海外。日本音乐产业的国际化主要有以下几种方法：（1）扩大以实况录音为中心的曝光活动。在海外现场积极开展巡回演出和宣传活动，这是日本音乐走向海外的最有效的方式。日本音乐家需要积极地参与到海外音乐商品交易会之中，与当地艺术家共同演出、竞赛表演或现场巡演。另外，通过在海外设立日本音乐介绍节目或利用互联网应用服务（Social Networking Services，简称 SNS）等网络工具向海外发布日本音乐的新进展，也是一种增加外国人收听收看日本音乐文化作品机会的有效方式。（2）有效利用翻唱。通过积极推进当地艺术家翻唱日本乐曲，既可促进当地人无障碍地接受日本的音乐，同时也可以为作为原唱的日本艺术家将来走向海外、为翻唱日本歌曲的外国艺术家走入日本市场提供桥梁，这是对双方都有利的事情。（3）与其他文化产品携手合作。音乐要打入海外市场，不能只局限音乐本身，还要与电视剧、电影、动漫、时装等其他文化产品相结合，创造出更为广泛的成功契机。（4）克服语言障碍。因为存在语言障碍，音乐比其他文化产品更难打入海外市场。为了克服这个障碍，应制订中长期计划，踏踏实实地打好日本音乐海外推广的基础。

6. 漫画的全球化战略。日本漫画在世界各地都很有人气，然而伴随着世界漫画市场竞争的日益激烈，其国际化也面临着进一步加强的问题。（1）有效利用漫画的故事力。日本漫画的故事性一直受到好评，未来应充分发挥这一强项，促进漫画进一步扩展海外市场。此外，日本漫画通常是以日本人为对象进行创作的，今后需要创作出更多针对海外读者的漫画作品。（2）全方位立体宣传（media mix）。漫画本身就是具有竞争力的文化产品，同时它还具有能与电影、TV 等相结合的亲和性。在日本通过开展这种全方位立体宣传所取得的协同增效作用已经有目共睹。在开拓海外市场上，也可采取同样的方法。（3）有效利用知识产权战略。在日本漫画真正进入国际市场时，不能只是被动地与海外出版社签订授权合同，日本出版社有必要在海外设立子公司，通过与当地出版社开展业务合作，确保日本出版社自身的出版渠道，从而更积极地融入海外市场。(4)灵活运用网络等新工具构筑新型经营模式。现行的经营模式是先发行杂志单行本，而后向媒体拓展。未来有必要构筑从一开始就在网络上向世界各地同时传输的新型经营模式。（5）确立涵盖多种商品的代理契约惯例。(6)培养专门从事国际业务拓展的制作人才。这种制作人才不限于出版社的编辑，还包括精通著作权的律师和销售代理。

7. 卡通人物的全球化战略。卡通人物销售市场比漫画和动画市场要大得多，也需要进一步推进国际化。（1）促进卡通人物的地域化推广。为了推进卡通人物在海外市场的销售，需要提高卡通人物的知名度。卡通人物本身基本都是无国籍的，即使原型是真实的人物，通过适当的本土化，把由日本演员出演的场景替换为当地演员来出演，也可以使卡通人物的原型得到复活。通过本土化可以使卡通人物尽快融入当地市场，同时充分利用当地电视来提高卡通人物的知名度，从而极大地促进卡通人物商品在当地的销售。（2）积极开展卡通人物展览活动。日本的一些卡通人物就是通过这种方法在美国迪斯尼乐园和海外主题公园获得了非常高的人气。（3）许可证颁发制度。充分利用在北美、欧洲、亚洲等地举办的"许可证展览会",也是拓展卡通人物海外销售市场的重要方式。

（二）商务的全球化战略。全球化指的是全球的制度结构——即指的是对已经存在的全球领域加进组织的结构——和全球的文化形式——即指的是那些或者是由在全球范围上可得到的物品与表述所生产的或者是被它们所改造的形式。① 因此，为了使日本文化产业实现全球化，顺利开展国际商务，有必要完善日本文化的基础。首先，需要推进国际共同制作和共同商务。计划创设"JAPAN 国际文化产品纪念节"，把它打造成规模巨大的国际共同制作市场，并且在戛纳和柏林等主要电影节上设立共同制作工作室。为了解决国际共同制作的制度保障问题，计划推进政府层面和民间层面的协定签订工作。其次，促进文化产品交易市场的国际化。扩充文化产品交易市场（TIFFCOM），促进包括脚本、漫画、人才和摄影等方面在内的市场化。完善能够一元化地提供文化产品所有权信息的系统，通过与文化产品展示平台的合作，整备海外交易市场，并加强向海外发送信息的工作。构筑促进网络文化产品制作和投资的市场，支持中小企业在海外展示自身的产品。最后，强化向亚洲的转向。为了使日本在亚洲合作中占据主导地位，成为市场和产业上的亚洲盟主，计划召开日本主导下的以强化亚洲文化产业合作为目的的"亚洲文化产业论坛"，增加东京国际电影节中的亚洲项目，创设通过产学携手培育年轻 CG（电脑动画）创作人才的"亚洲 CG 创作者会议"。

（三）人才的集聚和全球化战略。伴随着文化产业的全球化，精通海外业务的人才愈来愈重要，优秀人才的聚集成为保证文化产业发展壮大的关键。为解决这个问题，首先，培养制作人才，扩大实施实习生计划。利用国内各大学的文化产业院系构筑新型人才培育体系，创设针对大学教育课程的资格认定制度，制定动漫、游戏创作人才的级别标准和评定制度。通过与国外大学的合作来强化人才的培养。对走向海外的优秀人才加以表彰。实施面向亚洲人民的创作人才和制作人才研修制度。其次，要强化人才交流和人才网络。在"JAPAN 国际文化产品纪念节"上召开

---

① 乔纳森·弗里德曼：《文化认同与全球性过程》，郭建如译，商务印书馆 2003 年版，第 302 页。

人才培养、交流讨论会。促进与海外文化产品制作人员的合作，通过支援国际市场通用文化产品开发的"J-Pitch 计划"构建国际制作者网络。

（四）知识产权的全球化战略。伴随着文化产业数字化的进展，很容易出现高质量的复制品，而网络普及又使这些复制品很容易被传播到世界。因此，如何能有效地保护文化产品的知识产权已成为文化产业全球化所面临的刻不容缓的问题。为此要做到：（1）通过各省厅合作，建立适应新时代的数字文化产品流通促进制度。（2）积极支援亚洲知识产权基础设施建设，使日本文化企业能够安心在亚洲开展业务。（3）在国际共同制作时，通过专业律师的积极协助来解决缔结条约的繁杂性问题。(4）对于希望在海外开展业务，但又苦于没有与当地缔结过条约经验的企业，政府相关机构可以提供咨询和契约模本的服务。（5）为有效抵制盗版，需要加强对海外抵制盗版新途径的实证调查。（6）为进一步加强打击盗版的力度，需要强化反盗版的法律执行，同时加大对正版的流通支援。

（五）融资的全球化策略。扩大融资及其国际化。因为演出费的提高和环境的改善，文化产品的制作费用也大幅上涨。资金的筹措规模越来越大，筹措方法也越来越多。对于个体的制作者来说，在开展国际共同制作面临资金不足时，可以通过国际共同制作投融资制度来获得资金支持。政府则在文化企业向海外和一般投资家筹措资金时，提供必要的具有透明性的担保。2013 年日本政府牵头成立了"株式会社海外拓展基金"，以集结政府和民间的优秀人才和资金，推动优秀文化产品的海外拓展。同年 9 月成立了一般社团法人"广播文化产品海外拓展促进机构"（BEAJ），由内阁官房牵头，总务省、外务省、文化厅、农林水产省、经济产业省、观光厅等省厅联合推进，目的是支援广播电视节目的海外拓展活动，以利于宣传普及日本的产品和服务，促进日本经济的发展，增强国际社会对日本的理解。产业革新会则出资成立了"全日本娱乐"（株式会社），旨在向世界推广日本电影、漫画，协助海外公司共同开发日本文化产品。

（六）评价的全球化策略。构建独特的评价体系也是日本文化产业国际化所不可或缺的一环。评价的全球化指的是，以多种形式向海外宣传"日本独特的评价"，将媒体艺术节等文化活动中日本设定的"评价体系"

向其他领域扩展（如，饮食、建筑、机器人、优秀设计、儿童设计、节能环保、知识财产经营等），从而实现只有在日本得到了认可方能在世界上昂首挺胸扬眉吐气的状态。实施面向海外的展现日本评价基准的表彰和奖励活动。如，设立"总理大臣表彰·表扬制度"，对采用漫画等日本独特表现形式的作品、为世人仰慕的日本作者、为提高和传播日本的魅力做出贡献的外国人等进行表彰。举办"新日本样式"和"优秀设计奖"等活动，表彰优秀的设计作品。虽然日本饮食已经列入联合国教科文组织的非物质文化遗产名录，但还需继续加强，农林水产省应继续积极推进培养日本饮食、食文化普及传授师的活动，加强日本饮食和饮食文化在海外的影响。

总之，日本文化产业海外拓展战略的目的是让海外消费者了解源自日本的动漫、游戏、音乐、服装、饮食、地方产品、观光服务等"酷日本"产品，从而在国外形成日本热。通过在外国设立店铺、电视销售等途径销售"酷日本"产品和提供服务，在当地形成销售网络并获取利益。最后，吸引海外粉丝到日本来，完善日本的各项服务设施，促进他们在日本的消费。

### 四　日本文化产业战略的特征

日本政府在 21 世纪初将发展文化产业提高到了国家战略的高度，极大地促进了日本文化产业的发展。纵观日本文化产业战略的发展过程，主要有以下几个特征：

1. 日本文化产业战略是文化战略的"尖兵"和"支柱"。"1993年，战后冷战时期形成、适合日本经济大国、政治小国状况的'赶超型'政治体制——'五五年体制'走向崩溃以后，日本进入了构筑适应政治大国目标、与欧美发达国家'竞争型'的新政治体制的时期。"①确立日本文化产业战略不仅是因为文化产业是能够帮助日本经济走出困境的牵引力，而且通过振兴文化产业，可以促进文化输出，改善日本的国际形象。不仅可以扩大日本文化的国际影响力，还有明显的经济辐射效果和政治辐射效果。在《2009 年知识产权推进计划》中，日本政府

---

① 李寒梅等：《21 世纪日本的国家战略》，社会科学文献出版社 2000 年版，第 105 页。

将文化产业战略进一步扩展为软实力产业战略，赋予文化产业以更高的战略定位，将文化产品、饮食、时装、设计等能够创造出软实力的产业定位为拉动日本经济的一个战略产业，"软实力产业是扩大海外市场、扩大内需的原动力，具有向海外宣传我国魅力的重要作用"。2010 年以后，为了进一步拓展日本文化产品的海外市场，日本政府提出了"酷日本战略"，意图将文化与产业结合起来，将消费产业与文化产业结合起来，将国内市场与国外市场结合起来，从而带动日本经济发展，扩大日本文化的世界影响。

2. 日本文化产业战略是由各部门统筹协调的结果。文化产业本身是一个复杂的产业，它既有文化的内容，又具有产业的特征，所以内阁府、经济产业省和文部科学省都很重视文化产业的发展。内阁府主要负责研究制定和推进总括性的文化产业战略。经济产业省主要从产业发展规律的角度考虑促进文化产业发展的策略，文部科学省主要从文化的保护、创造和发展的角度思考促进文化产业发展的方略。除此之外，总务省、农林水产省、外务省、国土交通省、警察厅、财务省等也都从各自的角度参与到文化产业战略的制定当中。2013 年"酷日本"担当大臣设立后，"酷日本"推进会议和内阁府知识产权战略本部成为推进"酷日本"战略的两大核心部门。

3. 日本文化产业战略具有比较明显的"产、官、学"协作的特点。"产、官、学"协作模式在日本工业化时期就已经出现，极大地促进了日本工业的发展。所谓"产、官、学"协作模式是指产业界、学术界和政府相互配合共同推动产业发展的模式。学术界钻研理论、培养人才；产业界提供市场现状并将一部分利润反过来投入学术研究，促进学术研究的发展；政府则引导创造适当的环境和法令与之配合。日本文化产业战略在制定和施行过程中明显具有"产、官、学"协作的特征。无论是"酷日本推进会议"或"酷日本官民有识者会议"，还是"亚洲门户战略会议"，都吸纳了民间相关领域的有识者参与其中。日本经产省与文部省联手促成建立了半官半民的文化产品"海外拓展促进机构"，政府拨专款支持该机构在海外市场开展文化商贸与维权活动。[①] 除此之外，日本还设

---

① 刘明华：《美、日、韩发展文化产业的经验及启示》，《肇庆学院学报》2007 年第 6 期。

立了振兴文化艺术基金，该基金由日本政府和民间共同出资。2002 年该基金已经募集到了约 14 亿日元。[①]

4. 日本文化产业战略注重向海外市场拓展。日本国内市场规模有限，文化企业从自身的利益出发有积极向海外拓展市场的愿望；另外，日本政府从国家利益出发希望本国文化企业能够走出国门，宣传日本文化，促进世界对日本文化的理解和关心，提高日本的国际地位。因此，日本政府在政策上和资金上为日本文化企业走向海外开"绿灯"。在以上两种利益的驱动下，日本文化企业加快了走向海外市场的步伐。在过去十几年里，日本文化产品出口翻了数倍。2009 年日本文化产业国内销售额约为 14 万亿日元，海外销售额约为 0.6 万亿日元，[②] 位居世界第二，仅次于美国。总之，日本正从"制造的日本"转为"文化的日本"，正从产品制造大国向文化输出大国转变。

5. 日本文化产业战略的根基仍然是市场规律。虽然日本政府在文化产业发展过程中发挥了重要的引导作用，但它不能越俎代庖代替企业来完成市场交易，日本文化产业的主体仍然是各类文化公司、文化企业。无论是属于单一行业的文化公司还是综合类的文化公司，在发展文化产业方面都有各自的发展规划、独立的市场、营销体系以及行之有效的发展模式，[③] 文化企业自身的主动性和灵活性较强。并且，几乎每个行业都有本行业的协会，这些协会属于自律性的民间组织，负责制定行业规则，进行行业统计，维护会员的合法权益。日本行业协会的作用十分突出，被看作政府职能机构的延伸。[④] 相较政府的直接管理，行业协会的管理更加灵活和具体，更加符合市场运行规律。

总之，日本文化产业战略，既注重基盘塑造，又重视内涵充实和海外拓展。既重视对传统的继承和保护，又重视积极应对全球化之世界大势和现代社会发展。日本文化产业战略体现了后发赶超型文化产业发展的特点。与美国等先进国家相比，日本文化产业的形成比较晚，日本

① 薛芹：《日本现代文化产业发展中的政府行为》，《甘肃农业》2006 年第 5 期。
② 内阁官房知识产权战略推进事务局：《内容产业所处的现状》，2010 年 2 月 19 日。
③ 石泽毅：《日本的文化产业》，《文明与宣传》2003 年第 4 期。
④ 刘明华：《美、日、韩发展文化产业的经验及启示》，《肇庆学院学报》2007 年第 6 期。

人在学习发达国家发展文化产业的经验的基础上，充分发挥自身的优势，以"创造性"和"感性价值创造力"为核心，将文化与产业结合起来，将国内与国外结合起来，积极地发展富有世界魅力的"酷日本"文化产业。

## 第三节 日本文化产业战略的影响

毋庸赘言，从经济学的角度上讲，发展文化产业对拉动日本国民经济具有重要意义，特别是 20 世纪 90 年代以来日本经济处于持续低迷时期，文化产业的牵引力就显得更为突出。然而，发展文化产业的意义不仅在于此，其对于促进国家权力的整合、维护国家安全，增加国家的影响力也都具有重要意义。

### 一 日本文化产业战略对日本经济的影响

随着日本社会老龄化的进展，日本国内需求正在逐渐减少。原本作为日本经济牵引力的汽车、家电等基干产业已显疲软，而扎根于日本生活和文化的富有日本魅力的文化产业开始崭露头角，逐渐成为拉动日本经济的新产业群。通过将发展文化产业提高到国家战略的高度，不仅促进了日本文化产业本身的成长壮大，拉动了衣食住、旅游等关联产业的发展，还扩大了日本文化的国际影响力，提高了日本产品的国际竞争力。①

20 世纪 90 年代以来，在日本文化产业战略的指导下，动画、漫画、电视、电影、游戏、出版等文化产业本身大都取得了很好的成绩，实现了较为明显的增长，成为日本经济发展的新的驱动力。2000 年包括电影、电视及关联收入在内的影像类文化产品的销售额约为 4.13 万亿日元，而 2011 年增至约 4.5 万亿日元。2000 年包括游戏软件、网络游戏、游戏厅等在内的游戏类文化产品的销售总额约为 1.06 万亿日元，而 2011 年增至约 1.2 万亿日元。2000 年包括图书、杂志、报纸网络广告等收入在内的图书新闻出版类文化产品的销售额约为 5.69 万亿日元，而 2006 年增至约 8.1 万亿

---

① 八木匡：《内容产业的劳动市场》，《日本劳动研究》第 549 号，2006 年 4 月。

日元。①

不仅如此，进入 21 世纪之后日本政府非常重视文化产品的海外拓展，有效地促进了日本文化产品的海外销售，日本的动漫、电视剧和电子游戏等都获得了巨大好评，宫崎骏导演的《千与千寻》2002 年获得了第 75 届奥斯卡最佳动画片奖，泷田洋二郎导演的《入殓师》2008 年获得了第 81 届奥斯卡最佳外语片奖，加藤久仁生导演的《回忆积木小屋》获得了 2008 年第 81 届奥斯卡最佳动画短片奖。日本文化产品越来越多地受到了全世界人们的关注。例如，在法国巴黎举办的世界规模最大的综合性介绍日本文化的活动 "JAPAN EXPO"，2001 年入场人数为 3600 人，而 2012 年时增加到了约 21 万人。② 据日本经济产业省在《内容产业的现状与今后发展的方向性》和《内容产业的现状与课题》中的预测，文化产业的世界市场规模将从 2009 年的 463.9 万亿日元，到 2020 年增至932.4 万亿日元。而日本企业的海外销售额将上升至约 2.3 万亿日元，约占世界市场总份额的 0.5%。③

日本文化产业与网络技术等科学技术的进步形成了相乘效果，产生出了所有产业中最高的增长率和雇佣增长率。④ 同时，在日本政府的统合指导下，与文化产业相关的衣、食、住等消费产业和旅游业也取得了令人瞩目的进步。特别是旅游产业，如图 3—2 所示，2003 年访日旅行促进计划开始实施时，访日游客数量为 521 万人，而到了 2013 年访日游客翻了两倍，增至 1036 万人，创历史新高。

总之，日本文化产业战略提出后极大地推动了日本文化产业的发展，通过与消费产业和旅游产业的结合成为带动日本经济发展的新驱动，这对于改善长期陷入低谷的日本经济状况具有重要意义。

---

① 经济产业省：《数字内容白皮书 2009》，一般财团法人数字内容协会，2009 年，第 21 页。

② 镰田纯一、中野香：《酷日本的海外展开支援——株式会社海外需要开拓支援机构法案》，《立法与调查》2013 年 5 月。

③ 《内容产业的现状与今后发展的方向性》，http：//info. nicovideo. jp/pdf/sentankaigi_1124. pdf；《内容产业的现状与课题》，http：//www. meti. go. jp/policy/media ＿ contents/downloadfiles/kobetsugenjyokadai/genjyoukadai1215. pdf。

④ 八木匡：《内容产业的劳动市场》，《日本劳动研究》第 549 号，2006 年 4 月。

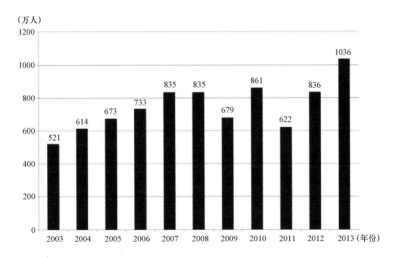

**图3—2　2003—2013年间每年访日外国人数的推移**

注：2003—2012年的数值为确定值，2013年的数值为推定值。

资料来源：日本政府观光局（JNTO）。

## 二　发展文化产业对日本内政的影响

发展文化产业对于整合国家权力，提高国家凝聚力具有重要意义。"对于作为政治实体的国家，其权力的维护不仅需要资源、体制作为依托，更需要文化的整合。"① 文化的整合作用体现在以下几个方面。

1. 文化决定着一个社会的内容和本质，它是一个社会最本质、最根本和最中枢性的东西。它是超越世代历史和传统的承担者，无论哪个时代的人都从前一代人那里继承文化，并在此基础上加以创造和发展，从而增加文化的丰富性。

2. 文化是联结社会的纽带。文化在培养人们丰富人性的同时，也提供了人与人心灵交流、相互理解和尊重的土壤。随着现代化和城市化的发展，人与人交往的时间和空间都在减少，正因如此文化发挥的作用才越来越重要。

3. 文化产品可以丰富人们的生活，塑造人们的生活价值观。随着现代化的发展，机器将人从繁重的劳动中解放出来，人们拥有了大量的余

① 张骥等：《国际政治文化学导论》，世界知识出版社2005年版，第45页。

暇时间。据 2003 年 NHK 放送文化研究所调查的结果显示，将余暇视为与工作同样重要的想法已经在日本人的思想中扎下了根。多数日本人选择"高高兴兴地做自己喜欢做的事"来度过余暇。① 而文化产业所创造出的音乐、动漫、旅游等多种多样的文化产品恰恰填补了日本人的余暇时间，陶冶了人们的情操。

4. 文化的魅力可以增大一个国家、城市或地域的魅力。文化本身就是富有魅力的东西，它的魅力和丰富性对内对外都是一个国家、城市或地域的象征和脸面，是促使人们关注这一国家、城市或地域的重要力量。②

5. 文化是提高国民的爱乡情和爱国心的重要途径。通过继承发展优秀的传统文化，开发世界领先的文化产业，打造世界知名的文化品牌，可以培养国民对国家和家乡的自豪感。这种强烈的自豪感是生发出爱乡情、爱国情的基础。

文化产品从内容上看属于文化的范畴，具有浓厚的意识形态色彩，其归根结底也是要为统治阶级服务的。文化产品不仅仅是经济意义上的商品，也是政治意义上的工具。日本政府很重视文化产业发展对国家权力的整合作用。在大力发展文化产业、打造文化品牌的同时，通过制定法律和建立专业行会组织来引导文化产业的发展方向，使文化产品充分发挥人与人的纽带、丰富国民的生活、提高国家和地方的魅力、培育国民爱国情绪和爱乡情绪的作用。并且，在日本政治迎来剧场政治的时代，日本政府部门、政党充分利用报纸、书刊、媒体、动画等文化产品形式宣传自己的政策和主张，发挥了很好的宣传效果。

## 三　发展文化产业对日本国家安全的影响

大力发展文化产业是维护日本文化安全的重要手段，也是开展文化外交的重要内容。从某种意义上说，文化产业也是一种"软力量"，具有通过一切无形要素推行他国所认同的价值观和利益，影响他国意志和观

---

① NHK 放送文化研究所编：《现代日本人的意识构造》，日本放送出版会 2004 年版，第163 页。

② 池上惇等编：《文化经济学》，有斐阁 1998 年版，第 216—217 页。

念以达到改变他国行为从而实现其国家利益的能力。

随着全球化的发展，文化也日益呈现出全球化的趋势。"文化全球化趋势使一些地方的文化认同遇到重大挑战"，① 直接威胁到这些国家的文化存在和发展的独立性。因此，文化安全日益受到各国政府的重视。所谓文化安全是指主权国家的文化领域不存在威胁和危险。它包含两个方面，客观上指主权国家文化外界的现状不存在文化威胁，即文化保持独立性；主观上指人们的文化心态、心理不存在恐惧、害怕、担心等。文化安全有以下几个特征：（1）文化安全具有相对独立性，但也不是孤立的，往往与经济安全、政治安全、军事安全等共同构成一个完整的国家安全综合体；（2）文化安全是一种无形的、隐蔽的软安全，是隐蔽于国家安全中最深层的那一部分，一经存在便很难发生重大变化，牢牢地固守着安全中的最底层的那道防线；（3）文化安全具有较强的稳定性，文化安全是国家安全中最牢固、最不易摧毁的；（4）文化安全的外层具有可侵蚀性和可剥离性；（5）文化安全具有民族性和阶级性双重属性，民族性表现在一个国家的文化安全首先体现的是一个民族国家的文化，它是主权国家区别于其他国家的基本标志，阶级性表现在一个国家的文化是占统治地位的阶级的意志反映，代表本阶级的意识形态，反映本阶级的思想、价值观、道德、政治信仰等；（6）文化安全的内涵丰富，但以文化主权为主要内容。②

大力发展文化产业是维护日本文化安全的重要手段。从政治角度上讲，日本政府通过振兴文化产业，对内可以增强国民的文化认同，整合国家权力；对外则可以输出文化产品，增进世界人民对日本的理解和支持，使之发挥更大的国际影响力。从而变被动为主动，有效地捍卫了日本的文化安全。

随着信息社会的发展，国家间的文化以前所未有的规模和程度广泛而深入地相互传播，文化与外交的联姻进入到一个新阶段，文化关系已经成为国际关系中一个必不可少的方面，越来越多的国家开始重视文化外交的重要性。所谓文化外交指的是以文化传播、交流与沟通为内容展

---

① 王逸舟主编：《全球化时代的国际安全》，上海人民出版社1999年版，第18页。

② 张骥等：《国际政治文化学导论》，世界知识出版社2005年版，第87页。

开的外交活动，是主权国家利用文化手段达到特定政治目的或对外战略意图的一种外交活动。① 中华人民共和国文化部原副部长孟晓驷曾指出，某项活动是否属于文化外交的范畴，可以用四条标准来衡量：一、是否具有明确的外交目的；二、实施主体是否是官方或受其支持与鼓励；三、是否在特殊的事件针对特殊的对象；四、是否通过文化表现形式开展公关活动。② 文化外交相比于政治、经济、军事等其他外交形式的一个最显著的特点是它使用的手段是和平的，因此更易被目标国家所接受，但其所造成的结果却是普遍、深入而持久的。文化外交是提高国家软实力的重要手段。文化外交通过在对外文化交流中潜移默化地推销自己的文化理念和价值观，来博得他国公众的理解和支持，从而树立良好的国际形象，提高国家在国际社会中的威望，推进国家的整体外交运作。

文化外交的途径主要有两条。其一，以国家政府间的文化交流活动为载体开展文化外交。其二，以国际公共关系活动为载体开展公共外交。③ 发展文化产业可以算作后一种途径。日本通过发展文化产业，鼓励企业开拓海外市场，使日本漫画、动画、电影、音乐、时装和建筑等现代日本文化产品在世界各地得到了广泛传播，并为世界人民所喜爱。在这个过程中，日本得到的绝不仅仅是文化产品出口贸易大国的美誉，更为深刻的是，它把一个"文化日本"的国际形象传播到了全世界，④ 增进了国际社会对日本的理解，为日本整体外交政策特别是对亚太地区政策的开展奠定了基础。在很长一段时间里，亚太地区的人民一直没有摆脱第二次世界大战中日本的侵略所带来的恐惧和伤害，他们对接受日本、接受日本文化一直存在心理障碍。日本通过大力振兴文化产业，向这些国家和地区输出文化产品，在一定程度上改善了这些国家和地区的人们，特别是年轻人对日本和日本人的印象。从这一点上说，日本的文化产业政策所带来的政治效果是显著的。但是，文化外交上的成功并不能从根本上改变日本外交弱国的形象，因为文化外交需要与传统外交联系起来

① 李智：《文化外交——一种传播学的解读》，北京大学出版社 2005 年版，第 25 页。
② 孟晓驷：《锦上添花："文化外交"的使命》，《人民日报》2005 年 11 月 11 日。
③ 李智：《文化外交——一种传播学的解读》，北京大学出版社 2005 年版，第 28 页。
④ 同上书，第 133 页。

才能发挥更大的作用，而战后日本外交一直受到美国的制约，缺乏自主性，这在一定程度上影响了日本文化外交的作用效果。

总之，日本的文化产业战略是在全球文化产业大发展的背景下形成的，它是知识经济时代的产物，是日本政府为了挽救长期陷入萧条的日本经济，对外树立大国形象而采取的策略。日本文化产业战略内涵丰富，它既包含夯实基础、保驾护航的基盘打造战略，还包括着眼日本国内，壮大日本文化产业的产业充实战略，以及促进文化产品走出去的海外拓展战略。日本文化产业战略效果显著，它不但拉动了日本经济的发展，促进日本国家权力的整合，同时也提高了日本的文化软实力，是日本大国战略的重要组成部分。

# 第 四 章

# 日本的文化外交战略

## 第一节　重视软实力：日本外交战略的调整

在相互作用与依存的国际社会中，作为基本单元的国家的综合国力对比关系，决定了彼此在国际政治体系中的地位和作用。在全球化与区域经济一体化的背景下，衡量一个国家的发展不完全取决于国内生产总值（GDP），还有诸多评价指标，综合国力中的软实力显然就是其中重要一项。那么，日本的综合国力及其软实力状况如何？软实力对于日本的对外战略及外交思想的影响如何？日本对外文化战略的支点又是什么？本节将就这些问题进行探讨。

### 一　综合国力的内涵及其软实力构成

日本学者星野昭吉在《变动中的世界政治》中指出，国力是国家具有的属性及其资源的相互结合，实际上这不仅是指对别国影响的外在能力，而且指影响别国的潜在能力。国家所拥有的这种能力的大小，决定了各国在国际体系中地位的排序。[①] 因为，国力是由各国拥有的要素构成的综合力量，因而就称为综合国力（National Power）。概言之，综合国力就是一个国家通过有目的的行动追求其战略目标的综合能力。也可以说，综合国力概念是用来概括一个国家（或地区）政治、经济、文化、科技、军事、对外关系等实力因素的综合概括范畴。另外，还有的观点认为，

---

① 星野昭吉编：《变动中的世界政治》，刘小林、王乐理等译，新华出版社 1999 年版，第288 页。

综合国力（Comprehensive National Power）就是指主权国家赖以生存与发展所拥有的全部实力及国际影响力的合力。综合国力的内涵非常丰富，它的构成要素中既包含自然的，也包含社会的；既包含物质的，也包含精神的；既包含实力，也包含潜力以及由潜力转化为实力的机制；它是一个国家政治、经济、科教、文化、教育、国防、外交、资源、民族意志、凝聚力等要素有机关联、相互作用的综合体。① 或是指一个主权国家生存和发展所拥有的全部实力——包括物质力和精神力及其国际影响力等方面实力的总和。可以说，一个国家在国际社会中的地位是由以上综合实力因素所规定的。也就是说，一个国家的实力是由该国的综合国力决定的。

随着社会知识化、科技信息化和经济全球化的不断发展，国际社会将进入综合国力激烈竞争的时代。综合国力将成为争取未来国际地位的重要基础和做出重要国际贡献的主要标志之一。同时，在国际关系中，任何国家要实现自己的利益与目标，都会涉及与其他行为体的互动，在很多时候要以自己的手段和能力改变其他行为体的态度与行为，因此国家实力对于国际战略的实现来说，是非常重要的。② 由于综合国力的强弱直接关系到一个国家（或地区）的国际地位和影响，因此，综合国力的国际比较越来越受到国际社会的普遍关注，已成为各国追求发展的重要指标。关于综合国力的基本构成要素及其侧重点等问题，各国学者的观点不尽相同，众说纷纭。主要观点概述如下：

美国学者汉斯·J. 摩根索（Hans J. Morgenthau）在《国家间政治——寻求权力与和平的斗争》一书中，系统研究和概括了近代国家实力的性质。他认为，各国为了实现各自的国家利益，就必须提高国家实力，国家实力是实现国家利益的手段。他对国力的诸种构成因素进行了分析：一个国家的国力应该包括地理、自然资源、工业能力、军备状况、人口、民族性格、国民士气、外交质量和政府质量这九个方面的要素。其中，前四个是物的要素，第五至第九是人的要素，即把国力区分为：

---

① 中国科学院可持续发展战略研究组：《2003 中国可持续发展战略报告》，科学出版社 2003 年版，第 3 页。

② 李少军：《国际战略学》，中国社会科学出版社 2009 年版，第 36 页。

相对稳定的要素（有形国力）和易于变化的要素（无形国力）两种形式。① 摩根索主张把国力作为一个国家推行其对外政策的基础，开始关注军事力量和各种非军事要素在国力中的平衡作用。这为以后的有形国力和无形国力两大国力因素的形成奠定了理论基础。

美国学者克莱因（Ray. S. Cline）用量化的方法分析国力。他认为，一个国家的国力主要由五个要素构成，即基本要素（人口和领土）、经济实力、军事实力、战略目标、实现战略目标的意志。他把综合国力分解为物质力量和精神力量两个要素。在物质力量要素中，主要包括基本要素、经济实力和军事实力等内容；在精神力量要素中，主要包括战略目标和国家战略意志等内容。克莱因提出了一个定量评估国力的综合公式：P ＝（C＋M）×（S＋W）。在"克莱因方程"中，C 为基本要素（人口、领土），M 为军事实力，S 为战略目标，W 为实现国家战略的意志。克莱因根据这个公式对世界上一些国家的国力进行了评估：在 1975 年对世界主要国家的国力评估中，中国和日本分别居世界主要国家的第三位和第六位。②"克莱因方程"在注重各国基础资源的同时，强调经济实力和军事实力在各种国力要素中的重要作用。

日本学者福岛康仁对"克莱因方程"持不同看法，他提出的评估国力的公式为：P ＝（C＋E＋M）×（G＋D）。其中，C 表示人口、领土和自然资源；E 表示 GNP、人均 GNP 及其实际增长率，再加上工业实力、农业实力和商业实力；M 表示军事实力；G 为国内政治能力，D 为国家外交能力。他运用这个公式对 1982 年世界主要国家的国力进行了评估和排序，其中，对于日本和中国占世界排名的评估结果分别为第五位和第六位。③ 与"克莱因方程"不同，福岛康仁在自己的国力评估公式里增加了"国内政治能力"和"国家外交能力"。这与日本战后的基本国情有关，作为"战败国"的日本极力回避"战略目标"和"国家战略意志"等字眼。直到 20 世纪 80 年代，基于当时国际政治经济格局的变化，日本根据

---

① 汉斯·J. 摩根索：《国家间政治——寻求权力与和平的斗争》，徐昕、郝望、李保平译，中国人民公安大学出版社 1990 年版，第 152 页。

② 星野昭吉编：《变动中的世界政治》，刘小林、王乐理等译，新华出版社 1999 年版，第 300—301 页。

③ 参见黄硕风《综合国力论》，中国社会科学出版社 1992 年版，第 102 页。

所处的国际环境提出"综合安全保障战略"，突出非传统安全因素的重要性，开始重视在世界综合国力竞争中的地位和影响。1987 年，日本经济企划厅计划局委托日本综合研究所进行的《日本综合国力》研究报告中，将国力划分成国际贡献能力、生存能力和强制能力三大构成要素。国际贡献能力包括经济实力、科技实力、财政实力、金融实力、对外活动的积极性以及在国际社会活动中的活动能力。其中，经济实力是国力的基础，科技实力是国力的重点。生存能力包括地理、人口、资源、经济实力、防卫力量、国民意志、结盟和友好关系。强制能力包括军事力量、经济实力、外交力量、战略物资和技术，它是一国影响、说服和威胁他国的实力。该报告还指出，"日本的强制能力比较低，大约只有美国的四分之一，远不如英国和法国。主要是因为不具有作为强制能力的军事实力"。该研究报告以美国的国力 100 分为标准，[①] 将"国际贡献能力""生存能力"和"强制能力"分别定为 50 分、30 分、20 分来计算 2000年世界主要国家的综合国力，结果是：美国为 100 分、日本为 57 分、中国为 35 分。[②] 该国力测度模式以经济实力为基础，以科技实力为重点，以国民意志为支柱，以对外关系为突破口，来反映和衡量当代综合国力竞争的基本特征和发展趋势。[③] 可以看出，日本将国际贡献能力作为三大要素的核心，表明日本希望以此改变"战败国"形象，展现日本通过经济实力、科技实力、财政实力、金融实力、对外活动的积极性以及在国际社会活动中的活动能力等非军事方面的国际贡献能力，反映出日本的战略目标和国家战略意志，充分体现出日本对于综合国力构成因素的独特理解。

中国学者黄硕风运用系统论、协同学和系统动力学原理，以定性和定量相结合的方法提出了综合国力的理论体系。他认为，综合国力的本质应该是一个主权国家生存和发展所拥有的全部实力（物质力、精神力和

---

① 日本综合研究所在《日本综合国力》研究报告中，采用了德尔菲（Delphi）方法，使用了 15 个构成要素，拟定了综合国力评价指标 108 个，实际入选 70 个，用加权算术平均和比较评分的方法计算综合国力。

② 参见黄硕风《综合国力论》，中国社会科学出版社 1992 年版，第 31—35 页。

③ 中国科学院可持续发展战略研究组：《2003 中国可持续发展战略报告》，科学出版社2003 年版，第 25 页。

潜力）以及在国际社会中的影响力的合力。① 其基本构成要素是生存力、发展力和协同力。其中，生存力是指一个国家继续生存和确保安全的能力；发展力是指一个国家的综合发展能力；协同力是指国家领导集团对内外的优化组合、协调统一的能力。黄硕风根据综合国力的概念，用系统分析方法，宏观地将综合国力各个构成要素中起支配控制作用的宏观变量引入，建立了一组旨在测定综合国力值的"综合国力动态方程"。为了便于定量分析和具体测算，他把生存力、发展力和协同力进行了构成因素划分，具体分为资源力、经济力、科技力、教育力、文化力、国防力、外交力、政治力共八个因素，并通过"超前趋势预测"模型对20世纪80年代中期世界主要国家的综合国力进行了评估和未来测算。结果表明，21世纪初，美国的综合国力仍居世界第一位；日本的经济实力、科技实力、金融实力都非常雄厚，但国内资源缺乏，防卫力量整体能力比较低，其综合国力在世界的排序为第三；中国的综合国力正在逐步上升。若改革开放取得更大成就，经济、科技、文教等获得协调发展，包括中国香港、中国台湾、中国澳门在内，其综合国力有可能稳步登上世界第五。② 另外，中国学者丁峰峻认为，综合国力应该区分为有形力量（即硬国力）和无形力量（即软国力）两个部分。有形力量包括自然力、人力、经济力、国防力。无形力量主要包括政治力、科技力和精神力。他认为，综合国力的计算是相当复杂且带有主观性的问题。所以，评估综合国力的公式应该表述为：综合国力＝软国力×硬国力＝（政治力＋科技力＋精神力）×［R（自然力＋人力＋经济力＋国防力）］。其中，R是结构系数，表示硬国力各组成部分之间的相互比例关系。软国力相当于硬国力的系数，起着修正的作用。③

同样，美国政治学家约瑟夫·奈（Joseph S. Nye）也把衡量国家实力的标准分解为硬实力和软实力两大类。硬实力包括基本资源、军事力量、经济力量和科技力量；软实力包括国家凝聚力、文化普及程度和在国际

---

① 黄硕风：《综合国力论》，中国社会科学出版社1992年版，第9页。

② 同上书，第221页。

③ 金应忠、倪世雄：《国际关系理论比较研究》，中国社会科学出版社1992年版，第166—167页。

机构中的影响分量。他认为，实力的内涵并非是一成不变的，软实力具有与硬实力同样重要的作用。随着世界政治经济格局的变化，国家实力概念正从强调军事力量和征服力量转向把科学技术、教育和经济增长作为重点要素。[①] 对此，有的学者补充指出，估量一个国家的软实力，重要的是它能够在多大程度上将民众动员起来、将力量集中起来的组织能力等。

以上各国学者关于国力的论点，主要表现在对于国力及构成要素的侧重点的不同认识和理解方面。这是因为，不同的国家在不同发展时期，国家发展战略各不相同，所以，对于国力构成要素的重视程度也就各不相同，进而导致各国对国力发展的认识程度各异，因而形成各国对于国力及构成因素研究的不同特点。对于综合国力的概念，中西方学者的看法存在一定的差异。中国学者对综合国力的定义是强调国家的和平与发展，提出在保护本国国家利益的基础上，与他国互惠互利，和平共处。如王诵芬等认为，综合国力是主权国家在一定时期内所拥有的各种力量的有机总和，是国家赖以生存和发展的基础，又是强国据以确立其国际地位、发挥其国际影响和作用的基础。而西方学者的基本思想多是以强权政治为中心。随着国际环境的变化，他们对国力的定义已不再是赤裸裸地强调国家间影响方式的强制性，而强调利用经济力、军事力或其他软实力相互组合的方式，但兰德公司仍将国力定义为"一个国家通过有目的的行动追寻其战略目标的能力"。[②]

从共性方面看，各国学者在国力构成要素的综合性上看法是基本一致的。具体来说，各种国力要素是相互作用、相互影响的，一种国力要素的发展在不同程度上影响其他国力要素发展变化，以致共同影响和决定整个国家的实力，因而国力构成要素的综合性就成为各国学者的共识。特别是中国科学院可持续发展研究组首次提出可持续发展综合国力

①　约瑟夫·奈依据硬实力和软实力两大评估模式，1990 年曾对美国、苏联、欧洲、日本和中国五个主要国家及地区的强弱进行了计量和评估。其结果表明，中日两国在硬实力（包括基本资源、军事力量、经济力量和科技力量）方面强弱差异明显，而软实力（包括国家凝聚力、文化普及程度和在国际机构中的影响分量）均处于中等水平。（资料来源于《世界箴言》1990 年 3 月刊，波士顿出版）

②　王玲：《关于综合国力的测度》，《世界经济与政治》2006 年第 6 期。

的概念，并提出对这种综合国力进行测度和比较的方案和方法。该战略报告指出，关于可持续发展综合国力的研究，是以可持续发展战略理念、条件、机制和准则为据，全方位考察和分析可持续发展综合国力各构成要素在国家间的对比关系及各要素对综合国力的影响，系统分析和评价综合国力及各分力水平，对比分析并找出不足，同时提出相应对策和实施方案，以期不断提升综合国力，达到国家可持续发展的总体战略目标。该战略报告认为综合国力要素大致包括经济力（包括资源力、对内经济活动力和对外经济活动力）、科技力（包含科学技术的研究能力和科学技术的应用能力）、军事力（包括作战成员的数量、组成、训练、装备、活动能力，军工生产和后备力量等）、社会发展程度（包括社会保障的发达程度，法律的完善程度，教育、科技、文化、卫生等的发达程度，人们的生活质量、生活水平和保健程度等）、政府调控能力（经济调控能力、行政调控能力和法制法规调控能力）、外交力（国际影响力和国际协调能力），等等。① 其中，科技力、社会发展程度、政府调控能力和外交力等软实力已逐步成为持续发展综合国力的重要因素及权重。

## 二 软实力：21 世纪日本外交理念的关注点

21 世纪初期，面对经济趋于停滞且导致国际影响力逐步下降的境况，日本力求通过软实力维持原有的国际地位。软实力既是衡量一个国家基本国情和基本战略资源最重要的指标，也是衡量一个国家综合国力的重要指标。一般来说，对于一个国家综合国力的分析和评价，需要对硬实力和软实力两方面构成要素进行定性描述和定量分析。② 本书采用有关综合国力构成要素、数据和方法，设定了科技文化、社会发展程度、政府调控能力、外交力等项具体指标，评价 21 世纪初期日本外交理念对于软

---

① 中国科学院可持续发展战略研究组：《2003 中国可持续发展战略报告》，科学出版社 2003 年版，第 21—22 页。

② 用定量分析建立一个度量标尺，通过这一度量标尺测量一个国家的综合国力发展状况，分析这个国家综合国力的发展水平与态势，进而回答该国与其他国家的比较性综合国力。这是度量或评价综合国力的目的和意义所在。参见中国科学院可持续发展战略研究组《2003 中国可持续发展战略报告》，科学出版社 2003 年版，第 109 页。

实力的战略关注。

1. 日本对于科技文化的重视。科技力反映的是一国科学技术的发展水平及其对其他方面的影响和贡献情况，它是决定国家实力的核心因素，是未来综合国力竞争中的主要动力。历次科技革命的结果表明，科技革命能够在较短时间内改变国家综合国力的对比关系，促进国际政治格局发生变化，[①] 对国际关系和内外政策有重大影响。特别是人类进入知识社会与信息时代后，其重要性与日俱增。现代科学技术不仅关系到生产的增长和人民生活的改善，且关系到国家和民族的生存和发展。它对促进一个国家经济、政治、教育、文化、道德等有着重要作用。高新技术，特别是信息技术的飞速发展，为发展中国家发挥后发优势、缩短与发达国家的经济技术差距提供了可能。具体来说，科技力主要包括：科技成果（万人拥有专利数，科研成果对外转让）、科技队伍（科学家与工程师人数）、科技投入（研究与开发经费）、科技活动（高技术产业占第三产业的比重，高技术产品出口额，通信、计算机服务出口占总出口的比重）四个方面的指标。

日本一贯注重以科学技术的发展提升综合国力。日本政府积极推行规模宏大的科学技术创新计划，在《科学技术白皮书》（1980）中正式提出了"科技立国"的方针。由于日本高度重视产业技术进步，20 世纪 80 年代连续超过法英德等国，成为世界第二大经济强国。20 世纪 90年代以后，日本一改长期依靠技术引进、吸收和改造来实现科技发展和产业化的状况，推出了《新事业创出促进法》《促进信息科技开创未来的战略举措》等一系列推动科技和知识产业发展的新措施，逐步加强基础科学和突破性科技创新成果的研发。日本居民申请专利居发达国家首位，充分反映了日本潜在的知识技术创新能力。2002 年日本确定了"科技创新立国"战略，较之 1980 年提出的"科技立国"方针更加突出了科技创新的重要性。近年来，虽然日本由于经济增长乏力，一直紧缩财政支出，致力于消除财政赤字，重建财政平衡，但在科学技术上的投入却仍在不断增大，1996—2009 年已经投入约 59 万亿日元，并取得

---

① 中国科学院可持续发展战略研究组：《2003 中国可持续发展战略报告》，科学出版社 2003 年版，第 21 页。

显著的研究成果。① 日本长期保持较高的科技研究与开发经费支出，科学家与工程师约半数是大学工程系出身，这成为日本跟踪开发优势的关键所在。日本社会对科学技术普遍、持久、高度的重视是日本成为发达经济体的根本原因之一。在世界知识产权组织（WIPO）发布的 2009 年国际专利申请报告显示，日本松下公司位居全球企业专利申请量第一。从国家专利申请数来看，日本共 29827 项，增幅为 3.6%，位居第二。②

2. 日本社会发展程度的提高。社会发展程度是指一个国家在一定时期内的社会发达水平和发展能力，包括社会保障的发达程度，法律的完善程度，教育、科技、文化、卫生等的发达程度，人们的生活质量、生活水平和保健程度等。③ 它是一个国家综合国力盛衰的反映，关系国民福祉、政治稳定和社会效益。社会发展既是客观历史演进的过程，又是人的价值实现的过程。因为，社会的发展是人类实践活动的结果，社会发展的程度是通过人的发展程度来衡量的，社会发展的最终目的是为了实现人的全面发展。所以，社会要为人的发展提供必备的条件，诸如经济、政治、科学、技术、文化、教育、卫生、医疗、住房、交通、安全和保险等。

日本的社会发展程度不断完善和提高。根据日本总务省统计局发布的《日本的统计（2010）》显示：截至 2007 年，日本共有医院 8862 家，平均每千人拥有病床 12.7 张、医生 2.01 人。2007 年日本总住宅数量为 5759 万个，平均住宅面积为 94 平方米。截至 2008 年，每千人拥有乘用车数量为 699.6 辆。2008 年，日本手机的家庭普及率为 95.6%，家庭电脑的普及率为 85.9%，互联网对应型电视机普及率为 15.2%。电视机和电冰箱的普及率较高，约为 100%。2009 年度，日本文教机构科学振兴费用支出为 5.31 万亿日元，占当年预算总额的 5.99%。日本重视社会教育，截至 2008 年，日本国有小学 22476 所，教员 41.9 万人，学生 712.1 万人；初中 10915 所，教员 24.9 万人，学生 359.2 万人；高中 5243 所，

① 姚海天：《当前日本科学技术政策述评》，载李薇主编《日本发展报告（2010）》，社会科学文献出版社 2010 年版，第 309 页。

② 日本共同社日内瓦 2010 年 2 月 9 日电。

③ 中国科学院可持续发展战略研究组：《2003 中国可持续发展战略报告》，科学出版社 2003 年版，第 22 页。

教员 24.1 万人，学生 337 万人；大学 765 所，教员 16.9 万人，学生 283.6 万人。[①]

尤其值得一提的是，日本在社会保障方面进行了更多的努力和尝试，日本的年金保险的覆盖率几乎为 100%，2007 年日本人均用于支出社会保障的总费用为 71.56 万日元，占国民收入的 20% 以上。2009 年用于社会保障方面的政府财政支出为 24.834 万亿日元，占当年政府财政预算的 28%。[②] 从政府财政和社会保障的关系来看，2008 年度预算中社会保障相关费用为 21.80 万亿日元，占财政支出一般项目的 26.2%。且占扣除国债费用及地方交付税之后财政支出一般项目的近 46.1%。同一项目占比在 1980 年为 26.7%，而 1999 年以后，随着人口老龄化的急速深入，占比升至 40% 以上。[③] 日本医疗制度实行国民健康保险制度，日本约有 50% 以上的国民均加入了国民健康保险。针对 21 世纪的社会老龄化问题，日本政府还在继续完善养老保险制度和可持续医疗保险制度。日本执行的福利政策为发展养老事业、医疗事业做出很大贡献。

3. 日本的政府调控能力。政府调控能力是指一个国家对宏观经济的驾驭能力和驾驭技巧，包括经济调控、行政调控和法制法规的调控能力。在一定的科学技术和物质设施条件下，综合国力强弱将主要取决于对各要素的组织与协调，即政府的管理质量。[④] 其衡量指标包括政府最终支出占 GDP 的比重、中央政府支出占 GNP 的比重，环境政策、科技政策、产业政策和制度创新能力等因素。一个国家的财政状况如何，是衡量其经济发展水平、政府调控能力和社会进步程度的重要指标。

日本政府十分注重各部门之间的协调和效率。日本政府根据国内外经济动向分析和展望，提出适应日本经济发展各阶段的产业政策和计划，而"这种'计划'的实际作用是增进了不同集团之间的相互了解"。日本

---

① 日本总务省统计局、总务省统计研修所编：《日本的统计（2010）》，第 32—33 页，2010 年 3 月。

② 同上。

③ 参见日本驻华大使馆网页"日本概况"，http://www.cn.emb - japan.go.jp/conspectus.htm。

④ 中国科学院可持续发展战略研究组：《2003 中国可持续发展战略报告》，科学出版社 2003 年版，第 22 页。

政府注重与企业沟通，并对企业进行及时指导，"即便政府发出的不过是一个建议、一个要求或是一个通知，但只要它是来自通产省，任何企业都害怕如果不遵守执行的话可能会受到冷遇"。所以，日本企业常常"把通产省和大藏省的前高级官员聘为董事，以便与政府保持密切的联系"。①虽然政府的行政指导不具有约束力，但政府同各利益集团的协商、合作已成为协调整个社会经济发展的重要手段。特别是，日本公务员的素质和效率保证了整个行政的高效运转和遵守规则。另外，日本政府提高行政效率的努力还表现在"电子政府"的创建。日本充分利用IT技术和互联网，实现削减开支、提高国民的便利性、积极公开信息等，这些措施都有利于提高日本政府的调控能力。在财政方面，2008年日本政府的财政预算为88.91万亿日元，这些财政支出预算集中于社会保障、对地方的支援和公共安全等领域，财政支出历来是日本政府政策重点的指向标，对经济和社会的调控能力也集中体现在其财政支出的比例分配上。

4.日本不断强化外交力。外交力是指一个国家在对外活动中的威望及处理国际事务中的能力，主要表现为根据对国际形势的判断和掌握，进行外交政策的确定和外交策略选择，从而提高一个国家在国际社会中的影响力和贡献力，为国家建设与发展创造安全、有利的外部环境。外交力主要包括对外关系、对外政策、对外活动及对国际社会的贡献能力等。②

日本外交政策的基本取向是以日美同盟为基轴，以亚洲为战略依托，重视发展大国关系，积极参与地区及全球事务，谋求政治大国地位，力争"入常"。③日本在第二次世界大战后形成了"以日美关系为基轴"和"以经济外交为主要手段"的外交路线和体系。从1952年起，日美间就存在着建立在《日美安全保障条约》基础上的军事同盟关系。20世纪80年代中期，日本确立了以经济大国地位为后盾走向政治大国的"普通国家"战略目标，竭力通过大幅增加国际援助来塑造大国形象，以凸显其

① 森岛通夫：《西方的技术和日本的民族精神》，四川人民出版社1986年版，第270、272页。

② 李方主编：《中国综合国力论》，安徽科学技术出版社2002年版，第86页。

③ 参见中华人民共和国外交部网页，http://www.fmprc.gov.cn/chn/pds/gjhdq/gj/yz/1206_25/1206x0/。

"国际贡献"。日本在海湾战争后首次实现海外派兵，于 1991 年 4 月派遣自卫队赴海湾地区参加多国部队的扫雷活动。1992 年 6 月，日本国会通过《联合国维持和平活动合作法》，简称"PKO 法"，从法律上确定自卫队可出国执行联合国主持的国际维和行动。曾先后向柬埔寨、莫桑比克、中东、东帝汶等地派遣自卫队参与维和活动，标志着战后日本重新尝试军事外交的突破。同年，宫泽内阁制定了《政府开发援助大纲》，简称"ODA 大纲"，为日本运用对外援助增强政治外交能力提供了政策保证，增强了日本对外援助方针的意识形态色彩。

21 世纪初，日本外交进入一个新的战略调整期。日本在提高自身的国际地位与作用方面不断加大力度。为此，日本首相智囊机构"对外关系特别工作小组"在《21 世纪日本外交的基本战略》中提出日本的基本国家利益有以下四点：第一，继续维护日本的和平和安全；第二，维持自由贸易体制；第三，拥护自由、民主主义和人权；第四，积极开展以学术、文化和教育为中心的民间交流，培养人才。对日本来说，日美同盟关系依旧是最重要的，日本主导势力认为只有重申日美军事同盟关系，并在冷战后赋予《日美安保条约》新的意义和内容才符合日本的国家利益。尤其是第四条，"积极开展以学术、文化和教育为中心的民间交流，培养人才"的内容，反映出日本已经将文化外交作为日本对外战略的重点之一。[①]

在对外战略及外交政策方面，自民党等保守派政要希望通过使日本"起到领头作用"，实现政治军事大国既定目标。具体来说，日本要通过强化日美军事同盟关系、推动"战略性亚洲外交"，谋求发挥地区乃至世界大国的主导作用。保守派政治家安倍晋三曾经在"新世纪首相宣言"中表明："外交的目标就是要保护国家利益"，"迄今为止，我们的外交不敢明确阐述这个观点，只是很模糊地表述一下慈善意义上的国际和平。但是我认为我们应该保护日本的国家利益，这是理所当然的"。这说明安倍明确了其保守主义的外交理念和战略构想。安倍希望通过全新的外交战略理念，实现日本的"正常国家"目标，并加快日本实现政治军事大国化的步伐。

---

① 对外关系特别工作小组：《21 世纪日本外交的基本战略——新的时代、新的构想、新的外交》，2002 年 11 月 28 日，http://www.kantei.go.jp/jp/kakugikettei/2002/1128tf.html。

　　基于上述日本对外战略调整意图，2013 年 9 月 5 日，民间智库东京财团在向日本政府提交的《给安倍外交的 15 个建议：从民族主义向现实主义转变》的政策建议书中强调，日本要"灵活利用一切手段，确实地实现国家利益"。这表现出，日本的现实主义外交政策应该以实现"国家利益"为核心。根据追求国家利益而调整外交政策是现实主义学派的基础。现实主义学派的代表摩根索曾就"国家利益"明确表示，国家利益应当包括领土完整、国家主权和文化完整三个重要的方面。《给安倍外交的 15 个建议：从民族主义向现实主义转变》中特别就属于"文化完整"范畴的"尊重自由、人权、民主主义及法治的外交"做了重点阐述："对于那些与日本的民主社会有着共同价值观的伙伴国家及国际组织，应与之灵活合作。在世界范围内为共同价值观的提升做出贡献，使其在国民层面得到重新共享，从而奠定强有力的外交基础。"[1] 这样看来，日本的国家利益主要包括"正常国家"的追求和基于"普世价值"的价值观外交。

### 三　日本软实力的动态评估

　　当今世界决定一个国家国际战略地位的是综合国力的竞争。综合国力不是其构成要素的简单相加，而是各个要素相互联系、相互作用所构成的具有一定结构特征和一定运行规律的系统的整体功能。[2] 日本的软实力动态变化就是日本国力构成要素整体功能的变化。具体可以概括为以下几个方面：

　　日本在利用国际资源、知识技术资源提高科技文化方面显著提高。综合国力的竞争在具体形态上表现为经济和军事实力的竞争，而经济和军事实力的竞争实际上是科学技术的竞争。科技革命在 21 世纪的发展将成为世界各国综合国力竞争的主战场。在科技文化方面，日本已经全面跨入信息社会，在信息化发展程度上明显走在世界前列。

---

① 东京财团：《给安倍外交的 15 个建议：从民族主义向现实主义转变》，https：//www. tkfd. or. jp/files/doc/2013－02。
② 中国科学院可持续发展战略研究组：《2003 中国可持续发展战略报告》，科学出版社 2003 年版，第 3 页。

日本十分重视政府调控能力及外交力。政府调控能力和外交力属于软实力范畴。日本的软实力独具特点。日本的文化特质优势明显，从长远的、历史的观点看，日本的人文和自然环境生成了日本独特的价值观、文化特质：（1）自古以来，从中国、印度，近代以后又从欧美吸收了各种文化，但接受外来文化的形式并不是因为被征服和被侵略而强制接受的；（2）日本是岛国，保持相对单一民族的特点；（3）与自然协调，依靠勤劳维持生活的农业社会存在的历史悠久；（4）积极对待外来文化，并且能结合日本国情加以摄取。其结果是，形成了重视人际关系的感情处事、以和为贵的行动准则，在"伙伴"关系的组织内部，在责任感、安全感的基础上产生了竞争动力和组织体的活力。这也表现在日本的国家凝聚力上，而且日本文化的特点将继续作为日本活力的源泉，扎根于日本公众的行动准则之中。① 日本作为注重"集体"精神的东方国家，有悠久的文化和民族传统，具有很强的国家凝聚力。对于日本软实力构成要素的比较，约瑟夫·奈曾把日本的"国家凝聚力"确定为"强大"；而将日本的"文化普及程度"和"在国际机构中的影响分量及制度"都评估为"中等"。在这里我们姑且不论其评估的标准，但作为第三国学者对日本的评估还是具有一定的客观性和可信度的。当然，国力研究将物质实力、精神实力和国际影响力都纳入分析与评估范围也存在一定局限性。因为，真正能够量化的内容是国家实力中的硬实力，而政府效率、外交影响等软实力较难量化只能进行评估。由于国家之间社会制度、历史背景和自然环境迥异，相对的、变动的无形因素错综复杂，要想准确地评估软实力，就有必要对所评估的项目进行高度概括，提高评估的准确性和科学性。

进入 20 世纪 90 年代，所谓的"泡沫经济"崩溃后，日本经济突然"失去了十年"，陷入了前所未有的萧条局面。1995 年至 1998 年，日本有形战略资源占世界总量比重增长速度下降。总体来说，"日本综合国力增强的一系列条件和因素中，最主要的是其经济效益的不断提高，并最终形成了超越其岛国资源、面积限制和人口数量及密度过大制约的规模经

---

① 日本经济企划厅编：《2000 年的日本》，郭博译，科学技术文献出版社 1987 年版，第 169—170 页。

济，并带动了相应的政治、社会、科技和文化发展"。"日本的综合国力的弱点主要表现在其国家主权和政府职能方面的不完全，外交能力较差，军事能力定位的不确定，以及社会发展程度还不完全与其经济实力相适应等方面。到 20 世纪末，以上各方面都有了很大变化。"①

21 世纪初期，在全球化和区域一体化趋势下，日本软实力优势资源主要集中在国际国内环境和科学技术等方面，日本的科技力尤为突出。同时日本将文化力作为提升外交能力的重点，因为"软权力往往来自文化和意识形态吸引力、国际机制的规则和制度等资源"。② 在中国社会科学院举行的"2010 年世界经济与国际形势报告会"上发布了《国际形势黄皮书》，对包括西方七国和"金砖四国"在内的十一个国家的综合国力进行了分析评估并给出排名。评估的指标体系包括领土与自然资源、人口、经济、军事、科技五个直接构成要素以及社会发展、可持续性、安全与国内政治、国际贡献四个影响要素。日本位居世界第二，而中国位居第七。"由此可见，当中国人处于即将在国内生产总值超过日本的欣喜和兴奋之时，综合国力落后日本五名的现实告诉中国还要付出诸多努力。"而"作为资源缺乏、国土狭小的日本能够成为综合国力总排名第二的国家，殊为难得。除了领土与资源、人口这两项得分极低，军事力量较弱之外，日本其他项目都位居前列。由此可见，相比于中国的先天优势，日本排名第二完全取决于后天的努力，以及对于科技和教育的大力重视和持续投入。"③

## 第二节　日本文化外交的纲领及政策重点

随着第二次世界大战后各个国家间民间文化交往的日益频繁，文化交流也逐渐成为当代国家外交活动的重要组成部分。所谓文化外交是一国政府所从事的对外文化关系的总和。它是以文化传播、交流与沟通为内容所展开的外交，是主权国家利用文化手段达到特定政治目的或对外

---

① 陈沙：《21 世纪初期的日本综合国力》，《亚非纵横》2004 年第 4 期。

② 约瑟夫·奈：《硬权力与软权力》，门洪华译，北京大学出版社 2005 年版，第 97 页。

③ 王锦思：《日本综合国力缘何高出中国五位》，《日本新华侨报》2010 年 1 月 5 日。

战略意图的一种外交活动。① 文化外交是与政治外交、经济外交同等重要的外交活动，日本在实现了经济大国目标以后一直在努力追求政治大国的目标，而想要成为政治大国，成为文化大国就是必不可少的条件之一。

首先简单回顾一下日本自战后以来的文化外交历程。日本政府正式开展对外宣传以及国际文化交流是在第一次世界大战之后。1920 年 4 月，日本外务省创立以国内外信息收集、整理以及宣传活动为主要工作内容的信息部。由于中国爆发五四运动，提出取消列强在华的各项特权，其中就有日本帝国主义与袁世凯订立的"二十一条"不平等条约，要求归还第一次世界大战期间日本从德国手中夺去的山东各项权利等，"反日"情绪日益高涨。因此，日本政府不得不通过文化、教育等领域的交流化解中日两国民族感情的激化。于是在 1923 年，日本外务省效仿美国成立了对华文化事务局（1924 年改称文化事业部）。到了 20 世纪 30 年代，各国纷纷设立对外文化机构，如 1932 年德国创立的歌德学院（Goethe-Institut），1934 年英国创立的英国文化委员会（British Council），国际文化交流体制已成为外交不可或缺的一环。日本也于 1934 年设立财团法人·国际文化振兴会，积极举办国外文化团体以及知识分子间的活动、接收或派遣教师、制作介绍日本的资料等。1935 年，外务省的外围团体——国际学友会成立，该团体通过提供、解决住宿以及日语教育等问题，在增加国外留学生等方面积极开展工作。这些对外活动的目的都是为了尽量避免因脱离国际联盟而造成在国际上被孤立。随着日本侵华战争的爆发，日本的对外宣传和文化交流作为单向国策宣传的色彩越来越浓。1938 年兴亚院成立后，外务省主要的对华文化事业都转移到这里。内阁又设置了内阁信息部（1937 年）和信息局（1940 年），外务省的信息部和文化事业部的事务也都交由信息局管理。

第二次世界大战后初期，面对美军占领和国际社会强烈反对日本军国主义复苏的国际环境，日本迫切希望尽快修复国家形象，重返国际社会并恢复国际地位。面对美国单独占领下的重重限制，日本政府一改战前对外宣传和文化事业的方式，在新的理念下，打出建设和平民主的"文化国家"的口号，希望给日本国民带来自信的同时，也可以尽快恢复

---

① 李智：《文化外交：一种传播学的解释》，北京大学出版社 2005 年版，第 24 页。

日本在国际社会中的信用。1951 年日本签署了《旧金山媾和条约》，并正式加入了联合国教科文组织，迈出了重返国际社会的第一步。接着，日本通过改组宣传机构，在其他国家——设立宣传文化中心，为在国外进行宣传打下了基础。可以说，日本在 20 世纪五六十年代将对外宣传的重点放在比较基本的，如社会、文化和历史相关信息的提供方面，而将日本外交政策以及政策性课题研究情况等进行对外说明的政策宣传并不普遍。实际上，日本政府在第二次世界大战后初期并没有充足的精力进行国际文化交流。除了缔结文化协定以外，外务省只能单独做一些图书捐赠、邀请和派遣学者、接收公费留学生以及在驻外使馆介绍日本文化等工作。1960 年日美两国对《日美安全保障条约》进行了修改与补充，两国在加紧拓宽合作范围的同时，扩大了文化、教育等领域的交流。随着 1964 年东京奥运会、1970 年大阪万国博览会的成功举办，日本政府才开始了真正的国际文化交流活动。国际社会开始对日本有了新的认识，日本的国际影响逐渐扩大。

战后初期的文化外交是围绕着日本重返国际舞台进行的，在很大程度上受着美国的影响。而到了日本被美国当成对抗共产主义阵营工具的时候，日本的文化外交则着力于加强其同自由主义国家之间的相互理解。随着日本经济的腾飞并开始逐渐与其他国家产生摩擦，文化外交就配合着其经济的发展在一定程度上起到了缓和矛盾的作用。

20 世纪 70 年代日本文化外交进入转型期，文化外交开始作为一个独立的战略被提上了日程，甚至提到了堪比国家安全的战略高度。随着日本大国化战略思路的形成，日本对文化外交寄予了空前的期望，希望以此来塑造日本"和平发展"的新形象，从而获得良好的舆论环境。为此日本不光要依靠日美同盟，也要不断拓展亚洲外交等新的外交舞台。70 年代初，由于日本纤维输出规定以及贸易不平衡的问题，日美间经济关系发生对立，相互理解和沟通不足成为阻碍两国关系正常发展的屏障，也成为日本国际文化交流政策的转折点。面对这种危机，日本政府为促进国际文化交流和对外宣传设立了大型公共机构——国际交流基金。为了重塑良好的国际形象，获得良好的舆论环境，日本希望在继续巩固日美同盟关系的同时，加强同美国以外国家的交往，日本与东南亚国家的关系正是在这一时期迎来了转折点。由于 1972 年泰国的抵制日货运动和

1974 年泰国、印度尼西亚的反日暴动，日本政府深刻认识到经济外交在
这一特殊时期的局限性。因此日本通过 1974 年的"东南亚青年之船"开
始了国际交流基金的交流事业。这次与东南亚国家的交流活动不仅缓和
了日本与东南亚、美国等国家的经济摩擦，还促进了他国政府和民众的
对日理解，日本政府决定继续推进这种以"文化交流"为主的公共外交。
福田赳夫所发表的福田主义三原则可以说是最早的文化外交政策，尤其
是三原则当中的第二点，即在文化等方面构筑心连心的信赖关系。大平
正芳将日本的文化外交作为日本外交战略的四个目标之一，他提出环太
平洋合作构想和综合安全保障构想，认为日本已经开始由经济时代向文
化时代过渡。

　　到了 20 世纪 80 年代，日本已经不满足于仅仅做一个经济大国，更希
望成为政治大国和文化大国。1983 年 3 月临时行政调查会的最终报告指
出：日本国际文化交流落后于其他发达国家。于是，针对这一点，日本
政府开始扩大并强化国际文化交流和对外宣传的力度。日本高喊"国际
化"口号，包括地方自治体、企业、NGO 等也都积极担当起国际文化交
流的旗手，国际文化交流的主体呈现多样化趋势。尤其是地方自治体在
设置国际交流担当部门、缔结国际友好城市、增加地方国际文化交流活
动等方面下了很大功夫。① 20 世纪 80 年代执政的中曾根康弘曾在施政演
说中说，过去的日本过于热心地吸收外来文化，今后应该反省这一态度，
更应该重视日本文化的对外传播，为建设一个文化发达国家而努力。竹
下登也曾说过："应该为确立一种重点放在精神方面而不是放在物质方面
的政治，为创造一个飘荡着文化芳香，能够切实感受到物质丰盈的社会
而努力。"② 他将文化外交作为日本外交政策的三大支柱之一，并提出国
际协作构想，要加强国际间的合作，扩大政府开发援助，加强国际文化
交流，这象征着日本开始正式向外推进文化外交政策。

---

　　① 如自治省于 1986 年出版《国际交流事业构想》，1988 年成立自治体国际化协会，1989
年出版《地域国际交流推进大纲制定相关指南》，积极推进地域国际化。外务省和国际交流基金
也向自治体开放了有关国际交流问题的咨询窗口。1987 年外国青年聘用事业（JET）正式开始，
主要负责聘请外国的青年来日本指导初中、高中的外语教学以支持地方自治体的国际交流部门的
活动。

　　② 李智：《文化外交：一种传播学的解读》，北京大学出版社 2005 年版，第 127 页。

　　进入 20 世纪 90 年代，随着世界格局的改变和日本经济的低迷，文化外交的重要性日益显露，几乎每任首相上台都会强调国际协作的必要性。羽田孜所发表的报告《新时代的国际文化交流》，到现在依然有借鉴意义。当时主要负责日本文化外交的国际文化交流促进会表示要加强国际文化交流，促进日本的国际化。随着 20 世纪 90 年代亚太以及东亚等国家在世界经济发展过程中的地位有所提高，日本在国际文化交流政策上做出了相应调整。1993 年，日本设立了主要面向亚洲地区的"无形文化资源保存日本信托基金"。1994 年 6 月第二次"国际文化交流恳谈会"的最终报告书提出了"共创亚太地区未来"的口号，日本表示不仅要和东亚各国强化双边交流，还要强调日本和亚太在地域上的一体性。尤其是中国经济的迅速腾飞，国际地位得到明显提高，日本在对华文化外交上也相应加大了投入。① 在 1996 年的报告《特殊 21 计划》中进一步确定了日本的新文化立国战略，进一步加强了日本政府推动国际交流事业的地位，进一步明确了日本迈向文化大国的目标。

　　21 世纪的日本更加强调文化立国的方针，此时的日本已经从过去的吸收与模仿文化的时代转换为向外扩散文化的时代，而文化外交的行动指南则被确定为发信、受容与共生。发信可以简单理解为对外宣传及应对舆论，受容指的是由一般意义上的受容向创造性受容的转变，而共生则意味着全球化背景下多种文明文化共存。2004 年 12 月小泉首相设置了"推进文化外交恳谈会"，希望通过国际文化交流和文化合作带给日本外交以广度和深度，通过地区研究和学术交流提高日本学者的信息发布能力，巩固外交的基础。2005 年 7 月发表的"推进文化外交恳谈会"报告书将日本国际文化交流的目的整理为以下几点：第一，加强对本国的理解和提高本国的国际形象；第二，为避免纠纷而培养不同文化、不同文明间的相互理解和信赖；第三，为培养全人类共同的价值观和理念做出贡献。此外，在文化交流方面，提倡不仅要将本国文化"传出去"，还要"接纳"不同文化。另外，2005 年国际文化交流恳谈会提出了日本文化外交的三个理念，即在世界范围内培养他们对日本文化的兴趣；接收跨文化交流的人才；向世界传达和平与共生的精神并努力成为沟通世界的桥

---

① http：//www.ce.cn/xwzx/gnsz/gdxw/200601/09/t20060109_ 5767295.shtml.

梁。这些理念尤其是第三点一直延续到鸠山内阁，在其施政演说中都有所体现。① 近年来，日本不断加大文化外交的力度，鉴于 2020 年东京将举办奥运会和残奥会，日本政府又提出了有效利用列入联合国教科文组织非物质文化遗产的"和食"，以及通过推进本国特有文化的"酷日本"战略来提升国际形象的战略构想。

为了加强日本文化的对外传播，日本设立了相关文化机构。如 1934 年设立文化关系协会，1951 年设立情报文化局，1968 年设立文部省直属的文化厅，1972 年设立国际交流基金会，1987 年设立国际日本文化研究中心，1988 年设立国际文化交流信息中心，1990 年成立文化厅的咨询机构"文化政策促进会议"。1996 年文化厅在《文化立国 21 计划》中再次提出了日本的文化立国战略。文化政策促进会议在 1998 年的报告《文化振兴基本计划——为了实现文化立国》中，着重提出了文化发展的几个方面，即艺术创造活动、传统文化、地域文化与生活文化、文化继承人才、文化传播、基础设施建设等。2004 年小泉纯一郎设立了个人咨询机构"推进文化外交恳谈会"，开创了文化外交恳谈会制度。在 2005 年的文化外交纲领性文件《创造"文化交流的和平国家"日本》中提出了日本文化外交的三个策略，即传播文化、吸收文化与发展共同价值观。如今日本的文化外交行政机构主要由外务省和文部省等负责。外务省下设的文化宣传交流部分为综合计划课（制定实施增进对日理解的策略，对外宣传日本事情）、文化交流课（同国际交流基金展开合作推广日语的海外教育）、国际文化合作室（制定与联合国教科文组织及联合国大学等有关的政策）和人物交流室（促进人员交流，支援地方国际交流事业）。

日本不仅设立了一系列有助于文化外交的办事机构，还制订了培养文化外交人才的计划，并对传播日本文化做出贡献的人给予奖励。为了培养合适的文化外交人才，文部省参与了日本的教育改革。比如文部省在 1992 年制定的文教政策中提出了国际型文化教育新方针，在 1997 年制订的教育改革计划中提出要配合文化立国的战略来加强对文化的建设。日本的文教政策充分考虑了国际社会的共存和对传统文化的重视，可以说是修改文教政策的基本方针之一。而且日本教育的重要目标之一就是培养具有国际协

---

① 吴咏梅：《浅谈日本文化外交》，《日本学刊》2008 年第 5 期。

调精神，能够在世界范围内介绍、传播、推广日本文化的青年。

文化的交流是从人的交流开始的，所以日本政府也十分重视留学生和青年等的交流。20 世纪 80 年代初，文部省的"21 世纪留学生政策恳谈会"报告书——《面向 21 世纪留学生政策提案》中，曾提出要通过简化入学考试制度和入学手续、减免学费、改善留学生的学习生活条件、增加奖学金数额等方式来增加赴日留学生的人数。而随着留学生人数的急剧增加，90 年代初成立了"面向 21 世纪留学生政策调查研究合作者会议"，该会议认为日本的留学生政策除了接收更多的留学生之外，还应该注重提高留学生的质量，要考虑到不同地区的留学生分布和留学生留学目的的多样化，同时各个留学生接收机构也要积极制定对策。为了方便国外学生到日本留学，日本在各国广泛开展留学说明会并印发各种留学信息手册。留学生政策不仅能培养具有国际协调精神的人才，这些留学人员归国以后还能起到传播日本文化的作用。日本政府从 1974 年以来定期邀请曾留学日本的人员重新访日，将其作为沟通日本与外界、向外宣传日本的桥梁。日本还提供了许多青年交流的机会，如 JET 计划、GYE计划、日中 21 世纪交流事业、21 世纪东亚青年交流计划等。

在今天这个互联网等很发达的信息社会，一般市民对于外交决策所施加的影响日益增大，并成为一股不可忽视的力量，由于官方的权力行使有限，仅靠日本政府的外务工作人员进行外交是远远不够的。因此，日本政府也逐渐认识到联合民众，展开公众外交的重要性，所以很重视同民间人士展开合作开展市民外交。为了在世界范围内传播日本文化，提高外界对日本文化的良好印象，使得日本文化在世界范围内拥有良好的影响力，日本政府成立了海外交流审议会，其主要人员并不是由政府官员担任，而是由社会上具有影响力的成功知名人士来负责，这在无形中也更加扩大了日本文化的影响力。日本政府官员起到制定规则的作用，而真正推进这些内容的还是民间人士。日本文化外交其实是通过官民结合的方式来运作的，如通过政府委托或国家部分资助形式设立的私人机构来进行等。经济基础决定上层建筑，日本早已经实现了经济大国的目标，在文化方面也一直致力于提升日本民族的自豪感。作为西方国家的一员，日本与西方各发达国家保持一致，而同时日本又作为亚洲国家的一员，与亚洲各国展开合作。日本在文化外交中，十分重视国家形象的构建。战后的日本提出了非军国主义的口号，力争在国际社会中形成爱好和平的国家形象。日本在经济达到世界领先地位以后，开始对气候环境等非传统安全因素显示出关注，并举办了一些世界性活动，将一个多方位发展的经济大国形象展现给世界。

日本文化立国的重点领域涉及对新兴文化产业的振兴、对国际交流合作的重视及日语国际教育的推广、文化遗产的保护、与文化政策配套的观光政策的健全、国立文化基地的建设、文化事务活动的举办等。日本继1996年提出文化立国战略以来，在2001年又提出知识产权立国的方针。为了研究发展文化产业的政策，2003年设立了知识产权战略本部。该部认为日本新时代的文化产业应该充分考虑新兴文化产业，全民一致努力营造日本的国家形象。日本是公认的制造大国，而日益兴盛的日本流行文化产业的生产规模已经超过了传统意义上的制造行业，无论是在经济层面还是在文化层面，都在改造着日本，日本也逐步朝着文化输出大国方向迈进。说起新兴文化产业，就不可不提日本的动漫文化。动漫不仅是一幅幅简单的图片，它体现着该国人民的思考方式和生活方式。作为动漫的起源地，日本在该行业占据着举足轻重的地位，在世界范围内播放的动画片中有60%以上都由日本制作。作为世界上最大的动漫制作国和输出国，日本深知本国动漫在世界上所产生的影响。从2003年开始每年举办cosplay大赛，邀请世界范围内青年参加，优胜者还将获得外相颁发的奖品，这种活动无疑增添了日本动漫的影响力和世界青年对日本的了解。

日本政要麻生太郎曾提出过动漫外交，甚至倡议设立漫画界的诺贝尔奖。麻生任外相时热心推进文化外交事业，在安倍内阁的"主张外交"中作为领头人发挥了重要的作用。尤其是麻生本人提倡，要通过在年轻人中宣传日本十分具有魅力的流行文化来加强日本的宣传能力。在外务大臣下设置的"海外交流审议会"中，讨论了为强化宣传力度提出的一系列措施，以及要在官民共同的努力下来开展体制建设的问题。2006年11月的报告中提出，政府要与动漫制作者们共同召开"流行文化学习会"，以及设置"动漫文化大使"，还提议要以国内外涌现出来的朝气蓬勃的漫画家为对象创立"日本动漫大奖"（暂称）。在麻生太郎的倡议下，2007年日本外务省设立了国际漫画奖，2008年机器猫成为日本的动漫文化大使。

日本政府十分鼓励动漫产业的发展，还利用政府开发援助中的文化无偿援助资金购买动漫版权，无偿赠送给发展中国家播放。此外，日本的流行文化在世界上也很受欢迎，国外年轻人对日本的关注程度也十分高，日本政府很好地利用了这一契机展开流行文化外交，如 2009 年任命了流行文化领域的三个有影响力的人物为大使，俗称可爱大使，以此来扩大对日本流行文化的宣传。

加强国际间的文化交流与合作，向世界传播日本文化、输出日本精神是日本文化立国的重要内涵之一。1972 年设立的国际交流基金会成为日本从事国际文化交流的得力机构。在竹下登曾提出的国际合作构想中，特别重要的一点就是加强国际文化交流。为此还设立了国际文化交流恳谈会和国际文化交流促进会，发表了旨在加强国际文化交流的行动计划。2003 年日本国际文化交流恳谈会和国际交流研究会均发表报告书，一致强调国际文化交流的重要性。加强国家文化交流包括增大国际间的人员互派，促进国际间的学术往来。为了扩大对外人员的往来，日本在逐年加大向外派遣教师及研究者力度的同时，也逐年增加接收海外教师及研究者的人数。日本很重视国际间的学术合作，作为联合国教科文组织独立学术机构的联合国大学，于 1974 年在东京设立总部。日本政府关于学术方面的智囊机构学术审议会发表了 2006—2010 年度的科学技术基本计划，提出了五个战略，分别是人才战略、基础研究战略、创新战略、重要支撑技术战略和国际战略。这些战略实际上成为日本政府在实施学术交流方面的基本政策。此外，日本学术振兴会还设立海外研究联络中心，在了解海外最新信息的同时也向世界传播着日本的学术信息。日本政府还通过国际交流基金向国外的日本研究机构赠送图书、派遣客座研究人员等手段来加深国外对日本的理解与认知。日本还重视两国或多国间的对话交流合作，如 2009 年日本政府与中国政府签订了第十三回《中日文化交流政府间协议》。

作为日本外相的咨询机构，以丰田汽车公司总裁张富士夫为首的海外交流审议会从 2006 年开始商讨如何强化日本文化向外传播的力度，并提出了创设宣传日本文化的志愿者制度、扩大日语教育基地、促进知日派的培养和增进其对日理解等建议。日语教育作为推动日本文化外交的核心环节之一历来受到重视，学习一门语言就意味着学习该语言国家的文化，日本通过在海外推广日语教育来达到宣传日本文化的目的。日本政府扩大海外日语教育的主要途径有向海外派遣日语教育专家、邀请海外日语教师及学习者赴日研修、赠送日语教材、举办日语大赛等。而日本国际交流基金会也通过进一步开设日语教室，降低考试难度来增加学习日语的人数。据 2006 年度国际交流基金会的调查，约有 133 个国家和 300 万左右的日语学习者，学习日语的人数在三十年内增长了 20 倍以上，而且在世界上约有 50 个国家的 159 个城市设有日语能力等级考试的考点。在 2001 年日本中央省厅再编之前，日语教育主要由文部省、外务省下属的国际交流基金会以及邮政省共同负责，其中邮政省主要负责制作面向国外的日语教育节目和举办日语讲座等。

日本一直注重对无形文化遗产的保护并积极开展文化援助，早在 1951 年日本就加入了联合国教科文组织，但其保护文化遗产和实施文化援助力度的加大还是在 20 世纪 80 年代以后。这种文化协作的外交形式也标志着日本想进一步参与国际事务，增大其在世界范围内的影响力。日本充分利用其经济大国的实力，于 1989 年在联合国教科文组织设立日本信托基金，用于保护世界文化遗产。其足迹遍布世界各地，尤其是亚太地区，如中国洛阳龙门石窟、新疆库木吐喇千佛洞，以及柬埔寨吴哥窟等。日本 2003 年缔结了《保护非物质文化遗产公约》，除了提供经费以外，还提供一定的人员和技术支持，如敦煌的文物修复工作就曾利用日本的和纸保存技术。在文化援助方面，日本在无偿赠送文教器材的同时，还同相关国家达成文化合作协议，而且这些援助每年都呈递增趋势。日本的文化援助可分为针对发展中国家的一般文化无偿援助和针对地方公共团体等的大众文化无偿援助，截至 2008 年，这两项援助的金额分别达到了 605 亿日元和 16.5 亿日元。小泉纯一郎曾提出观光立国的战略，时至今日，日本还一直在为实现观光立国而努力。扩大来日旅游的人数不仅能拉动日本经济的增长，还能向游客宣传日本的国家形象，进而达到为外交服务的目的，可谓一举多得。所以日本一直在制定各种策略吸引外国游客到日本观光，并且也在努力促使各种国际会议在日本举办。此外，日本制定有与国立文化基地相关的法律，文化厅在这些法律的基础上管理各种博物馆、艺术研究院等，并适时增设新的剧场、文化馆等基础设施，力争使其发挥出最大作用。

日本政府重视各种媒体传播手段，制作面向世界播放的有关日本的电视和电台节目，并无偿提供给海外电视台和电台播出。同时，日本政府在宣传上也做足了功夫，与日本有关的宣传海报与报道随处可见。除了这些传播媒体，日本还利用 NPO、NGO 和海外投资的日本企业来扩大在当地的影响。另外，日本还通过一系列手段向外宣传日本的传统文化和通俗文化，比如通过大使馆等在外工作人员的演讲、向当地媒体供稿、举办介绍日本的活动、邀请国外的舆论导向者和电视制作团队访问日本、派遣国内有识之士参加在世界范围内有影响力的研讨会、印刷多语种的试听材料等。日本每年都会在美国等国家进行问卷调查，如 2007 年在美国、巴西、东盟主要六国，2006 年在美国、英国、法国、德国、意大利等收集诸国对日本的评价及印象，随后便及时分析并调整对策，从而有针对性地提升他们对日本的好感度和亲切感。

日本通过文化年、文化艺术节、体育节、美术展等方式向外介绍日本的文化强项。日本的文化开展活动十分频繁，仅 20 世纪 90 年代上半期开展的活动就有：1991 年 9 月至 1992 年 1 月的莫斯科日本周、1991 年 9 月至 1992 年 2 月的英国日本节、1991 年 10 月至 11 月的加拿大日本月、1992 年 2 月的中东日本文化周、1992 年 10 月至 1993 年 3 月的以色列日本文化节、1995 年 1 月至 12 月的日本与巴西友好 100 周年纪念活动、1995 年 10 月的日本印尼友好节、1995 年 11 月至 12 月在美国举办的近代日本画世纪展等。通过这些推广日本文化的活动，让国外民众特别是年轻人了解日本文化，感受日本文化的魅力。[①] 仅仅 2009 年一年，日本开展的活动就有：2009 年日本—湄公交流年、日加友好 80 周年、日墨交流400 周年、2009 日本—奥地利交流年、日本荷兰通商 400 周年等。

除了文化外交在内容方面的重点领域外，日本文化外交在区域方面也有侧重点。在战后很长一段时间内，由于自身学习的需要和美国的影响，日本文化外交的重点一直在西方发达国家。到了 20 世纪 70 年代以后，日本在东南亚等地实施文化外交的力度开始增大。而现在，日本则把与之在历史问题上存在冲突的东亚地区等作为实施文化外交的重点区

---

① 　周永生：《冷战后的日本文化外交》，《日本学刊》1998 年第 6 期。

域。日本在重点地区所实施的文化外交主要是为了寻求共同利益点，培养共同体意识，为政治外交的顺利进行做好铺垫。以中国为例，在1978年的《中日和平友好条约》中就规定了要进一步发展两国间的文化关系，在1979年的《中华人民共和国政府与日本国政府为促进文化交流的协定》中，也明确提出两国政府要促进各种团体以及个人之间的文化交流，并使之顺利进行。近些年来，中日两国举办了大量文化交流活动，如1999中日文化友好年、2002中国年、2002中日韩文化交流年、2006中日观光交流年、2007中日文化体育交流年、2008中日青年友好交流年、2010中日民间友好文化交流年等。

从历史上的文化后进国到今天的文化强国，可以说日本是一个善于运用文化外交来提升自身文化形象的国家。明治时期的鹿鸣馆外交和脱亚入欧思想等都改变了日本国家发展的命运。相对于美国这样的文化开放国家，亚洲国家的文化一般都具有内向性和封闭性的特点，日本逐步从注重吸收外部文化转换成注重向外传播文化的国家，到今天更是已经发展成为文化输出能力在世界上名列前茅，国家形象排名也在世界上比较靠前的国家，这一点值得我们深思和借鉴。

## 第三节　日本文化外交的实现方式及途径

21世纪初期日本政府实施的中央省厅改革，明确了与国际文化交流相关的外务省和文化厅各自的职能和作用。文化厅在国际文化交流中的作用变得更大了，而外务省及国际交流基金的文化交流也有了一个新的趋势，即在外交方面加强了与外交政策的关联性。2004年8月的外务省机构改革中，为了推进日本信息发布能力，加强互信理解，负责对外宣传的部门和负责文化交流的部门有机地结合在一起，合并成立了"宣传文化交流部"。机构改编后的外务省和国际交流基金，在任务分担上也产生了一些变化，外务省的宣传文化交流部主要以中长期目标以及制定对外文化交流战略为工作重点，而具体工作的实施则尽可能地交给国际交流基金。

进入21世纪以来的国际环境使日本强烈地意识到，有必要引导其他国家的对日舆论。更重要的是，中国在对外宣传和文化交流方面的活跃让日本产生了强烈的危机感,增强了竞争的意识,继而进一步加强了对外宣传。尤其是小泉执政时期,由历史问题引起的与中韩等国家的冲突愈演愈烈,强化对外宣传迫在眉睫。日本也特别不愿看到这一问题波及至美国等国际社会当中去。为此,日本做了一系列努力和调整。例如,初中历史教科书的近现代史中涉及与近邻各国关系部分的内容,被翻译成英语、中文、韩语等登载在网页上,在 2005 年 9 月至 2006 年 3 月期间,就有约 42 万字的页面阅览。此外,外务省网站添加了"历史问题 Q&A"板块,主要对基于误解的报道和发表论文的反驳投稿、在历史问题上政府的立场等问题做出回应。日本还为强调本国是作为战后和平国家一步一步发展起来而专门制作并发布了政策指南,态度非常积极。在传媒方面,2002 年首次起用记者出身的高岛肇久出任外务报道官,从 2005 年起开始举办网络记者招待会等对外宣传活动。可以说,日本运用国际广播和流行文化等宣传资源来进行对外宣传和文化交流的方式日渐成熟。

近年来,日本文化外交的行为主体呈现越来越多样化的发展趋势,作为宣传和与宣传相关的综合调整的内阁官房,进行青少年交流、政府宣传的内阁府,支持留学生事业和国际学术交流的文部科学省,招揽外国游客的国土交通省、国际观光振兴机构,负责文化产业振兴的经济产业省等,都积极地实施着与文化外交相关的措施。在本节,笔者将主要就日本文化外交的主要行为主体——外务省、国际交流基金、日本外国新闻中心(FPCJ)、文化厅、NHK 国际广播、地方自治体、总务省、民间等部门的文化外交的实现方式进行阐述。

## 一 外务省是日本文化外交的核心行为主体

日本外务省通过相关机构(如宣传文化交流部、外务报道官制度等)和全世界 189 个驻外大使馆开展文化外交。外务省开展的文化外交活动不仅以国际友好为目的,还希望通过增进外国民众的对日理解、亲日感情,为日本外交政策能够有效地得到推进创造良好的国际环境,进而实现日本的国家利益。具体来说,外务省通过以下两个部门具体开展文化外交。

1. 宣传文化交流部。近年来,由于信息化的快速发展和一般公众给外交政策带来的影响越来越大,使得同外国公众展开直接的交流变得越来越重要。为了全面推进国外宣传和文化交流,要求增加以有效提高对日理解和信赖感为目标的文化外交相关部门的呼声越来越高。2004 年，大臣官房的文化交流部和外务报道官体制的国外宣传课合并，同时在大臣官房内新设了宣传文化交流部（Public Diplomacy Department）。宣传文化交流部主要负责包括一般宣传、政策宣传在内的国外宣传，介绍日本文化、学术领域的人才交流、文化层面的国际贡献等国际文化交流。宣传文化交流部的内部机构有综合计划课、文化交流课、国际文化合作室和人才交流室。有时还同驻外使馆、国际交流基金进行合作。宣传文化交流部 2005 年的预算是 275 亿日元，但其中大部分用于支付国际交流基金的补助金和联合国教科文组织等的筹款，自己可以使用的经费非常有限。综合计划课负责策划、实施通过宣传、国际文化交流增进对日本理解的综合计划，还负责外交政策、日本情况等国外的宣传。具体来说，包括以国外主要阶层为对象制作并提供各种外语宣传资料、映像资料，学者的国外派遣、举办演讲会，邀请国外权威人士赴日，招待 TV 团队，网络信息发布等。文化交流课负责与国际文化交流相关的外交政策（与国际文化交流相关的交涉或条约缔结等）。此外，还与国际交流基金联合参与介绍日本文化等的文化艺术交流、学者接收及派遣、举办座谈会等学术交流、日语普及和日本研究的支援。国际文化合作室以在文化层面做出国际贡献为己任，积极在世界文化遗产保存和修复、通过文化无偿合作支援发展中国家、通过联合国教科文组织及联合国大学等国际机构进行合作。人才交流室主要负责公费留学生的招募和选拔、支持创办留学归国校友会、体育交流、实施并支持地域间国际交流（如友好城市等）。

2. 驻外大使馆。外务省为了在国外开展宣传以及文化交流活动，在全世界设有 195 所驻外使馆，其中有 4 所是 2009 年 1 月新成立的，包括汤加、拉脱维亚、格鲁吉亚、布基纳法索。每个使馆内都设有宣传文化部、宣传文化班，负责宣传以及文化交流等工作。在宣传领域里，除面向外国传媒及日侨传媒以外，还有通过外务省和国际交流基金的讲师派遣计划，支持被派往国外的日本优秀人才举办各种演讲会、研讨会、教职员研究会、座谈会等。另外，大部分驻外使馆用当地的语言开设了自己的网页，以便向国外介绍日本政府的政策、日本文化信息等。日本政府试图通过外务省主页和向国外介绍日本基本情况的 Web Japan 主页，共同促进国外的对日理解。在文化交流领域，以实施各种文化事业、各种交流活动以及支援日语教育等为工作内容。作为外交活动的一环，驻外使馆通过各种文化交流活动及文化事业、支援日语教育等，积极向国外展现日本的魅力。文化艺术交流中，非国际交流基金主办的活动，或在没有国际交流基金国外事务所的情况下，由驻外使馆负责承办。此外，驻外使馆在当地的学校介绍日本料理、折纸、书法、围棋等日常文化活动，也是在当地的友好团体的协助下，或驻外使馆工作人员及他们的家人担当志愿者的情况下共同完成的。2005 年，由驻外使馆主办、承办的文化事业达到 1609 项，合作、支援文化事业达到 1374 项。驻外使馆在文化交流方面每年的预算平均在 200 万—300 万日元左右，但实际上其中还包含了租用活动会场费以及其他相关费用等。

## 二　国际交流基金是日本文化外交的主要行为体

国际交流基金（Japan Foundation）是外务省管辖的独立行政法人。其宗旨是加深外国对日本的理解，增进国际互信，同时在文化等领域做出国际贡献，以维持日本和谐的对外关系，谋求进一步发展。

1970 年前后，日本认识到强化文化信息传播能力的必要性，于 1972 年 10 月 2 日成立了外务省管辖的特殊法人。20 世纪 80 年代在国际文化交流领域值得关注的是，国外学习日语的人越来越多，日语普及事业不断扩大。1980 年国际交流基金与中华人民共和国教育部共同在北京语言学院（现北京语言大学）创立了日本学研究中心（俗称大平学校），同时开始对中国日语教师进行培训。1984 年国际交流基金和财团法人·日本国际教育协会共同举办了首次日本语能力测试（JLPT），约 4500 名外国人和约 2500 名日本国内外国人参加了这次考试。作为国际交流基金的附属部门，1989 年成立的日语国际中心则主要负责日语教师的研修和邀请、日语教材的编写及书籍捐赠等工作。这一时期，日本高喊"国际化"口号，包括地方自治体、企业、NGO 等也都积极担当起国际交流的旗手，使国际交流的主体呈现多样化发展趋势。尤其是地方自治体在设置国际交流担当部门、缔结国际友好城市、增加地方国际交流活动等方面下了很大功夫。自治省于 1986 年出版了《国际交流事业构想》，1988 年成立自治体国际化协会，1989 年出版了《地域国际交流推进大纲制定相关指南》，积极推进地域国际化。外务省和国际交流基金也向自治体开放了有关国际交流问题的咨询窗口。1987 年外国青年聘用事业（JET）正式开始，主要负责聘请外国的青年来日本指导初中、高中的外语教学以支持地方自治体国际交流部门的活动。JET 事业促进了地方国际化和国际交流，充实了国内的外语教育，知日派不断增多，正向国际高水平事业的方向发展。在企业走向世界的过程中，也越来越关注国际文化交流。对以国际交流为主要目的的公益法人来说，政府也向民间基本的国际交流提供支持。到了 20 世纪 80 年代后半期，日本开始致力于在文化层面上做出国际贡献。1988 年 5 月，竹下首相在伦敦发表演说时指出：日本做出国际贡献的三大支柱，即"为和平强化合作""扩充 ODA""强化国际文化交流"，成为将文化交流放在外交政策支柱位置上的首次主要外交演说。根据这一演说，1989 年 3 月为强化国际交流基金，政府出资增至 50亿日元。伦敦演说后，设立了历史上第一个关于国际文化交流的总理恳谈会，即"关于国际文化交流的恳谈会"。1989 年 5 月发表的报告书提出了文化遗产保存合作、加强学术交流、推进国际理解教育、国际交流基金的基础强化等建议。该报告书中将国际文化交流的理念、目的概述为"安全保障不可缺少的前提""为世界文化的发展做贡献""积极回应对日兴趣的高涨""日本社会的国际化"。根据这一报告，内阁设置的国际文化交流促进会于 1989 年 9 月制订了《国际文化交流行动计划》。日本以"为世界文化的发展做贡献"为活动的宗旨，在联合国教科文组织中设置了"文化遗产保存日本信托基金"。同一时期，国际交流基金开始与第三国进行交流促进特别事业，不仅寻求直接获取对日理解，还努力促进与第三国之间的交流和相互理解。该基金 1990 年 1 月设立的 ASEAN 文化中心（1995 年发展改组为亚洲中心）还提供能够接触东南亚国家现代文化的场所，与东南亚国家文化振兴联系起来，致力于双向交流和东南亚国家的文化振兴。

2001 年中央省厅在重组时，明确了外务省及国际交流基金的文化交流要服务于日本外交。为促进政府全部特殊法人的改革，2003 年 10 月国际交流基金恢复了独立行政法人的地位。2008 年国际交流基金共有干事 5名，职员 224 名，在日本国内，除了总部和京都支部以外，还有两个日语研修中心，分别设在埼玉县埼玉市和大阪府田尻町。埼玉市的日语国际中心为使日语在国外得到普及，为外国的日语教师提供集中进修的机会。大阪府田尻町的关西国际中心为支持外交官或者相关人才的日语学习，分专业向日语学习者提供日语进修的机会。①

近年来，日本国际交流基金在19个国家建立了20个事务所，美国有两个（纽约和洛杉矶），其余分布在亚洲主要国家、欧洲、加拿大、澳大利亚等。非洲、中南美等人口稀少的地方根据地域不同分布得很零散。以2008年决算为准，该基金的预算约为169亿日元。其中包括来自政府的管理补助金128.92亿日元、政府出资的运用收入22.5亿日元、来自民间的捐款8.78亿日元、国际交流基金论坛的管理及日语能力测试等杂项收入1.8亿日元等。② 由于之前的财政基础比较薄弱，1972年成立之时政府出资只有50亿日元，而到了2006年政府出资已追加至1130亿日元。日美中心（CGP）的事务也是以该收入为基础实施的。

日本国际交流基金的活动分为"文化艺术交流""国外日语教育""日本研究·学术研究"三个部分。文化艺术交流也就是造型美术、舞台艺术、映像及出版等文化艺术领域的交流事务。不仅包括能、歌舞伎等传统文化艺术，还涉及动漫等流行文化。市民交流、青少年交流等人才交流也包含在该基金事务的范畴之内。

日语教育是国际交流基金在国外普及日语的基础。像歌德学院（Goethe-Institut）的德语普及、英国文化委员会（British Council）的英语普及一样，各国都在努力通过国际文化交流机构在国外教育中普及本国语言。国际交流基金的具体活动有日语教师的国外派遣、招募、国外日语教师的进修、教材开发等。

日本研究、学术研究也是其主要任务之一。除语言、文化以及艺术方面外，日本还希望国外在提高对日认识和知识的基础上加深对日本国家的理解。比如，对国外大学的日本研究给予支持，加强国内外知识分子对话、共同研究，提供研究员职位等。在学术交流方面，以政策提议为目的的研究、智囊团交流等，不仅仅是纯粹的学术交流，它更是国家间政策意向的一种交流。尤其是日美中心（CGP），它承载着日美两国的

---

① 日本国际交流基金网页：http：//www.jpf.go.jp/j/about/outline/officer.html。

② 日本国际交流基金网页：http：//www.jpf.go.jp/j/about/outline/admin/plan/data/20.pdf。

国际责任，是以积极推进国际视野为基础的合作为目标而建立起来的，将引领学术交流领域的发展。

国际交流基金作为外务省文化交流部规定的实施文化外交政策的机构，在独立实施以上事务的同时，还积极扶助民间致力于文化交流事业的团体和个人。作为与外交政策相关而又与政府职能有所区别的机构，国际交流基金着眼于政府或民间难以实施的外交事务，对外交政策的制定和实施非常重要。

另外，国际交流基金在改革方面同样也在做出积极的努力，尽量在数量上缩小、削减基本管理费或人事费，在事业的选择和集中、削减基本管理费、机构的整理合并、导入新型会员制度等方面也有所改革。但与国外的类似机构相比较，国际交流基金的规模并不大。以2002年的预算为例，国际交流基金的预算是184亿日元，而英国文化委员会是924亿日元，歌德学院是298亿日元，相比较日本还是相对逊色。随着近年来中国和韩国的对外文化事业迅猛发展，以及印度也开始积极开展对外文化交流，日本与他国在通过国际文化交流事业展现本国地位方面的竞争会变得越来越激烈。

### 三　日本外国新闻中心对日本文化外交的积极作用

日本外国新闻中心（Foreign Press Centre Japan，缩写为FPCJ）是外务省所辖的公益法人，主要为国外的相关报道机构及个人在日本采访时提供帮助，目的是保证日本的真实情况能够被正确报道至海外。它虽然独立于外务省之外，但事实上其工作的多数都由外务省委派，且收入的大部分都是外务省下拨的补助金。主管FPCJ的部门是国际报道官室，历届FPCJ的理事长都出身于外务省官员，有的理事长甚至担任过日本驻联合国大使。

FPCJ主要对驻东京外国媒体、访日记者在日本进行取材过程中给予帮助。除负责应对外国新闻媒体的咨询和采访申请外，将外务省等机关的新闻公报译成英文并发放给驻东京的外国媒体也是FPCJ的工作内容之一。此外，FPCJ还积极在主页上发布相关信息，尤其是根据日本主要报纸论调汇集而成的"Japan Brief"，点击率相当高。FPCJ还代办接收由外务报道官发行的外国记者注册的申请。至2006年1月有36个国家，约

631 个地区报道机构的记者获得由外务省发行的外国记者注册证。其中外国记者和日本工作人员的比例基本上各占一半。国外记者的研修、邀请也是 FPCJ 活动的一个重要组成部分，包括"短期记者研修"和"长期记者研修"。① 日本外国特派员协会（The Foreign Correspondents' Club of Japan——FCCJ）作为驻东京外国记者的会员制俱乐部机构，以"增进会员间的友谊、和谐、互助""维护新闻自由""增进日本与其他国家的友好关系"为目标，在推进与他国媒体的交流过程中也起着十分重要的作用。②

## 四　文化厅的对外文化外交的展开

文化厅是文部科学省的中央直属部门，主管与日本文化振兴、宗教法人相关事务并列的国际文化交流振兴事务。文化厅是 1968 年由文部省文化局和文化财产保护委员会合并而成的。过去的文化厅主要负责日本文化的振兴，在国际文化交流方面并不积极。但随着近年来文化活动越来越呈现国际化趋势，国外的评价越来越多，文化厅为提高本国艺术文化的水平，充分认识到国际交流和对外宣传的重要性。

1998 年实施的中央省厅改革基本法中规定"为使国际文化交流和外务省的合作更加紧密，文化厅要发挥更重要的作用"，明确了文化厅在国际文化交流中的地位。2001 年 1 月在文化厅官房设置了国际课，作为文化厅的国际交流企划、合作调整的部门。

文化厅的国际交流、合作事业分为"人才交流""公演交流""日本文化宣传""文化遗产保存修复方面的合作"几部分。"人才交流"主要致力于邀请高层有识之士、艺术家，派遣或邀请年轻艺术家或文化财产专家等活动。"公演交流"主要是对艺术团体的国外派遣公演或来自国外的邀请公演提供帮助，并协助举办国际艺术节以及在国际电影节上的出展等。"日本文化宣传"的工作主要是召开国际座谈会，通过网

---

① "短期记者研修"是以尚未在日本设置特派员的发展中国家的年轻记者为对象，通过研修和相关取材对其进行为期两周左右的培训，目的是为了使他们加深对日理解。"长期记者研修"是以完善本国传媒事业发展为目标的发展中国家年轻记者为对象，为其提供在日本报道机构为期一个月左右的实习机会。

② Homepage of FCCJ：http：//www.e - fccj.com/aboutus.

络介绍日本文化、动漫、电影等，还包括国内外共同制作的关于现代日本文学的翻译等。相关的学术工作者、艺术家等被指定为"文化交流使"等，在加深对日本文化的理解、学术工作者网络形成等方面发挥着独特的影响。在"文化遗产保存修复合作"中，日本尽量满足各国要求，积极派遣专家。2006 年度文化厅在国际文化交流方面的预算超过了 41 亿日元。

### 五　NHK 国际广播是日本文化外交的窗口

日本国际广播的实施主体是日本广播协会（NHK），拥有短波传送的国际广播 "NHK World Radio Japan" 和卫星传送的电视国际广播 "NHK World TV"。1953 年开播电视以前一直经营广播，现在主要力量已转向电视。广播法规定其宗旨是"出于公共利益的需要，在日本全国普及和推动广播电视事业发展"。以 2004 年度决算为准，NHK 国际广播的实施经费为 85.3 亿日元，其中由国家提供实施补助金 22.7 亿日元，电视国际广播实施经费为 24.7 亿日元。

"NHK World Radio Japan" 每天用包括日语、英语在内的 22 种语言向全世界进行广播（至 2005 年末）。全世界听众约有 1200 万人。这个节目分为"用日语和英语向全世界播放的'面向一般听众的广播'"和"根据地域不同用 21 种不同语言广播的'面向地域听众的广播'"两大部分。一般听众广播中，还会转播相扑比赛等。地域听众广播中，除了新闻，还会播放一些有关日本最新情况的 "Radio Japan Focus"，或日语讲座等有利于提高对日认识的节目。此外，还将新闻等通过网络进行传送。

"NHK World TV" 在 1994 年 6 月广播法修改后，从 1995 年 4 月开始播放。无特殊情况每天 24 小时不间断播放，只要设置抛物面天线和调谐器的话就可以在全世界收看收听。NHK World TV 可以免费收听，但卫星广播及 CATV 等再次发射信号的体制不十分健全，所以为了直接接收信号，必须有接收器。另外，以日侨为对象，将国内节目再利用的情况也有很多，但没有设置专门面向外国人的节目。据称全世界可以视听的家庭数多达 7200 万，但视听率却停滞不前。

此外，面向国外广播事业相关人员播出的节目 "NHK World Premium"，每天 24 小时不间断播出新闻及娱乐节目等。100 个国家、地区的 CATV 或卫星广播局都可以播出这些节目，但实际上主要都是日语节目，所以主要的视听者还是日侨和出国旅游的日本人。

日本的国际广播有助于提高日本的对外形象、培养亲日情感，因此 2006 年 2 月小泉纯一郎首相下令扩充国际广播事业，强化国际广播的时机变得成熟了。从很早之前就推崇强化软实力的竹中平藏总务大臣，在"与通信、播出理想状态相关的恳谈会"中指出强化国际传送是主要的议题之一。2006 年 6 月政府与执政党达成协议，设立 NHK 子公司，在积极接受民间出资的同时，国家也要投入必要的经费。总务省的"映像国际传送的理想状态相关研讨委员会"就播放目的和播放内容、实施主体和财源等进行过充分讨论。NHK 也从 2007 年 10 月开始缩小成本高收益低的日本广播事业，明确了今后强化 NHK World TV 的方针。

## 六 地方自治体和总务省

20 世纪 80 年代以后，地方自治体以推动"地域国际化"为目标展开活动。比如，1988 年，为促进地方国际化、加强国际交流，地方公共团体的共同机构——财团法人自治体国际化协会（Council of Local Authorities for Internacional Relations）得以成立。该协会的总部设在东京，各都道府县及政令指定市都设有分部，纽约、伦敦、巴黎、新加坡、悉尼、北京都设有国外事务所。日本地方自治体开展的"地域国际化"活动，具体来说，包括为推进地方自治体之间的相互合作、交流而建立友好城市，以及为培养适应国际化的人才向国外派遣或接收自治体职员等国际交流项目。尤其是近年来，积极投身于振兴国际观光及促进对日投资的地方自治体在不断增加。截至 2007 年 10 月，中日两国已有 41 对友好省县和 283 对友好城市。① 这些省县、城市间的友好关系由单领域向多领域延伸、从浅层次向深层次发展，在技术研修与引进、城市建设、人员交流、卫生环保以及文化教育等领域，都为两国民众创造了更多的接触机会，搭建了互相沟通的平台，这无疑为中日友好关系奠定了坚实的群众基础。另外，总务省中的自治行政局自治政策课国际室，还负责地

---

① 黄大慧、周颖昕主编：《中日友好交流三十年（1978～2008）》，社会科学文献出版社 2008 年版，第 198 页。

方自治体的国际交流、国际合作的推进等工作。

虽然日本实施文化外交的主体是政府，但在影响外国对日认知方面，民间部门的活动也必不可少。国际文化会馆和日本国际交流中心等，以学术交流为中心展开积极的活动，国际文化交流中活跃的民间非营利组织也不少。日本财界在 1978 年以"社会和经济界相互交流"为目标设立了日本经团连的外围团体——经济宣传中心，它们以经济领域为中心进行国外宣传、人才交流、调查对日舆论动向等活动。日本贸易振兴机构（JETRO）在招揽国外企业、支持日本的中小企业进军海外、贸易投资商权、信息提供、海外经济信息的收集、分析和研究（主要是亚洲经济研究所）等方面也发挥着作用，其以 55 个国家、73 个国外事务所和 36 个国内事务所形成的庞大网络开展了强有力的活动。

## 第四节　文化外交在日本对外关系中的位置

冷战后日本外交的战略目标是谋求政治大国地位，以及为日本获得更大战略发展空间争取有利的国际环境，而文化外交和对外文化交流则是实现这一战略目标的重要手段之一。此外，对传媒业高度发达的日本来说，靠媒体发挥文化外交作用的手段也很有效。

### 一　21 世纪日本文化外交及其战略取向

进入 21 世纪，支撑日本的经济实力趋于停滞，少子高龄化给日本的未来发展也蒙上一层阴影。在这种情况下，越来越多的人认为日本如想在世纪之交维持国际地位，必须有效开展"软实力"的应用。日本开始试图利用非欧美经济发展及民主化的成功模式和富有魅力的流行文化等，逐渐提高"软实力"的影响。于是，日本通过对外宣传和文化交流，直接对外国国民及舆论界展开了文化外交，通过各种途径和手段引导其他国家的对日舆论。尤其是小泉执政时期，由历史问题引起的与中、韩等国家的冲突愈演愈烈，强化对外宣传迫在眉睫。2004 年 12 月小泉内阁设置了"推进文化外交恳谈会"，其目标是希望通过国际文化交流和文化合作带给日本外交以广度和深度，通过地区研究和学术交流提高日本学者的信息发布能力，巩固外交的基础。当然，这一系列措施是否达到了预期效果还有待考察。

"9·11"事件发生以后，对于在反恐战争中支持美国并派遣自卫队赴伊拉克的日本来说，为了避免中东地区对日感情恶化，日本政府开始重视与中东国家的对话。日本在中东强化了国际文化交流，加速该地区日本文化事业的发展，同时还邀请记者、学者访日。尤其是对伊拉克，日本更是下足了功夫，在其文化遗产的保存、修复方面做了许多工作，还邀请伊拉克学者赴日交流，支持伊拉克体育运动员参加国际比赛等。

进入 21 世纪以来，日本政府组织各种官方和民间的研究会，就日本外交战略调整问题提出了各类建言报告。如日本外务省组织相关学者编写的《面对 21 世纪的挑战：日本的外交课题》政策报告（以下简称"外交政策建议"），① 就"21 世纪日本外交面临的挑战"为主题，对日本的外交目标、新世纪日本外交与国际社会、日本外交课题等内容进行了全面的分析和阐述，② 鲜明地表达了 21 世纪日本文化外交及其战略取向，对日本的整体外交决策及政策制定产生了显著影响。

"外交政策建议"指出：冷战后复杂的国际关系中，日本背负着要凭借自己的力量构筑起与新世纪相符的新的国际秩序的责任与义务。21 世纪的日本外交课题是要从一个长远的角度重新审视日本外交的机遇，从实现日本的国家利益出发，明确日本的外交战略目标。

第一，日本要成为"全球化参与者"。该"外交政策建议"指出，21 世纪全球化将成为一个不可逆转的潮流，在各个领域都将超越国界，各国相互依存的关系将会不断加深。在此潮流中，"没有国际社会的安定与繁荣，就谈不上日本的安全与繁荣"。日本作为全球化参与者，为了确保国际社会的安定与繁荣，只有积极发表倡议、提出建议和采取实际行动才是实现日本国家利益的途径。

---

① 日本外务省网站：http://www.mofa.go.jp/mofaj/gaiko/teigen/index.html。
② 日本前外长高村正彦在《面对 21 世纪的挑战：日本的外交课题》政策报告的前言中指出："这样的外交政策建议具有极为重要的启示作用，将对于新世纪日本外交方针的确立，具有重要参考意义。"该政策建议就未来日本外交的基本方针提出了具体意见。该外交政策建议报告由 7 名学术界人士完成，这 7 名成员是猪口孝（东京大学教授）、北冈伸一（东京大学教授）、国分良成（庆应义塾大学教授）、田中明彦（东京大学教授）、袴田茂树（青山学院大学教授）、山内昌之（东京大学教授）、山影进（东京大学教授）。

第二，日本"应该向世界展示其构想的蓝图"。该"外交政策建议"指出，日本作为全球化倡导者要向国际社会展示的蓝图是"创造一个让我们相信未来会更好的世界"。包括消除贫困在内的开发援助项目、地球环境保护项目等都是推进此理念的途径。与此同时，不同国家和地区由于历史原因又存在着不同的价值观和文化背景，这些相异的价值观和文化背景则必须处在一个共生关系之中。"国与国、地区与地区将就不同价值观通过对话来加深相互间的理解，能够认同各种价值观共生的社会才是新世纪我们人类幸福的基石。""日本是一个既尊重普遍价值观又有自我独特文化的国家，无论作为亚洲大国还是全球化倡导者，都能够秉持此信念向世界发出自己的诉求。"

第三，将"为国际社会所信任的日本"作为追求目标。该"外交政策建议"指出，日本首先要以"为国际社会所信任的日本"为前提来追求日本在外交上的目标及蓝图。"我们要铭记只有开展在世界上得到信任的外交才是实现国家利益的方式，将为实现国际社会的安定与繁荣，作为我们能够向世界倡导自己理念的原动力。"要成为一个值得信任的国家，政策的一贯性、履行大国应尽的责任与义务等则是不可或缺的基本要素。

从上述日本对外战略目标来看，日本政府十分重视文化外交及其国际宣传舆论的重要作用。从 2000 年开始，日本外务省每年在对外宣传费用上的投入都在大幅度增加。这种投入主要是通过日本企业或文化机构，在国外的媒体上投放日本的文化产品，开展一些宣传日本文化的活动。日本外交决策层认为，在对外政策中加重信息技术和文化交流的分量可缓和意识形态、文化与种族冲突，建立社会间和睦，进而实现一种文化公共关系战略。对此，美国哈佛大学教授加尔布雷思（J. K. Galbraith）曾指出："今后国际社会对外国不是依靠军事和经济力量，而是依靠具有良好品味的、愉快的、丰富充实的文化的魅力。"日本政府正积极实施一种海外文化大战略，认为这是引导周边国家民众重新认识日本形象的重要手段。像意大利、英国等国家的外交政策决策者一样，日本也把信息和文化合作的外交方式看成评估本国海外形象以及与国外社会建立深层和稳固关系的重要指标。安倍内阁时期的外务大臣麻生太郎认为，日本在国际传播方面取得了很大成绩，在国外酒店打开电视，就能看到 NHK 节目。但他同时提出，希望早日制作出一天 24 小时，一周七天用英语传播日本信息的电视频道。"如果不制作以日本人以外的观众为对象的英语频道的话，无论如何成为不了文化外交的手段。"一直以来，日本政府都非常重视利用媒体宣传日本，希望以此创造有利于自己的国际舆论氛围，扩大全球影响力。①

## 二 文化交流在日本对外关系中的重要性

与立竿见影的经济援助相比，文化交流不能马上见效，只能着眼于国家的长远利益，细水长流。随着冷战的结束，文化交流对国际关系产生的影响越来越大。思维方法和社会结构差异十分突出的两个国家，促进不同文化间的相互尊重、人民相互理解的重要途径便是国际文化交流。20 世纪 70 年代，日本才成立了从事文化交流工作的机构——日本国际交流基金。到了 80 年代，日本政府认识到只有一家机构从事文化交流还远远不够，必须动员各方面的力量，于是文化交流恳谈会等机构纷纷成立。进入 21 世纪，日本对外进行文化交流已成为提升综合国力的重要条件。文化交流具有传播快、影响大、易于接受等特点，这成为日本政府重视文化交流的重要因素。

近年来，日本在向外国介绍本国的传统文化（如茶道、插花、和服、歌舞伎和相扑等）方面可以说是不遗余力，有效增进了各国对日本的了解。具体来说，日本的国际文化交流有三大特点。第一，文化交流的内容极其广泛，形式丰富多彩。其内容涉及各类文艺表演、影视媒体、书法绘画、体育竞技、文物展出和文化遗产保护事业等。这种文化交流既有向对方宣传本国文化的作用，又起到了让两国人民加深相互间了解、消除心理距离、确立彼此好感的效果。第二，文化交流的主体日益多样，沟通渠道不拘一格。文化外交过程中的文化交流不再局限于单一的政府间模式，而呈现范围广、程度深、时间久、主动性和积极性高等特点。第三，文化交流的互动性较强，双向性特征明显。这一点不同于单纯的文化输出或引进，既要将本国的文化介绍给世界各国，同时又要把各国的文化引入本国。尤其是与不同国家举办的"文化年"活动，为国与国

---

① 周庆安：《日本对华公共外交今昔变化》，《国际先驱导报》2006 年 1 月 9 日。

之间的沟通和交流提供了一种活力十足的方式。

同时，学术交流也成为日本文化外交的重要形式。文部省在 1992 年度的《教育白皮书》中曾指出："随着我国国际责任的增强和研究水平的提高，开始更强烈地要求我国在广泛的学术研究领域里做出国际性的贡献。因此，学术的国际交流、合作的重要性大为提高。"① 日本随着国家实力的大增和追求大国战略步伐的加快，其国际学术交流的指导方针也逐渐由"吸收"转向"放射"。为此，日本政府大力赞助并设立共同开发的学术、科研项目，尤其是在海外的日本研究项目，尽可能地为海外的日本学学者提供赴日学习、研究的机会，并向海外的日本学研究机构派遣师资等。"日本学术振兴会"的建立对网罗海外学术信息、传播日本学术成果同样做出了很大贡献。

关于文化外交在日本对外关系中的位置，日本国际交流研究会突出强调"文化品格及魅力的提高对国家形象及对外说服力的重要性"，这里所说的"文化"，并非仅仅是高水平的学术研究和艺术，而是包括日常生活文化在内的广义概念。美国外交杂志《外交政策》曾刊登论述日本成为文化大国可能性的论文，主要内容并非经济规模指标的国民生产总值（GDP），而是"日本的 GNC"（Gross National Cool）。所谓 Cool 就是"好的形象"，是"精彩的"。这里面包括寿司等在内的日本饮食文化、流行音乐、比《泰坦尼克号》更受欢迎的动画片《千与千寻》、流行服装、电子游戏、电视剧乃至商品设计等，这些都能吸引世界的眼球，壮大各国年轻人中"哈日族"的群体人数。②

不可否认，日本在文化层面上的公共外交有很多经验。传统的茶道、书道、现代的影视、动漫都成了塑造日本国家形象的重要工具。尤其是日本动漫产业，它作为一种独特的外交方式发挥着巨大的作用。2007 年11 月，"阿童木"被任命为"海外安全大使"，2008 年 5 月，"Hello Kitty"成为日本旅游大使，"机器猫哆啦 A 梦"也于同年 3 月成为日本首个"动漫大使"，负责向全世界推广日本文化，"巡游世界，广交朋友"。

① 《我国的文教政策（平成 4 年度）》，1992 年，http：//www. mext. go. jp/b _ menu/hakusho/html/hpad199201/index. html。

② 小岛明：《日本的选择》，东方出版社 2010 年版，第 118 页。

美国《时代》周刊 2008 年 11 月 20 日报道，Hello Kitty 和哆啦 A 梦的新身份显示，日本海外影响与日本流行文化关系密切。Hello Kitty 这只小猫已成为日本最成功的出口产品，成为一个开放日本的恰当象征。有着"国际化"个人经历的日本前首相麻生太郎作为"动漫迷"，宣称要在中国全力推广日本动漫和其他流行文化。他曾经说过："只要看看中国街道边上年轻人常去的小商店就非常明白了。日本的动画商品、各式各样的模型排列得满满当当。与米老鼠和唐老鸭相比，日本流行、日本动画、日本时尚的竞争力远远超过了你所想象的程度。大家出于兴趣而自发全力投入的事情，包括外务省在内的任何人都没有让你做的事情，着实增加了喜欢日本的人，在中国以及其他国家抓住了年轻人的心。"① 麻生自称是动漫迷，呼吁日本实行"动漫外交"。2007 年，时任外相的麻生还发起了一个面向外国作者的国际动漫奖。那些被称为"向世界推广现代日本文化新时代的旗手"的动漫制作者们不仅把日本文化带给世界，扩大了日本文化的影响，还把日本化的思维模式、价值观带进了国际社会，世界上出现了一批对日本文化有好感的青少年。

麻生太郎在担任外相时就热心推进国际文化交流事业。麻生曾经指出："打造一个国家的声誉，就像企业打造名牌一样，而打造国家的名牌，不能仅靠外交官，必须借助日本文化的力量，利用流行文化对其他国家的国民发生影响。"② 他还一直提倡通过在年轻人中宣传日本的流行文化加强日本的宣传能力。日本政府希望用漫画这种青少年喜闻乐见的形式，把日本化的思维模式、价值观和是非善恶观念潜移默化地灌输给国际社会的青少年。这样做不仅可以向世界推广日本的动漫文化，占领全球广阔的文化市场，还可以扩大日本动漫在国际社会青少年中的影响，破解在历史问题上亚洲民众对日本的负面印象，培养更多的知日派。麻生还说，"我们大家都是以莎士比亚和贝多芬等来自欧洲的文化为精神食粮成长起来的。但是现在，漫画、动漫或者日本料理、相扑等日本的本土文化也正在同样成为世界各地的人们，尤其是年轻一代的精神食粮。

---

① 日本驻华大使馆网站：麻生外务大臣演讲稿，《文化外交的新设想——寻求大家的力量》，http：//www. cn. emb－japan. go. jp/fpolicy/seisaku060428. htm。

② 《日本力推"动漫外交"，用动漫影响他国民众》，《国际先驱导报》2006 年 5 月 7 日。

所以不能不利用这个资源"。安倍晋三首相也表示要"加强动漫及传统文化等的国际竞争力及面向全世界的信息辐射力，制定日本文化产业战略"。① 2013 年年初，安倍将"酷日本"战略定为经济增长战略的一部分，要求相关阁僚加强官民合作和宣传力度。"酷日本"战略旨在向海外推介以动漫、游戏为主的日本内容产品及食品等领域的国内独特文化。安倍就"酷日本"战略的意义强调，"日本的潜力很大。优质的日本产品会使海外产生对日本的敬意"。② 事实证明，以日本特有资源形成的"动漫外交"作为文化外交的一种新形式，是非常成功的。

值得关注的是，前日本国际交流基金会理事长小仓和夫指出：随着全球化程度的提高，每个民族"独特的"文化都在变得与其他国家的文化越来越难区分。为此，包括日本国际交流基金在内，许多当代日本文化外交参与者的态度是，不再把"日本的"文化视为日本的财产，而是当作人类共同的宝贵遗产。这样的观点超越了日本传统的文化外交模式，突出了其在对外战略中的重要作用，充分表明文化外交在当代日本对外关系中的价值所在。

# 第五节　日本对华文化外交政策及表现

中日关系对于两国的眼前利益和长远利益，乃至整个亚洲的未来都是极为重要的。错综复杂的中日关系，使得日本政府越来越认识到，同中国民众展开积极的对话和文化交流的重要性。文化外交的作用主要就是通过两国间多渠道的文化交流与合作，促进两国政治、经济关系的发展。

## 一　日本对华文化外交政策及特点

20 世纪 70 年代以来，围绕中日关系的国际环境发生了巨大变化。1972 年 7 月组阁的田中角荣以实现中日邦交正常化为最大使命，同年 9 月访华并恢复中日邦交。中日两国政府签署了《中日联合声明》，实现了

---

① 小岛明：《日本的选择》，东方出版社 2010 年版，第 178 页。
② 日本共同社 2013 年 3 月 4 日电。

中日邦交正常化。中日复交后，两国关系进入了全面、迅速发展的新阶段。《中日联合声明》第九条规定："中华人民共和国政府和日本国政府为进一步发展两国间的关系和扩大人员往来，根据需要并考虑到已有的民间协定，同意进行以缔结贸易、航海、航空、渔业等协定为目的的谈判。"① 1972 年 11 月，以外务省审议官东乡文彦为团长的日本政府事务当局访华团抵达北京，与中国政府首次举行了综合性事务级会谈。翌年 1 月，由日本通产省大臣中曾根康弘、日中经济协会会长稻山嘉宽等率领的政府及民间经济界人士组成的访华团访问中国，这是日本第一个以官民结合的形式来华访问的代表团。以此次交流为基础，从 1973 年 5 月起，两国相继签订了海缆协议以及贸易、海运、航空、渔业等协定。此后，两国间的交往逐渐形成了政府和民间并举的局面，从而大大推进了两国间经济、文化以及人员交流方面的往来与合作。

1978 年 8 月，中日两国政府在北京签订了《中日和平友好条约》，为今后两国关系正常发展提供了可靠保证，为两国实现长期友好合作开辟了广阔空间。条约第三条规定："缔约双方将本着睦邻友好的精神，按照平等互利和互不干涉内政的原则，为进一步发展两国之间的经济关系和文化关系，促进两国人民的往来而努力。"② 依照这一条款的精神，两国之间在经济、文化、科技等方面的交流和往来得到了进一步的推进。经济方面，1979 年 12 月大平正芳首相在访华期间，为援建中日友好医院，无偿提供了 164.3 亿日元的器材设备。文化方面，1979 年 12 月中日签订了文化交流协定。1984 年，3000 名日本青年应胡耀邦总书记的邀请来华访问，同时 500 名中国青年在日本民间友好人士的努力下，于第二年乘坐"中日友好之船"应邀回访日本。这次中日青年的大交流堪称日本影响中国、树立自身形象的大手笔。大平首相访华期间还提出了"对中国进行日语教育特别计划"，该计划提供 10 亿日元资金，五年内对中国的日语教师进行培训。③ 在科技领域，1980 年 5 月，中日两国签订了科学技术合

---

① 田桓主编：《战后中日关系文献集 1971—1995》，中国社会科学出版社 1997 年版，第 110 页。

② 同上书，第 229 页。

③ 冯瑞云、高秀清、王升：《中日关系史（第三卷）》，社会科学文献出版社 2006 年版，第 374 页。

作协定，开始在自然科学领域进行共同研究和合作。

20 世纪 80 年代末 90 年代初，世界形势发生突变，冷战结束，世界形势总体趋向缓和，和平与发展成为世界主流。自 20 世纪 80 年代日本确立政治大国战略以来，要求执行独立自主的外交政策的愿望非常强烈。同时，由于苏联解体，日美关系中的安全保障利益因素相对削弱。日本期望通过加强同中国的关系，改善其外交追随美国的国家形象，谋求执行自主的外交政策。早已成为经济大国、科技大国、金融大国和债权大国的日本，自认为还是"政治小国"，所以一直以来都在努力改变这种不对称的国际形象。但是，日本要"发挥与经济大国相适应的政治作用"，成为政治大国、联合国安理会常任理事国，都需要获得中国的理解和支持。

在此背景下，日本政府以"文化无偿援助""日本教学交流项目"等形式加强同中国的交往。① 日本对华文化无偿援助主要是向中国的大学提供日语学习设备；向教育电视台提供节目、广播设备；向图书馆、博物馆、美术馆等提供器材，对修复文化遗产项目提供援助。② 1987 年，由外务省、文部科学省和总务省共同协办成立了 JET（The Japan Exchange and Teaching Program）项目，即"外语指导等外国青年聘用项目"。总务省下属的地方自治体则是开展该项目的主体，以邀请外国青年到日本的初、高中就外语和体育等方面进行指导，或在地方自治体从事国际交流工作。JET 项目还在中国设立日本国自治体国际化协会北京事务所，积极从事中日两国间的交流与教学活动。同时，日本外务省加强驻华机构的文化外交力度。如日本驻华大使馆设有宣传文化部和宣传文化班，负责宣传和文化交流等工作。并开设了中文网站，以便向中国介绍日本政府的政策、文化信息等。在文化交流领域，则以实施各种文化事业、各种交流活动以及支援日语教育等为工作内容。日本驻华使馆的工作，作为外交活动的一环，通过各种文化交流，积极向中国展现日本的魅力。

---

① 文化无偿援助是以支援各国文化和教育的振兴，促进日本和这些国家之间的文化交流为目的，不承担任何还款义务的捐款形式的援助。分为一般文化无偿援助、利民工程无偿援助、文化遗产无偿援助三种。

② 《日本政府对华开发援助（概要）》，http：//www. cn. emb - japan. go. jp/oda/summary. htm#5。

　　然而进入20世纪90年代，中日关系的基础却面临着一系列考验，日本对华战略做出了重大调整。主要原因有二：一方面，随着苏联的解体，"中美苏大三角格局"消失，中日两国共同应对苏联威胁的战略需求也随之消失，继而诸如"历史认识"问题、领土问题等一系列问题凸显出来；另一方面，中国改革开放和经济实力的迅速增长，与日本经济自泡沫时代结束后一蹶不振的情况形成鲜明对照。考虑到中国这个政治、文化大国正在向经济大国发展，日本不得不重新评估中国的战略地位，审视其对华外交政策，加大对华文化外交力度。

　　在对华宣传方面，日本通过外务省和国际交流基金的讲师派遣计划，支持日本优秀人才来华举办各种演讲会、研讨会、座谈会等。特别是，日本国际交流基金作为外务省进行国际文化交流的半官方机构，充分展现对华文化外交职能。国际交流基金的宗旨是"加深外国对日本的理解，增进国际互信，同时促进国际友好亲善，富有成效地从事国际文化交流事业，并以此为世界文化发展和人类的福利做贡献"[1]。国际交流基金作为日本外务省实施文化外交政策的外围机构，在独立实施以上事务的同时，还积极扶助民间致力于对华文化交流事业的团体和个人。1994年3月，日本国际交流基金会为推进与中国的文化交流活动，在北京设立了事务所（后于2008年5月更名为日本文化中心）。它在中国开展的各种文化交流活动的频繁程度仅次于美国，为世界第二。主要通过促进文化艺术交流、援助海外日语教育和学习、推动海外的日本研究和学术交流，以及提供信息援助等方式积极开展同中国的文化外交。1998年11月，江泽民主席访日，中日双方发表《中日联合宣言》，宣布建立"致力于和平与发展的友好合作伙伴关系"。宣言第三条规定："加强两国各个层次和级别特别是肩负两国未来发展重任的青少年之间的交流。"[2] 这一年是《中日和平友好条约》缔结二十周年，中日两国之间的高层往来和各领域的对话、交流与协商出现了一个高潮，为新世纪中日关系的健康稳定发展指明了方向。

---

① 国际交流基金编：《国际交流基金十五年的历程》，1990年，第235页。

② 《日中关于建立致力于和平与发展的友好合作伙伴关系的联合宣言》，《外交蓝皮书42号》，第351页。

总的来说，日本在"政治大国"框架下推行的对华政策，有谋求日本自身政治利益的一面。同时，日本通过学术及文化交流等方式对华开展文化外交，其直接目的是希望中国的民众认同其"通过两国间全面合作对于中国现代化建设起到某种积极的意义"的目的，最终改善日本作为战败国的形象。

但是，由于小泉上台后所采取的一系列对亚洲的强硬外交政策，尤其是在其执政期间先后六次参拜靖国神社，使日本与中韩等亚洲各国的关系都陷入了困境。日本历史教科书事件、右翼势力否认南京大屠杀以及日本政界的"中国威胁论"都使中日两国关系雪上加霜，日本对华文化外交在这一时期的效果也大打折扣。

鉴于小泉时期对华外交失败的教训，安倍晋三首相 2006 年 9 月 29 日一上任便在国会发表就职演说提出，要推进"美丽的国家——日本"的施政构想。安倍宣称："就未来新日本的'国家认同'，即我国的理念、努力方向、日本的独到之处，向世界发出信息……要集中我国的睿智，积极实施作为国家的对外宣传。"① 之后，日本全力促成 2007 年"中日文化体育交流年"，日本外务省的"日中 21 世纪交流事业"还根据"21 世纪东亚青少年交流计划"成功邀请了两千名中国高中生访问日本。2008 年 2 月，日本外务大臣下设置的"海外交流审议会"发表了名为"强化我国对外传播力度的施策与体制——为了增加日本的理解者与粉丝"的报告，分析了现代日本外交要强化信息发布能力的必要性及对应措施，同时还提出了几项建议，如电视国际频道的扩充、日语教育、流行文化等文化交流。② 2008 年国家主席胡锦涛访日期间，与日本内阁总理大臣福田康夫签署了《中日关于全面推进战略互惠关系的联合声明》，两国在人员往来方面得到进一步加强。声明第 6 条规定："双方确认，不断增进两国人民特别是青少年之间的相互了解和友好感情，有利于巩固中日世代友好与合作的基础。为此，双方决定：广泛开展两国媒体、友城、体育、

---

① 《第 165 届国会安倍内阁总理大臣施政方针演说》，http：//www.kantei.go.jp/jp/abespeech/2006/09/29syosin.html。

② 海洋交流审议会：《强化我国对外传播力度的施策与体制——为了增加日本的理解者与粉丝》，2008 年 2 月。

民间团体之间的交流，开展丰富多彩的文化交流及知识界交流。持之以恒地开展青少年交流。"①

但是，再次上台的安倍晋三 2013 年 12 月却再开首相参拜靖国神社"恶例"，制造"中国威胁论"，严重违反中日四个政治文件的基本原则，使得中日文化关系的发展受到很大影响。

## 二 日本开展对华文化外交的途径及方式

战后日本对华文化外交作为特定国内外环境制约下的行之有效的外交行为方式，为维护、实现和扩大日本的国家利益做出了巨大的贡献。

1. 加强对华媒体文化宣传。曾出任日本外务大臣的麻生太郎认为，日本在国际传播方面取得了很大成绩，在国外酒店，打开电视就能看到 NHK 节目。但他同时提出，"如果不制作以日本人以外的观众为对象的英语频道的话，无论如何成为不了文化外交的手段"。② 2009 年 2 月 2 日，日本 NHK 国际频道 World TV 经过十多年的长期酝酿，终于重新与观众见面。该频道利用三颗卫星，全天候向海外播送"日本国产"的纯英文节目，发布以时事新闻和介绍日本社会文化的软新闻为主的节目。开播时全球可覆盖的观众已达 7000 万，计划在五年内提高到 1.5 亿。③ 日本政府一直非常重视利用媒体宣传日本，希望以此创造有利于自己的国际舆论氛围，扩大全球影响力。

从 2000 年开始，日本外务省每年在对华宣传费用上的投入都以两位数的速度增加。这种投入主要用于两个部分：一是通过日本企业或者文化机构，在中国的媒体上投放日本的文化产品，包括歌舞伎和动画片等；二是通过这些企业机构，开展一些宣传日本文化的活动，比如演出、出版物发行、日本信息角以及在中国新闻媒体上投放广告。日本政府希望通过这些文化产品的输出和对华宣传的投资来减少中国民众对日本的不信任感，增进中国民众对日本的认识和了解。日本外务省还提供了一项

① 新华社东京 2008 年 5 月 7 日电。

② 《文化外交的新设想——寻求大家的力量》，http：//www. cn. emb – japan. go. jp/fpolicy/seisaku060428. htm。

③ 《NHK 引领的国家公关：让世界不再"误读"日本》，《国际先驱导报》2009 年 4 月 17 日。

为期一周左右的交流机会，邀请中国记者和日本政府的相关人员进行面对面对话。为了让这些人员全方位了解日本，外务省为他们精心设计安排了日程。据日本媒体报道，为了使中国青年对日本产生好感，日本外务省曾在 2006 年度预算案中，增加对华宣传费用 11.6 亿日元，使对华宣传总预算达到 31.1 亿日元。新增款项将用于在中国各大电台、电视台播放日本的流行歌曲和动画片。① 这种大力度的宣传，取得了较明显的成效。在中国社会科学院日本研究所于 2008 年第四次中日舆论调查中"从哪里获得日本信息"问题的回答，有 74.4% 的人选择了"电视"，19.4%的人选择了"广播"。②

2. 实施对华政府开发援助。随着经济实力的增长，日本开始逐步扩大对外援助规模，试图以政府开发援助的方式扩大对华影响力。日本政府对华开发援助，除政府间的日元贷款援助外，对中国的无偿援助还包括资金、利民工程、文化、文化遗产和对华技术合作等。无偿援助部分是日本对中国的赠款，截至 2004 年度的协议额累计，无偿资金援助达 1457 亿日元（约合 65 亿元人民币）。技术援助则是日方为中方免费提供人员培训等技术合作，截至 2004 年年末，负责对华 ODA 中技术合作与无偿援助的日本国际协力机构（JICA）中国事务所，在技术合作方面提供经费 1505 亿日元（约合 83 亿元人民币）。③ 日本特别注重发挥其作为经济大国的优势，对中国的文物保护、国家文化发展事业等进行援助。1989 年日本文化厅出资设立了用于保护世界文化遗产的"日本信托基金"，在保护中国的世界遗产等方面提供资金、人员和技术方面的帮助。如对中国西安唐朝大明宫含元殿的修缮、对吐鲁番交河古城的保护等。日本的纸保护技术也被试用于中国敦煌的文物修复工作，这些无疑会在改善中日关系方面发挥重要作用。近年来，日本政府还鼓励民间志愿者参与中国的治沙事业。

3. 推动对华文化交流。文化交流与政治经济交往相比，没有强烈的

---

① 《日本加紧对中国青年公关》，《国际先驱导报》2006 年 1 月 23 日。

② 王伟：《第四次中日舆论调查报告——培育中日两国民众亲近感任重道远》，《日本学刊》2009 年第 2 期。

③ 《日本政府对华开发援助（概要）》，http：//www. cn. emb－japan. go. jp/oda/summary. htm#9。

现实功利性，双方都易于接受，往往能产生特殊的效果。日本政府认为实施文化交流是日本改善其形象的重要举措，是日本对华文化外交的重要途径。

首先，日本政府为对华文化交流的实现提供了强大的实施主体支持。外务省的宣传文化交流部为国际文化交流制定了目标。在此基础上，由外务省管辖的国际交流基金会又以生产、搜集、交换和分送资料，向中国介绍日本文化，以促进国际交流。另外，文化厅在具体的文化外交实施过程中也发挥了充分的协调作用。例如，1986 年，日本文部省拨巨资成立了"国际日本文化研究中心"，搭建对外文化交流、输出日本文化的国际平台。在与各国开展艺术、体育等文化交流活动中，日本着力传播本国文化。[1] 1991 年，日本政府对外发行了 129 部电影，向海外派遣了204 名日语专家。近年来，日本的大学与中国的大学进行着多种形式的交流与合作。东京大学、早稻田大学、北海道大学等二十多所大学在中国设立基地，并派联络员常驻中国。这些都有利于促进两国人民的友好交往和中日关系的发展。

为了塑造对华新形象，日本政府在与中国进行国际文化交流方面主要投入了两方面的资源：首先是文化传播。日本将传统的茶道、书道，现代的影视、动漫等作为塑造日本国家形象的重要工具，着力传播本土文化。尤其是近年来日本政府将日本动漫产业作为一种独特的外交资源进行开发，在改善国际形象方面发挥了巨大的作用。可见，日本对华文化外交的内容和形式越来越丰富。在日本被称为"向世界推广现代日本文化新时代旗手"的动漫制作者们不仅把日本文化带进中国，同时把日本文化的思维模式、价值观带进了中国，潜移默化地影响着中国青少年。事实证明，以日本特有资源形成的"动漫"等流行文化因素成为日本对华文化外交的一种新形式。

其次是加强日本语教育的力度。我们知道，外语学习在中国除了英语，第二就是日语。国际交流基金的"2006 年国外日语教育机构调查"显示，中国（包括台湾地区）学习日语的人数超过 87 万，占世界日语学

---

[1] 李智：《文化外交——一种传播学的解读》，北京大学出版社 2005 年版，第130 页。

习者的 29%。① 国际交流基金将此作为工作的重中之重，在图书赠送、日语教师赴日研修、以日语教师为对象举办座谈会、日语教科书编写等方面积极提供帮助。为了推进中国的日语教育和日语研究，日中双方于1980 年 9 月在北京语言学院（现北京语言大学）创立了"日语研修中心"（也称大平学校），1985 年改为"北京日本学研究中心"。这里的毕业生大都到中国各地担任日语教师，推动中国的日语教育。另外，国际交流基金还与中国教育部考试中心合作，于每年 12 月举办一次日本语能力测试（JLPT），为中国的日语学习者提供一个评定自己学习成效的平台。中国参加考试的人数 2005 年达 14 万人，2007 年超过 20 万人，2008年为 20.7 万多人。② 由此可见，日本在加强中国的日语教育方面取得了明显成效。除此之外，日本国际协力机构（JICA）还派遣青年国外合作队员到中国的大学担任教师；日本贸易振兴机构（JETRO）在大连举办日语商务检定测试；日本大使馆为在华开展日语教育的大学提供更多的关于日本文化、日本社会等方面信息、演讲，同各种组织合作，在各大学主办或协办"日本文化节"。除了加强对华日语教育，日本民间团体还从其他方面充实对华教育交流。属于"日本财团"的笹川日中友好基金在教育交流方面的贡献就是一个有代表性的实例。笹川日中友好基金主要用于中日两国间的人才培养、人员交流、调查研究、举办会议等项目。基金成立以来，已实施的项目达 276 项，中方有 11548 人参加了该基金项目的活动。1986—2005 年，该基金项目向中国派遣了 1292 名日语教学专家，并向中方多所大学赠送了大量图书；2007 年先后在中国 13 所大学设立了笹川日中友好奖学金，已有 1150 多名优秀学生获得奖学金；在日本也同样设立中国留学生奖学金，资助中国在日留学生。③

　　4. 加强两国人员往来与交流。日本政府对华文化外交很重要的一个方面是加强两国人员的交流。在文化外交中，促进双方人员的交流除了

---

　　① 《2006 年海外日本语教育机构调查》结果概要（速报），http：//www. jpf. go. jp/j/japanese/new/0711/img/sum. pdf。

　　② 《关于日本语能力测试》，http：//www. jlpt. jp/index. html。

　　③ 参考笹川日中友好基金网页，http：//www. spf. org/sjcff－j/about. html。以及黄大慧、周颖昕主编《中日友好交流三十年（1978—2008）》，社会科学文献出版社 2008 年版，第 232—235 页。

增加数量以外，更重要的是开展具有影响力的活动。加强人员往来可以说是最直接、最有效的交流方式，中日青年交流就是最有说服力的例子。

1956 年，日本青年团协议会与中华全国青年联合会正式建立交往关系，开启了两国青年友好交流的大门。50 多年来，两国青年的交流经历了一个从无到有、从小到大、从点到面的发展过程。20 世纪 80 年代的中日青年大交流，3000 名日本青年应胡耀邦总书记的邀请来华访问，同时在日本民间友好人士的努力下，500 名中国青年于第二年乘坐"中日友好之船"应邀回访日本。这次活动堪称日本影响中国、树立自身形象的大手笔。此后，日本国际交流基金于 1994 年 3 月成立了北京事务所，在加强两国人员往来方面做出了突出的贡献。从 2006 年开始，外务省、国际交流基金和日中友好会馆合作，举办了大型交流事业"日中 21 世纪交流事业"，设立了"日中 21 世纪基金"，用于邀请中国高中生到日本进行中长期留学。从 2006 年 9 月起，日本每年邀请一百到两百名中国高中生到日本进行两到三个月的中期留学，同时邀请五十名左右的高中生进行为期一年的长期留学。被邀请的学生将入住愿意接待他们的日本家庭，并与普通的日本高中生一起学习。2006 年该基金设置了"日中交流中心"，在邀请中国高中生赴日留学、强化日中市民交流网络等方面起到积极的作用。

随着福田首相 2007 年年底的访华，中日双方决定把 2008 年定为"中日青少年友好交流年"，并签署了《关于"中日青少年友好交流年"活动的备忘录》，对广泛开展两国青少年交流，增进两国国民的相互理解和友好感情，丰富两国战略互惠关系的内涵具有重要作用。于是，2008 年由日本外务省和中国中华全国青年联合会牵头，成功举办了"中日青少年友好交流年"活动。这既是中日两国青年交往史上覆盖面最广、互访规模最大的交流活动，也是双方着眼于进一步增进两国国民感情，在两国大力培养友好事业接班人的又一项重要交流活动。这一活动不仅促进了中日两国人民的互信和理解，对改善中日政治关系也起到了积极作用。

### 三 日本对华文化外交的评估及展望

1. 日本对华文化外交的成效不足。我们知道，作为拥有 2000 多年友好交往历史的中日两国，双方的民众有着共同的文化渊源和生活习惯；相比其他国家而言，中日双方民众在理解、接纳对方文化等方面要容易得多。另外，日本政府在对华文化外交方面也很积极，确实取得了一些成效。但日本首相参拜靖国神社和右翼势力美化侵华战争的言论在很大程度上却抵消了日本对华文化外交的努力。

从中国社会科学院日本研究所组织的 2002—2008 年四次中日舆论调查的结果来看，中国民众心目中的日本形象没有发生根本的变化。"富士山""樱花""天皇"等已成为日本传统形象的代表。日本人"工作勤奋""彬彬有礼"，日本的"名牌家电"、发达的"影视业、电子业"都赢得了中国民众的好评和喜爱。但选择"靖国神社""侵华日军""太阳旗"的人仍占多数，并呈逐年上升趋势。该调查中，一个 18 岁的在校学生在留言中写道，"一说到日本，首先想到的是南京大屠杀，其次是侵华战争，然后是太平洋战争……但是，现代日本的各种流行文化却深深地吸引着中国的青年一代。应该说，年轻人对日本的态度大多是又爱又恨"。① 换句话说，中国的青年一代日益从多方面对日本进行认识和了解，继而形成了多种文化影像的重叠。这份调查报告比较客观地反映了中日恢复邦交 30 多年来，日本带给中国民众的印象。日本通过长期不懈的努力，其对华文化外交的确取得了一定成绩，但不可否认的是，中国民众对于日本的负面印象不但持续了六十年，而且有愈演愈烈之势。

2008 年第四次中日联合舆论调查结果显示，有 82.3% 的市民和64.9% 的学生对中日关系的未来至少抱有比较（谨慎）乐观的态度；同时持悲观态度的也分别有 2.3% 和 7.9%。但是在回答"提到日本，你首先会想到什么"（多选）时，学生中有 49.3% 回答是南京大屠杀、23.5%回答是靖国神社、20.3% 回答是侵华日军，在市民中则有 57.1% 首先想到的是南京大屠杀。同时，历史问题（74.0%）、领土争端（71.1%）和经济摩擦（26.5%）位列中国青年学生眼中目前妨碍中日关系发展主要

① 蒋立峰：《中国民众对日本很少有亲近感——第一次中日舆论调查结果分析》，《日本学刊》2002 年第 6 期。

障碍的前三位，而且历史问题和领土争端的关注度远远超过了其他问题。① 近代以来，日本通过明治维新走上了富强的道路，也开始了对亚洲各国的侵略战争，尤其是第二次世界大战期间，日本侵华战争给包括中国人民在内的亚洲带来巨大的伤痛。21 世纪初，日本政治总体保守化、日本领导人参拜靖国神社、东海钓鱼岛争议、美化侵略的历史教科书、否认南京大屠杀等言行，无不刺痛了中国民众的政治神经。由此可见，中国民众对日本的态度多受历史问题影响，从而大大削弱了日本对华文化外交的效果。

2. 影响日本开展对华文化外交的相关因素。总体上来看，日本对华文化外交开展得还是富有成效的，但也面临着几个严重而"非建设性"的问题。

首先，历史问题削弱了日本对华文化外交的作用。历史问题始终制约着中日关系的发展，导致日本文化外交缺乏最基本的信任和沟通的政治基础，在不少层面上存在着相互对立与敌视。另外，近年来，由于日本否认殖民和军国主义侵略罪行的"历史修正主义"泛滥，使日本的文化外交努力深受影响，这种政治互信的危机大大抵消了文化外交的软化作用。

其次，意识形态和价值观的差异影响了日本对华文化外交的预期效果。日本自诩为西方社会的一员，是民主、自由、法治和拥有人权的国家，并同美欧等西方国家一道用价值观问题牵制中国。面对中国的迅速发展，日本深感其亚洲领头雁的地位受到挑战，企图以意识形态、价值观不同为由，借"价值观外交"之名，谋求地区安全、经济合作主导权，在战略上围堵中国。麻生太郎在担任日本外务大臣时提出了所谓"价值观外交"的概念，认为日本作为先进的民主国家，已经有资格向世界宣传"民主自由、人权、法的支配及市场经济这样的普遍价值"。他还提出要打造"自由与繁荣之弧"，明确提出要把欧亚大陆外围兴起的新型民主国家联合起来开展外交，支持拥有与日本"相同价值观"的国家。可见，麻生以"自由与民主"划线，企图利用意识形态和价值观等文化符号孤立中国、围堵中国，这必然会影响到日本对华文化外交的开展。以所谓

---

① http://news.sina.com.cn/c/2008-09-08/143716253340.shtml.

的"自由、民主"价值观为基调向中国展开的文化宣传很难被中国民众接受，不会收到预期效果。

最后，日本国家发展战略的转变牵制了对华文化外交的有效实施。近年来，中国经济持续、快速、稳定发展，综合国力显著增强。而日本经济却长期低迷，国内政治呈现出明显的"总体保守化"倾向，民族主义情绪不断上升，日本保守派政要力图引领日本"摆脱战后体制"，以一种"历史修正主义"的姿态走向"正常国家"。日本首相安倍晋三推崇"强国论"，视"摆脱战后体制"为己任，主张修改和平宪法，指出"第九条不符合时代发展要求"。他提出日本应推行强势外交，积极主动地制定国际规则，改变过去以协调、友好为重，抑制国家利益的做法。可以预见，日本在今后若坚持走强硬路线，不可避免地会与中国在发展战略上发生直接的碰撞与冲突。日本对华文化外交政策必然也会受其发展战略影响，不能充分发挥文化外交长期的、潜移默化的功效和影响中国及民众的作用。

3. 日本对华文化外交的动机及取向。日本对华文化外交以适应"变动中的日中关系"为中心，目的是改变战败国形象，扩展其国家影响力，为其成为"政治大国"战略目标服务。首先，日本对华文化外交有突出的功利性。任何国家的文化外交最终都是要服务于本国的国家利益。为了实现日本"正常国家化"这一特定的政治目的，除了通过加强对外宣传、国际文化交流等手段以外，今后日本会更强调意识形态的传播。例如，日本政府通过动漫等形式，把日本文化带进中国的同时，把日本的思维模式、价值观念也带了进来，潜移默化地影响着中国民众，尤其是青少年。其次，日本对华文化外交越来越讲求实用性。自20世纪90年代中期以来，日本政府在对外经济和文化援助方面进行了战略性调整，增加了无偿资金援助和技术合作等内容。例如，对华利民工程主要将资金投入到建设学校和医疗机构方面，其目的都是试图创造良好的舆论环境，获得预期的文化外交收效，以达到其政治目的。最后，日本对华文化外交具有隐蔽性。21世纪以来，从小泉内阁到安倍内阁，他们都从"历史修正主义"的立场出发，以中国青少年为主要对象，只宣传日本的流行文化等有影响力的一面，并传达错误的历史观或闭口不谈"历史问题"。

　　当然，日本文化外交作为中日关系不断向前发展的催化剂，也促进了中日文化关系的发展。如福田康夫首相在访华期间寻访孔子故里曲阜，强调两国的文化传承，增进了两国民众的理解与信任。今后仍然需要注重中日文化外交形式的运用，开展多层次文化交流。近年来，"文化年"活动已成为中国文化外交的重要形式。中国政府同日本政府曾先后成功地组织了"中日文化·体育交流年""中日青少年友好交流年"等活动。这一系列交流活动不仅使更多的日本民众认识和了解到中国深厚的文化底蕴，还向其彰显了中国追求和谐世界与爱好和平的文化理念，树立了中国的良好形象。

# 第五章

# 对日本文化战略的综合分析

本章将在前面几章研究的基础上，对日本文化战略的演变过程、结构特征、推进机制、效果影响等进行综合性分析，以便对日本的文化战略有一个整体性把握。

## 第一节　日本"文化立国"战略的演变

从冷战结束至今的 20 多年以来，日本的文化战略经过了一个不断充实和完善的过程。随着时间的推移，日本文化战略的目标越来越清晰，内涵也越来越丰富。如果以"文化立国"为基轴来看的话，可以说日本的文化战略大体经历了三个阶段的历史变迁：从冷战结束到 20 世纪末为第一阶段；从进入 21 世纪到 2017 年为第二阶段；从 2017 年开始进入第三阶段。下面，将按时间顺序对日本文化战略的演变过程进行梳理和探讨。

### 一　"文化立国"战略的提出

冷战后，日本文化战略的形成是以明确提出"文化立国"战略目标为标志的。1990 年，作为文化厅长官的咨询机构，日本成立了由专家学者和艺术界权威人士组成的"文化政策推进会议"。1995 年 7 月，文化政策推进会议提出了《以新的文化立国为目标——关于当前文化振兴的重点施策》的报告书，最早提出了"文化立国"战略目标，这也成为冷战后日本文化战略形成的标志性文件。

该报告书首先阐述了文化所具有的重要意义，认为"文化对每个国民来说，是作为人生存的证明和意义，同时对一个国家来说，则是其赖以成立的最重要的存立基础"。报告书进而指出，在实现了经济的惊人发展后，对国民来说，比起物质丰富而言，要求心灵丰富的气氛日益高涨，而能实现心灵丰富的正是文化，"人们由接触优秀文化的产物而感动，或由自己参加文化的创造活动而身心满足，拟或由日常的文化生活而获得良好反应，这都是面向明天而具有活力的"。

该报告书认为，虽然近年来日本国内外环境在发生着深刻变化，但日本并未能适应这样的变化。一方面，就国内来说，社会和经济界开始谋求原有价值观的转换，向尊重丰富的创造力、尊重个性和审美感性的"文化的时代"变迁；同时，也迎来了"地方的时代"，在各地域都出现了重新看待传统文化，推进独自具有活力的地域建设，对外传播（发信）具有特色的文化的意欲。另一方面，从国际上来说，可以看到世界对日本文化的关心开始高涨，同时，如亚洲诸国的文化遗产保护修复合作那样，对由文化推进国际贡献的期待也正在增大，这要求以多种多样的形式进行文化的国际交流和合作。由此，报告书得出结论，认为"已经到了这样的时代：要求我们日本人对日本文化抱有自豪，由建设重视文化的国家和通过文化的国际贡献，成为世界上受尊敬的国家和国民。在这个意义上，文化振兴对今后的我国来说是最重要的课题之一"。

在此基础上，报告书明确提出了"文化立国"的目标，认为"以新的文化立国为目标，在本世纪中从根本上整备文化基础，成为紧急的课题"。为了实现该目标，报告书提出了文化振兴的六个重点施策：第一，艺术创造活动的活性化；第二，传统文化的继承和发展；第三，地域文化、生活文化的振兴；第四，培养、确保支撑文化的人才；第五，由文化进行国际贡献和文化发信；第六，为文化发信进行基础整备。最后，报告书期待政府"基于该提议的趣旨，以 21 世纪的文化立国为目标，迈出新的第一步"。①

1995 年，日本迎来战后 50 年的关口。当时，由于泡沫经济崩溃的后

---

① 文化政策推进会议：《以新的文化立国为目标——关于当前文化振兴的重点施策》，1995 年 7 月 26 日，http://www. bunka. go. jp/tokei_hakusho_shuppan/hakusho_nenjihokokusho/archive/pdf/r1402577_06. pdf。

遗症还没有完全显现出来，日本还在基于经济大国的自信，谋求改变战败国的形象，追求新的政治大国的国家目标。应该说，上述"文化立国"的文化战略，正是在这样的认识基础上提出来的。这个文化战略明确了文化所具有的意义，即对个人来说是"作为人生存的证明和意义"，可以丰富人们的心灵和拥有面向明天的活力；对国家来说则是"赖以成立的最重要的存立基础"。并在此基础上提出了"文化立国"的目标，以实现心灵丰富、有活力的社会，由文化的对外发信做出国际贡献，成为世界上受尊敬的国家。因此，虽然这时的文化战略还没有预见到以后国内外形势的巨大变化，但为日后日本文化战略的发展打下了基础。

1996 年 7 月，日本文化厅发布了《文化立国 21 计划》，即"21 世纪文化立国计划"。该计划一方面沿袭了 1995 年报告书的见解，指出："战后经过半个世纪，在实现了经济惊人发展的今天，比起物质丰富更要求心灵丰富的气氛高涨起来，与此同时，在价值观多样化以及创造性感性和个性更加受到尊重的过程中，人们开始要求终身参加文化活动和享受文化。"但是，与 1995 年报告书相比明显不同的是，该计划提出了文化在"开辟新的经济处女地"中的作用："由于生活水准提高，余暇时间的增多和志向于心灵丰富的价值观的转换，经济的软件化、服务化进展，人们开始要求基于生活喜悦和生存意义等各种动机的多样化商品和服务。另外，随着产业空洞化的发展，提高了基于自由发想产生高附加价值的新产业的必要性。"而且，文化作为产业也成为可以期待新的增长的领域，特别是伴随着映像信息产业的扩大和高度化，作为媒体内容其重要性迅速提高。另外，伴随对文化的投资和支出，即便在相关领域也引起了新的需要，具有带来周边产业扩大的极大可能性。进而，文化的丰富感性，在生产活动中会赋予独创的高附加价值，促使向更高层次的经济社会转换。因此，"文化的振兴，不仅其自身具有意义，还是扩大内需创造雇佣等使经济发展的原动力"。

在此基础上，该计划再次确认"以新的文化立国为目标"："为了使国民每个人能真正感受到富足，过上充实的生活，最重视文化视点的、创造新的文化立国不可欠缺"。《文化立国 21 计划》要求，应以如下的国家建设为目标：（1）创造文化并向世界发信；（2）具有充实的接触文化机会；（3）继承、发展传统文化；（4）使文化扎根地域；（5）由文化产

生活力。① 通过比较可以发现，《文化立国 21 计划》一方面继承了 1995
年报告书的相关提法，但也增加了新的内涵，即明确指出了文化对经济
的价值和作用——把文化产业作为新的经济处女地和增长点。这是该计
划的最大亮点，显示了日本文化立国战略内涵的充实。

　　1997 年，亚洲金融危机席卷日本，泡沫经济的后遗症逐渐显现出来，
日本经济陷入了困境，日本社会以及金融体系的"安全神话"破灭。在
这样的形势下，文化政策推进会议对"文化立国"战略开展了进一步研
究，于 1998 年 3 月提出了《文化振兴基本计划——为了实现文化立国》
的报告书。该报告书从两个方面阐述了"文化立国"的重要性和必要性。
第一，首先，文化是作为人生存的证明，是在创造性生活中追求自己可
能性的根本性欲求，是生存的意义；其次，文化是提供人们心灵的联系
和相互理解相互尊重的土壤，是形成心灵丰富的共同体和生活全体的心
理基础；最后，文化不仅具有其自身的固有意义，同时还具有国民性的
特色，是国民共同的基础。但是，在今天价值观的变动、多样化和国际
化的进展以及竞争的激化等急剧变化中，向何处寻求文化的坐标轴成了
现实问题。第二，为了日本今后也能维持具有活力的社会，积极地为世
界做出贡献，就要向更加发挥先导性和独创性的方向转换，有必要从单
纯以量的扩大为中心的经济增长，向提高经济质量的方向转换。在这样
的状况下，特别强调创造性的科学技术和文化，作为支撑国民生活和社
会的要素更增加了重要性。

　　基于以上认识，报告书指出，"为了形成心灵丰富、具有活力的社
会，科学技术和文化都有必要振兴，在实现科学技术创造立国的同时，
实现文化立国不可欠缺"。在这里，首次提出了"文化立国"与"科学技
术创造立国"并立，作为面向 21 世纪的日本应该举国加以重视的紧要课
题。继而，作为实现文化立国的措施，提出了研究文化振兴的综合计划、
与地方公共团体的合作、活用社会上的多样性的资源、与教育的合作等。
而作为实现文化立国的施策，提出了：（1）艺术创造活动的活性化；
（2）传统文化的继承和发展；（3）地域文化、生活文化的振兴；（4）培

---

① 文化厅：《文化立国 21 计划》，1996 年 7 月 30 日，http：//www. bunka. go. jp/tokei_
hakusho_ shuppan/hakusho_ nenjihokokusho/archive/pdf/r1402577_ 29. pdf。

养、确保支撑文化的人才；（5）由文化进行国际贡献和文化发信；（6）整备文化发信的基础。①

从以上可以看出，在冷战结束到 20 世纪末的一段时期内，日本已经明确提出了"文化立国"的战略目标，初步构筑起了文化战略。这一时期，正值日本泡沫经济崩溃的后遗症渐渐显露之时，日本经济进入"失去的十年"的时代，日本在社会经济等方面都面临着一系列新的课题。面对国内社会经济出现的问题和国际社会竞争的激烈化，日本开始从国内社会、经济发展、国际贡献等视点重新看待文化的重要性和振兴的必要性。也就是说，日本日益认识到文化是国民获得精神享受、实现有活力的社会、促进文化产业发展、做出新的国际贡献的重要基础性要素，因而提出了"文化立国"的目标，并作为举国应该加以认真对待的紧要课题。可以说，这一时期的日本文化战略已经拥有了作为国家战略的基本内涵。

## 二　从"文化立国"到"文化艺术立国"

进入 21 世纪以后，随着国内外形势的发展，日本的文化战略也在不断深化和完善。2001 年，日本制定了《文化艺术振兴基本法》，标志着日本的文化战略进入了新的发展阶段。而其中一个重要的变化就是将"文化立国"的提法修改为"文化艺术立国"。

2001 年 12 月，日本国会审议通过了《文化艺术振兴基本法》（平成十三年法律第 148 号）。该基本法最引人注目的地方，是将以往"文化立国"的提法改为"文化艺术立国"。在这部关于文化艺术振兴的基本法律中，阐明了振兴文化艺术的重要性，规定了文化艺术振兴的基本事项。可以说，该基本法的制定，为 21 世纪日本文化艺术的战略性发展指明了方向，为日本文化艺术立国战略提供了制度保障，在日本文化战略的发展中具有里程碑式的意义。② 按照该基本法的要求，日本原则上每隔四年

---

① 文化厅：《文化振兴基本计划——为了实现文化立国》，1998 年 3 月 31 日，http://www. bunka. go. jp/tokei _ hakusho _ shuppan/hakusho _ nenjihokokusho/archive/pdf/r1402577 _ 04. pdf。

② 《文化艺术振兴基本法》，http：//www. bunka. go. jp/bunka_ gyousei/kihonhou/。

左右就要适应形势制定新的"关于文化艺术振兴的基本方针"。

2002年12月，日本内阁会议公布了由"文化审议会"提出的《关于文化艺术振兴的基本方针》（通称"第一次基本方针"）。在该方针中，按照《文化艺术振兴基本法》设定的基调，将日本文化发展的战略目标明确为"文化艺术立国"，并制定了实施文化振兴的基本策略。与20世纪90年代日本文化战略构想相比，进入21世纪以后日本制定的文化战略有以下几个鲜明特点：第一，以前主要是在文化厅主导下构筑的文化战略，进入21世纪后则上升到国家层面，以国家立法的形式确立了《文化艺术振兴基本法》，由内阁会议审议并公布《关于文化艺术振兴的基本方针》，说明文化战略的重要性日益受到重视，其在日本国家战略中的位置发生了变化。第二，将"艺术振兴"纳入文化战略中，这充分反映了日本的文化特性和优势，具有重要意义。文化艺术包括传统艺术、媒体艺术、表演艺术、生活文化、国民娱乐以及文化遗产等广泛内容，第一次基本方针提出不仅要重新认识传统艺术的价值，还要重视新兴的艺术形式；不仅要对文化艺术形式进行保护，还要进行普及和有效利用。第三，将"文化立国"的目标改为"文化艺术立国"，进一步全面阐释了"文化艺术立国"的意义，即文化艺术是人类生存必需的精神食粮，它不仅是建设共生社会的基石，实现高质量经济活动的基础，还是为人类发展做出贡献的手段，是维护世界和平的基础。第四，明确提出了"文化力"的概念，指出"文化力"也是国家实力之一，"文化艺术立国"就是要提高日本的国家文化力，开拓一个"文化力"带动社会经济发展的时代，以文化艺术建设国家，实现"文化艺术立国"。①

在对第一次基本方针进行反思的基础上，2007年2月，日本内阁公布了第二次《关于文化艺术振兴的基本方针》（通称"第二次基本方针"）。在第二次基本方针中，重新阐述了文化及文化艺术的含义，指出：最广义上的文化，是在人与自然的关联和风土中产生和培育出来，被人们所掌握的行为方式和以衣食住为中心的生活方式以及价值观等，大体意味着与人们及人们的生活相关的总体。艺术、媒体艺术、传统艺能、

--------

① 《关于文化艺术振兴的基本方针》（第一次），http：//www. bunka. go. jp/bunka_ gyousei/housin/。

艺能、生活文化、国民娱乐、出版物、文化遗产等，则构成了文化的核心。该方针还再次确认了文化艺术具有的意义：（1）是人们生存下去的必需食粮；（2）是形成人们相互连带感和共同生存社会的基础；（3）可以实现更高质量的经济活动；（4）支撑科学技术和信息化的进展，贡献于人类的真正发展；（5）维持文化的多样性，是世界和平的基础。在此基础上，该方针基于"文化力"就是国力，文化艺术在经济活动中成为产生新的需要和高附加价值的源泉，文化艺术与经济是相互关联的认识，提出"我国今后应由进一步振兴文化艺术，在实现心灵丰富的国民生活的同时，构筑有活力的社会，提高国家的魅力，向不仅在经济实力方面，就是在文化实力方面也能获得世界评价的国家发展。换句话说，有必要实现以文化艺术推进国家建设的"文化艺术立国"的目标"。①

　　2011 年 2 月，日本政府公布了第三次《关于文化艺术振兴的基本方针》（通称"第三次基本方针"），将文化是"软实力"，文化艺术振兴是"国家政策的根干"的思想纳入了基本方针之中。该方针再次从广义上解释文化，认为最广义上的文化"意味着人们在与自然的关系和风土中产生和培育出来的，由人们所掌握的基本活动和以衣食住为中心的生活、生活样式、价值观等，大体意味着与人们和人们生活相关的总体"。振兴文化艺术的意义在于：（1）涵养丰富的人性、孕育创造性和感性等，是人们生存的基本食粮；（2）可以通过与他者的共感之心密切疏通，促进人们的相互理解等，是形成共同生存的社会基础；（3）可以产生新的需要和高附加价值，实现高质量的经济活动；（4）在科学技术发展和信息化惊人发展的现代社会，可以对基于尊重人的价值观的人类真正发展做出贡献；（5）维持文化的多样性，成为世界和平的基础。第三次基本方针强调，文化艺术是所有国民实现真正的宽裕生活和心灵丰富不可缺少的，同时，是维持各种共同体成员自豪和特性的心灵根据，是国民全体的社会财富。而且，文化艺术是创造性经济活动的源泉，同时还是具有吸引人的魅力和社会影响力的"软实力"，也会成为可持续经济发展和国际合作的基础。因此，必须将其作为提高日本国力的东西给予应有的位

---

　　①　《关于文化艺术振兴的基本方针》（第二次），http：//www. bunka. go. jp/bunka_ gyousei/housin/。

置。在这样的认识基础上，该方针提出，"为了实现心灵丰富的国民生活，同时构筑有活力的社会以谋求增进国力，我国应该将文化艺术振兴置于国家政策的根干，致力于实现新的'文化艺术立国'"。在明确了应该重点采取的政策方向（重点战略）以及基本施策后，该方针提出了文化是成熟社会的增长源泉、文化艺术的波及效果、全社会进行文化振兴这三个视点。①

2015 年 5 月，日本政府又公布了第四次《关于文化艺术振兴的基本方针》（通称"第四次基本方针"）。该基本方针的副标题为"以文化艺术资源创造未来"，申明要"以文化艺术资源创造未来，迈向'文化艺术立国'"。并特别强调，"本基本方针的目标是成为国家战略，即以文化艺术资源创造未来，创造出'文化艺术立国'的形态"。在该基本方针中重申了振兴文化艺术的五个意义，强调"由于这样的文化艺术是全体国民的社会财富，也是创造性经济活动的源泉，还会成为经济持续发展和融洽进行国际合作的基础，所以必须将其作为提高我国国力的东西给以重要位置"。在该基本方针中，还分别论述了振兴文化艺术的五个重点战略和十个基本施策。其中五个重点战略是：（1）对文化艺术活动的有成效的支援；（2）充实创造文化艺术及支撑其的人才，以及充实以儿童和年轻人为对象的文化艺术振兴政策；（3）文化艺术被下一代真正继承，以及在振兴地方中的灵活运用；（4）促进国内外文化的多样性与相互理解；（5）为振兴文化艺术整备体制。特别值得一提的是，该基本方针特别重视 2020 年东京奥运会、残奥会，认为这对于将日本的文化遗产和传统等价值向世界传播、同时活用文化艺术产生的社会波及效果、构筑适应成熟社会的新社会模式而言，是一个千载难逢的机会。因此，在该基本方针中还载入了到 2020 年的成果目标和成果指标。具体而言，第一个成果目标，是作为国民的自豪可以举出"文化、艺术"；而具体的成果指标，则是要达到约 60% 的国民举出"文化、艺术"作为日本的自豪。第二个成果目标，是提高对地域的文化环境感到满意的国民比率；而具体成果指标，则是要达到约 60% 的国民对地域的文化环境感到满意。第三个成

---

① 《关于文化艺术振兴的基本方针》（第三次），http：//www. bunka. go. jp/bunka_ gyousei/housin/。

果目标，是孕育寄付文化；而具体的成果指标，是国民进行寄付的比率达到约 20%。第四个成果目标，是扩展文化艺术鉴赏活动和创作活动等；而具体成果指标，则是进行文化艺术鉴赏活动者的比率达到约 80%，进行文化艺术鉴赏活动以外的文化活动的比率达到约 40%。第五个成果目标，是创造出世界上人们寻求日本文化的魅力而访日或了解日本信息的状况；而具体的成果指标，则是：（1）访日外国人游客达到 2000 万人；（2）对海外发信网址（文化遗产在线）的访问次数达到每年 200 万次；（3）为了增加从当地传播日本魅力信息作用的外国人，使在日外国人中日语学习者的比率达到 10%。①

从以上可以看出，在进入 21 世纪后的十几年间，日本的文化战略在不断丰富和完善，并具有了一些新的内涵。首先，深化了对日本文化和文化资源的认识。日本有着丰富的文化资源，拥有独具特色的文化艺术。随着时间的推移，日本越来越认识到自身有形、无形的文化遗产，以及多种多样文化艺术的宝贵价值和魅力，认为这些文化遗产和传统是可以夸耀于世界的存在，不仅应该加以维持、继承和发展，还要强化向国内外的发信。因此，在这一时期的文化战略中开始从广义上把握文化，将"文化立国"的提法改为"文化艺术立国"。其次，随着"软实力"理论在世界上的流行，日本也开始认识到文化艺术不仅是创造性经济活动的源泉，还是具有吸引人的魅力和社会影响力的"软实力"，会成为可持续经济发展和国际合作的基础，因而将文化是"软实力"，"文化力"是综合国力纳入到了文化战略之中。最后，随着国内外形势的变化，日本日益发现文化艺术对社会经济和对外关系的重要性，认为应该提高其在国家战略中的位置。与此相应，文化战略也从文化厅这一部门的政策论，提升到了国家立法和国家政策的层面，在日本的国家战略中占据了重要地位。因此，相比 20 世纪 90 年代，21 世纪后的日本文化战略明显上了一个台阶。

### 三　"文化艺术立国"的新阶段

2017 年，日本的文化战略又进入了一个新的阶段，其标志则是新的

---

① 《关于文化艺术振兴的基本方针》（第四次），http://www.bunka.go.jp/bunka_gyousei/housin/。

《文化艺术基本法》的出台。从 2016 年起，超党派的文化艺术振兴议员联盟开始对修改《文化艺术振兴基本法》进行探讨，到 2017 年 5 月，"文化艺术振兴基本法部分改正案"在众议院文部科学委员会通过，并决定作为该委员会提出的法案。5 月 30 日和 6 月 16 日，"文化艺术振兴基本法部分改正案"分别在众议院和参议院获得通过，新的《文化艺术基本法》成立，并于 6 月 23 日公布实施（平成二十九年法律第七十三号）。日本之所以对《文化艺术振兴基本法》进行修改，并通过了新的《文化艺术基本法》，其趣旨在于：第一，"不仅限于文化艺术的振兴，而将观光、城镇建设、国际交流、福祉、教育、产业及其他的各相关领域的施策纳入法律范围之内"；第二，"将文化艺术产生的各种价值活用于文化艺术的继承、发展及创造"。在这部新成立的法律中，对文化艺术振兴的基本理念进行了修改，还规定了文化艺术团体的作用、相关单位的相互合作以及税制上的措施。另外，还要求由政府制定相应的"文化艺术推进基本计划"。①

基于新的《文化艺术基本法》第七条的要求，2018 年 3 月，经内阁会议决定出台了《文化艺术推进基本计划——活用文化艺术的"多样性价值"创造未来》的文件。这是新《文化艺术基本法》成立后制定的第一个文化艺术推进基本计划，明确了日本今后文化艺术政策的目标，以及今后五年（2018—2022 年）文化艺术政策的方向。该基本计划的重点在于：（1）在文化艺术的本质价值之上，明确了文化艺术具有的社会、经济价值。面向实现文化艺术立国，要将文化艺术所产生的多样性价值，更好地活用于文化艺术的继承、发展和创造，实现良好的循环。（2）关于相关府省厅的文化艺术施策，经过"文化艺术推进会议"（相关官厅的局长级会议）的联络和调整，确立基于文化 GDP 等的评价指标以及评价验证周期，跟踪每个年度的计划。（3）文化审议会聘请文化艺术相关人士为委员，对文化艺术团体实施调查听取意见，在广泛听取现场意见后来进行审议。

该文化艺术基本计划指出，现在围绕日本文化政策的背景发生了很

---

① 《文化艺术基本法》，http：//www. bunka. go. jp/seisaku/bunka_ gyosei/shokan_ horei/kihon/geijutsu_ shinko/index. html。

大变化，应该在对其有充分认识的基础上谋求实现"文化艺术立国"。首先，文化艺术的多样性价值开始受到重视。文化艺术不仅具有如涵养丰富的人性、培养创造力和感性、培养尊重文化传统的精神等本质性价值，还具有丰富的社会性、经济性价值。文化的社会性、经济性价值体现在：增进与他者的共感、促进人们之间的相互理解；实现高质量的经济活动；尊重人的价值观贡献于人类的真正发展；维持文化的多样性是世界和平的基础。其次，围绕文化艺术的情势发生了深刻变化。伴随少子老龄化、全球化以及信息技术的急速发展，社会状况发生了巨大的变化，这要求不断回应社会的变化，展开综合的文化艺术政策。另外，将于2020年举办的东京奥运会、残奥会，既是体育的盛典同时也是文化的盛典，既是将日本的文化艺术价值向世界发信的一大机会，同时也是广泛展示由文化艺术创造出新价值的好机会。因此，"应在新的文化艺术基本法下，政府一体推进本基本计划，使文化艺术的'多样性价值'即文化艺术的本质性价值以及社会性、经济性价值，在文化艺术的继承、发展和创造中得到'活用和良好循环'，以实现'文化艺术立国'的目标"。

由于文化艺术自身拥有固有的意义和价值，对形成心灵丰富和有活力的社会具有极其重要的意义，文化艺术基本计划以文化艺术基本法的精神为前提，提出了以下四个中长期的目标：第一，文化艺术的创造、发展、继承和教育。要切实进行文化艺术的创造、发展和向下一代的传承，向所有人提供参加充实的文化艺术教育和文化艺术活动的机会。第二，具有创造性的有活力的社会。要对文化艺术进行有成效的投资，在产生创新的同时，通过文化艺术的国际交流、发信，贡献于国家品牌的形成，形成有活力的社会。第三，实现心灵丰富的多样性的社会。所有人要通过文化艺术参加社会，扩大相互理解，使多样性的价值观得到尊重，形成心灵丰富的社会。第四，形成推进地域文化艺术的平台。要在全国各地形成推进地域文化艺术的平台，由各种人才和文化艺术团体、诸机构合作，形成可持续的具有恢复能力的地域文化共同体。

关于今后五年文化艺术政策的基本方向，在该文化艺术基本计划中制定了六大战略。第一，文化艺术的创造、发展和继承，以及充实丰富的文化艺术教育；第二，对文化艺术进行有成效的投资和实现技术革新；第三，推进国际文化交流和合作，通过文化艺术对相互理解、打造国家品牌做出贡献；第四，形成多样的价值观，由推进包容性的环境酿成社会价值；第五，确保和培养多样性的、具有高度能力的专门人才；第六，形成能推进地域连带、合作的平台。与之相配合，文化艺术推进基本计划要求每年要基于文化 GDP 等 36 个评价指标，对计划的进展状况进行跟踪，并在 2020 年度做出中间评价。此外，还明确提出要强化文化厅的功能，由强化政策功能、从文部科学省接管博物馆、艺术教育等行政事务等，在 2018 年度内形成"新文化厅"。①

从以上可以看出，在日本文化战略发展的第三阶段，日本所处的社会经济状况发生了深刻变化。在这样的背景下，日本政府深刻认识到文化艺术所具有的"多样性价值"，为了回应社会变化的要求，而制定了《文化艺术基本法》和《文化艺术推进基本计划》，以展开综合的文化艺术政策，灵活运用文化艺术的"多样性价值"，在文化艺术的继承、发展以及创造中实现"良好循环"，进一步推进"文化艺术立国"目标的实现。

当然，日本政府围绕"文化立国""文化艺术立国"还制定了其他相关法令政策，但仅从以上的演变过程就可以看出，日本的文化战略是随着形势的变化在不断地发展和完善的。首先，从广义上来定义文化的概念，将艺术纳入文化之中。"文化艺术"指的是"艺术、媒体艺术、传统艺能、艺能、生活文化、国民娱乐、文化遗产等"，这充分体现了日本文化的特色和长处。从"文化"到"文化艺术"，从"文化立国"到"文化艺术立国"，这种概念和提法的变化，凸显了日本文化战略的特性。其次，对文化的价值、文化的功能认识日益深刻。文化具有"多样性价值"，即不仅具有自身的"本质性"价值，还具有丰富的社会性经济性价值，如果在文化艺术的继承、发展和创造中能灵活运用这些价值，就可以实现文化艺术与经济社会以及国际交流的良好循环。最后，明确了文化力是软实力、是综合国力的重要组成部分。这种认识的深化，同时也意味着文化战略在日本国家战略中的重要性不断提高。作为日本国家战略的一个重要组成部分，推进"文化艺术立国"的目标将会直接有助于

---

① 《文化艺术推进基本计划——活用文化艺术的"多样性价值"创造未来》，http：//www. bunka. go. jp/seisaku/bunka_ gyosei/hoshin/index. html。

实现日本国家发展的大战略。

# 第二节 日本文化战略的结构及内涵

如果对日本文化战略进行深入分析，就会发现其内涵主要包括三个方面，即文化振兴战略、文化产业战略和文化外交战略。这三个方面既相互区别又有着内在联系，共同构成了日本文化战略的整体。下面，将从结构主义的研究视角，对日本的文化战略展开进一步分析，以期把握日本文化战略的结构特征。

### 一 文化振兴战略

进入 21 世纪以来，文化在日本国家建设和未来发展中的地位愈发凸显，作为日本文化战略的重要组成部分，文化振兴被提升到了前所未有的高度。而且，随着形势的发展和时代的变迁，文化振兴的内涵也日见深化，这也具体体现在日本政府制定的各种法律和文件中。例如，日本在 2001 年制定了《文化艺术振兴基本法》，正是在这部法律中，将 20 世纪 90 年代提出的"文化振兴"修改为"文化艺术振兴"，扩大了对文化概念的解释，显示了对文化振兴认识的深化。这部法律进一步明确了关于文化艺术振兴的基本理念，并且制定了综合推进文化艺术振兴的施策，在日本的文化振兴战略中占有重要位置。在该法的基础上，日本基本上每隔四年左右就重新制定一次"关于文化艺术振兴的基本方针"，以适应国内外形势的变化。正如前面已经提到的那样，2002 年 12 月，日本内阁公布了《关于文化艺术振兴的基本方针》（第一次基本方针）；2007 年 2 月，日本内阁公布了第二次《关于文化艺术振兴的基本方针》（第二次基本方针）；2011 年 2 月，日本政府公布了第三次《关于文化艺术振兴的基本方针》（第三次基本方针）；2015 年 5 月，日本政府公布了第四次《关于文化艺术振兴的基本方针》（第四次基本方针）。

日本文化振兴战略的演进，显示了日本对文化的地位及作用认识的深化。通过多年的实践，日本政府日渐认识到文化具有以下几个重要意义。第一，文化具有基本价值，是丰富人们心灵、增加人们修养的精神食粮。文化还是人们生活方式的总和，只有重视每个人的"生活"，提高

"人生的质量"，才能创造出有魅力的文化。第二，文化的创造和提高，又会直接影响到人们的生活质量和精神状况。在文化艺术振兴的基本方针中，就强调了文化对社会的安定与发展的作用："文化通过与他者共感之心，把人与人结合在一起，提供相互理解与尊重的土壤，是人们协同活动、共生的社会基础。"可以说，将文化的发展和创新与构建新型的、具有平等和竞争平衡色彩的日本社会有机结合起来，是日本文化战略的一个重要特征。第三，文化是经济发展的新的牵引力。随着时代的发展，文化在经济活动中所发挥的作用越来越重要，文化已成为经济多样化和高附加价值的源泉。而且，与文化相关联的产业也成为新的经济增长领域，这表现在流行文化产业、旅游观光产业、多媒体信息通讯产业等方面。同时，文化振兴事业还具有使经济整体恢复活力的作用，对文化事业的投资和支出，可以唤起新的需要，创造新的雇佣机会。振兴文化除了具有文化领域的意义之外，对于促进经济向更高层次发展和完成经济改革都具有重要意义。文化不仅能为经济的发展提供具有创新意识、竞争意识和高素质的新型人才，还会形成新的经济增长点以及文化产业。关于这一点，也在日本的文化战略中体现出来。关于文化艺术振兴的基本方针就明确指出，"文化方式，在给予经济活动以很大影响的同时，文化本身也产生新的需要和高附加价值，能对许多产业的发展做出贡献"，强调了文化对经济发展的重要意义。第四，文化是软实力。通过对外文化交流和文化外交，可以提升国家的形象，成为国家的软实力，从而有利于实现国家、民族之间的沟通，有利于实现国家的对外战略目标。当然，日本国家形象的提升和人们对日本魅力的向往，反过来又会促进观光产业的发展以及国内外对日本产品的消费，推动日本经济的增长。

随着文化重要性的凸显，日本开始把打造文化资源大国作为日本文化振兴战略的重点。日本政府日益认识到，日本是一个文化资源大国，并把发掘和重新认识日本的文化资源，将日本真正打造成文化资源大国，纳入文化艺术振兴战略之中。日本政府认为，日本的"文化资源"不仅包括传统文化，而且也包括现代生活的各个方面，如日本人的日常生活以及与自然环境共生的生活方式。在此基础上，日本政府提出，"价值不仅仅是存在的，也是可以创造的"，并在这种思想的指导下，致力于将日本打造成为"文化资源大国"。

　　日本政府将打造"文化资源大国"作为振兴文化事业中的重要目标，大力振兴以歌舞伎、能乐、茶道等为代表的传统文化和以漫画、动漫、游戏为代表的新兴大众文化。日本政府认为，艺术、设计、流行文化、历史文化遗产以及衣食住行等生活方式，都是日本式的"文化资源"。但历史上的"资源大国"并非一定可以成为"经济大国"，因此，以传统文化和流行文化为主要内容的日本文化资源，依然需要政府和地方、民间的大力培育，才能成为永不枯竭的资源。只有这样，才能使"文化资源"具备可持续发展的能力。

　　日本政府也认识到，日本的"文化资源"不仅存在于东京等大都市，各个地区和地方也蕴藏着值得挖掘的资源。包括有历史背景的文化遗产、街道和景观、传统文化、传统艺能，以及大米、日本酒在内的多样化饮食文化等，这些都是源自地方的"文化资源"。国家应对这些文化资源进行重新评价并加以有效利用，同时也可以借此增强地方经济的活力。扎根于地方传统历史文化的地方"文化资源"，在今后地区经济和地域社会的发展中具有特别的价值，并将日益发挥更加重要的作用。另外，地方"文化资源"也是观光产业的重要资源，各地方政府应该发挥各自的优势，因地制宜来制定具体政策加以有效利用，并促进其向产业化方向发展。

　　值得一提的是，在日本的文化振兴战略中，还特别强调要提炼出日本文化艺术特点，以此宣扬日本文化艺术的魅力。进入21世纪后，日本政府在振兴文化政策方面，特别强调日本文化艺术富有"感性"的特点。可以说，日本文化艺术的魅力之一正是富有感性。在文化活动中强调"感性"的力量，有助于提高民众的个人感性能力和创造能力。日本政府希望建立一种机制，将"感性"引入经济活动中，开发出使人心情愉悦的居住环境和汽车、家电等商品。为了实现这个目标，政府开始整备文化事业的办公环境，改革公共协调方式，使民众与企业实现合作，共同创造出良好的生活环境，并且使民众在工作和生活中用"感性"体验并享受丰富的文化成果。

　　另外，日本还把"美"作为日本文化艺术的另一个魅力所在加以强调。认为日本传统文化艺术、艺能、饮食以及漫画、动漫、游戏中具有丰富美感，把"美"作为日本文化艺术的一大特点，在日本应该说是一种带有普遍性的认识。2004 年出版的《美丽国家日本的使命——久保木修己遗稿集》和町村信孝在 2005 年出版的《保守的逻辑——构建凛然之美的日本》中，都提出了"美丽国家"的概念。安倍晋三在第一次竞选自民党总裁时，便将"建设美丽国家"作为政治口号，向公众介绍了自己的政治目标和理念。其在 2006 年出版的《迈向美丽的国家》一书中提出："我们的国家日本，是有着美丽的自然、具有悠久的历史和独自文化的国家。而且，还蕴藏着很大的可能性。能将这种可能性发掘出来的，是我们的勇气、智慧和努力。"①

安倍在 2007 年开始着手实施"建设美丽国家"的构想，在内阁官房内设置了"建设美丽国家"推进办公室，召集有识之士召开"建设美丽国家"企划会议，由平山郁夫担任座长。日本政府将"建设美丽国家"的目标具体定义为：以日本的传统、文化和自然为基础，通过改革实现自由、有规律和可持续发展兼备的经济体制，重新发挥人的创造力和地方力量。② 由此可见，所谓"建设美丽国家"，也是日本政府"文化立国"口号下文化战略的一个组成部分。但是，这个带有浓厚的安倍个人色彩的"文化立国"战略延长线上的"美丽国家"构想，其具体实施状况并不尽如人意。"建设美丽国家"企划会议在召开了两次之后于当年 9月解散，2007 年安倍晋三辞职后该事业便很快沉寂。辞去首相职务的安倍晋三在评价自己推行"建设美丽国家"构想时说，"虽然建设美丽国家的构想尚未完全实现，但我认为已经奠定了基础，今后我将作为一名普通议员，为实现建设美丽国家而尽自己的全力"。③

安倍并没有食言。2012 年 12 月再次成为首相后，安倍继续开始推行"美丽国家"建设。2015 年 10 月 7 日，安倍成立了隶属于首相的"'日本之美'综合计划恳谈会"。该恳谈会的趣旨是："为了谋求我国文化艺术的振兴及向下一代的保存和继承，同时向国内外宣传文化艺术与日本人的美意识和价值观，以贡献于其发展和国际亲善与世界和平，特召开

① 安倍晋三：《迈向新的国家（迈向美丽的国家完整版）》，文艺春秋出版社 2013 年版，第 230 页。

② 《经济财政改革的基本方针 2007——迈向"美丽的国家"的方案》，http：//www.kantei. go. jp/jp/singi/keizai/kakugi/070619kettei. pdf.

③ 《关西新闻》2007 年 12 月 8 日。

'日本之美'综合计划恳谈会来探讨其施策。"① 安倍一直强调："我国有着夸耀于世界的文化艺术。……日本的文化艺术中潜藏着链接日本与世界的巨大力量。"② 到 2018 年 6 月，该恳谈会已经举行了六次会议，集中探讨了"日本之美"的内涵，以及向国内外进行宣传发信的方策。

从以上可以看出，日本极力想借文化振兴战略，把日本打造成文化资源大国和文化大国。日本特别注重在硬件和软件两个方面同时下功夫。一方面，将文化遗产、文化景观、传统文化、传统艺能，以及日本大米、日本酒在内的饮食文化，还有以漫画、动漫、游戏、设计、时装等为代表的新兴大众文化，都纳入日本的"文化资源"，通过大力发现、培育和创造，将日本的文化资源丰富化。另一方面，努力从日本文化中提炼出独具特点的"感性"和"美意识"（"酷日本"的提法就与这一文化特性有关）等，将其与文化产业的发展相结合，并通过向海外传播，提升"日本魅力"，以帮助树立"文化大国"的形象。

## 二　文化产业战略

文化产业是文化的物化和外在表现，其发展与文化本身密不可分。由于文化产业是投入少、产品附加值高的产业，因而被誉为 21 世纪的"朝阳产业""黄金支柱"，已经成为推动经济增长、培育创新能力、增强国家国际竞争力的重要因素。文化产业对国家、地区发展的效应主要表现在促进经济增长、扩大就业规模，强化社区归属与文化认同、塑造城市与区域形象以及增强国家的整体竞争力等方面。凡是经济发展到一定阶段的国家和地区，都纷纷将发展文化产业设定为文化战略的目标，将文化产业定位为国家战略产业。

进入 21 世纪以来，日本政府越来越重视文化产业，开始从战略高度扶植和推动文化产业的发展。日本 2001 年提出知识产权立国方针，明确提出要在十年内把日本建成世界顶尖的知识产权大国，并于 2003 年 3 月

---

① 《关于"日本之美"综合计划恳谈会的召开》，https：//www. kantei. go. jp/jp/singi/nihon_ bi_ sogoproject/pdf/konkyo. pdf。

② 《"日本之美"综合计划恳谈会（第 4 回）、日本趣味 2018 综合推进会议（第 1 回）议事要旨》，http：//www. kantei. go. jp/jp/singi/nihon_ bi_ sogoproject/dai4/gijiyousi. pdf。

1 日实施了《知识产权基本法》。2004 年 4 月，知识产权战略本部（内容产业专门调查会）提出《振兴内容产业政策——软实力时代的国家战略》的报告，建议"将振兴内容产业作为国家战略支柱"，并提出集中改革的具体政策（三个目标与十个政策）。2006 年 2 月，知识产权战略本部（内容产业专门调查会）又提出《数字内容产业振兴战略——使日本成为顶级数字内容产业大国》的报告，把将日本建设成为世界顶级的数字内容产业大国定为基本目标。2007 年 3 月，知识产权战略本部（内容产业专门调查会）提出"致力于实现世界最尖端的内容产业大国"，进一步提高了发展文化产业的目标。①

2007 年 5 月 16 日，日本政府发布《日本文化产业战略》报告，集中体现了对文化产业的综合考量。该战略报告指出，文化战略的基本视点在于，在推进日本文化产业战略时，最重要的是日本人自身要重新认识、评价"日本的魅力"。而且，拥有文化产业与日本的经济利益，以及作为软实力与外交上的利益直接相联系这样的视点，也是非常重要的。另外，极为重要的是，还要拥有将尊重多样性、与自然的共生、珍惜物品等具有普遍性的价值观向世界传播的眼光。该报告认为，文化产业的影响力是反映综合国家魅力的文化力，通过文化产业的影响可以形成对日本文化的共感、促进对日本的理解；而对日本文化的憧憬，又可以吸引世界，对广泛的日本产业产生中长期的波及效果；同时，文化产业不仅有利于增大经济效果，以及通过提高日本形象增加"日本品牌"的价值，还会有利于增进对日本的访问交流以及国民之间的相互理解。因此，有必要超越产业振兴的层次，确立文化交流、传播的战略，充分认识文化产业力的根源，培育扎根于大众感性的文化产业。②

2013 年 6 月 7 日，日本内阁会议通过了《关于知识产权政策的基本方针》。该方针针对正在变化的国际局势，充分体现了危机感，认为"尽管我国拥有悠久的传统和丰富的文化，以及广泛领域的最尖端技术，但是在其战略运用方面不得不说落后于其他国家"。为了强化日本的产业竞

---

① 以上均参见首相官邸网页：http：//www. kantei. go. jp/jp/singi/titeki2/。

② 亚洲门户战略会议：《日本文化产业战略》，http：//www. kantei. go. jp/jp/singi/asia/betten_ 2. pdf。

争力，日本应该利用知识产权这一强项，在世界上发挥指导能力。该方针提出要在今后十年成为在知识产权领域中的世界最尖端国家，在制定知识产权政策时必须保持危机感和速度感：（1）构筑能吸引国内外企业和人才的世界最尖端的知识产权体系；（2）积极支援以亚洲为首的新兴国家构筑知识产权体系，谋求日本的世界最尖端的知识产权体系成为各国依据的标准；（3）从这样的世界最尖端的知识产权体系中不断产生具有创造性和战略性的人才。为此，日本应宣布"内容产业立国"。[①] 同样在 2013 年 6 月 7 日，知识产权战略本部发布《知识产权政策构想》，也提出了强化以内容产业为中心的软实力政策举措：（1）采取面向强化以内容产业为中心的一体化措施；（2）发掘、创造植根于日本传统和文化的有魅力的内容产品和物品；（3）向全球宣传日本品牌；（4）向海外展开推进战略；（5）吸引国内外人才进入日本的服务业；（6）强化对模仿品、盗版的对策；（7）培养内容产业人才。[②]

文化产业的发展程度和文化产品的竞争力的强弱是国家软实力的直接体现，文化产业越发达，就越有利于文化的传播、渗透和文化认同度的提升，从而增强文化的吸引力，这又会反过来促进文化产业的发展。正如"强化以内容产业为中心的软实力"这句话所反映的那样，日本的文化产业战略早已经不是单纯的产业发展战略，而是作为文化软实力来认识，并被纳入到了文化软实力战略之中，通过它向外宣传日本文化的魅力，同时支持经济产业的发展。

在日本的文化产业战略中，最值得重视的是日本品牌战略和"酷日本"战略。以前，日本的贸易主要由民间来进行，日本政府并没有明确的品牌战略。进入 21 世纪后，日本政府将塑造日本品牌作为重要的国家战略，开始积极作为，着手排除妨碍民间自由竞争的因素，致力于必要的环境整备和支援。日本在《知识产权推进计划 2005》中，系统地提出了日本的品牌战略。该计划指出："为了将日本变成受世界热爱和尊敬的

---

① 《关于知识产权政策的基本方针》，http：//www.kantei.go.jp/jp/singi/titeki2/pdf/kihonhousin_130607.pdf。

② 知识产权战略本部：《知识产权政策构想》，www.kantei.go.jp/jp/singi/titeki2/kettei/vision2013.pdf。

国家，需要进一步提高我国的文化力，确立和强化富有魅力的'日本品牌'。"① 该计划认为，日本存在着丰富的饮食、地域品牌、时装等优秀的东西，在海外也受到欢迎，灵活运用这些优秀的生活方式，创造"日本品牌"，在国家战略上也是重要的。作为日本的品牌战略，该计划提出了四项建议：（1）酿成丰富的食文化；（2）确立多样化的值得信赖的地域品牌；（3）创造富有魅力的时装；（4）战略性地宣传日本魅力。从2005年开始，日本每年的《知识产权推进计划》中，都设有关于日本品牌战略的部分。

2009年是日本推进品牌战略的重要一年。在《知识产权推进计划2009》中，日本提出了"软实力产业"这一新的概念。从内容上看，"软实力产业"基本等同于文化产业或内容产业，只是从战略的角度赋予其更高的定位。该报告将内容产业中的产品、饮食、时装、设计等能够创造出软实力的产业，定位为拉动日本经济的战略产业，明确指出"软实力产业是扩大海外市场、扩大内需的原动力，具有向海外宣传我国魅力的重要作用"。② 由此可见，日本政府对品牌战略越来越重视。

2009年3月，知识产权战略本部（内容产业、日本品牌专门调查会）发表《日本品牌战略——将软实力产业作为成长的原动力》报告书。报告书提出，今天日本人自身有必要重新认识日本的软实力的价值，"将产生日本软实力的动画、漫画、电影、电视剧、音乐、游戏等内容产业，以及饮食、时装、设计等日本特有的品牌价值创造关联产业作为'软实力产业'，综合性地振兴这些产业和向海外展开"。并且还提出从2009年开始采取日本品牌的创造和发信措施，由推进软实力产业的振兴和海外展开，到2015年达到内容产业规模20万亿日元，由产业的波及效果，到2020年实现访日外国游客达到2000万人，并在此基础上致力于促进对日本文化的理解。在该报告书中，日本品牌战略主要包含以下几项内容：（1）完善日本品牌战略的基础，包括构筑贯穿饮食文化、地域品牌、服

---

① 知识产权战略本部：《知识产权推进计划2005》，www. kantei. go. jp/jp/singi/titeki2/kettei/050610. html。

② 知识产权战略本部：《知识产权推进计划2009》，www. kantei. go. jp/jp/singi/titeki2/kettei/050610. html。

装、传统文化等各个领域的日本文化战略；（2）孕育丰富的日本饮食文化；（3）树立多样化的值得信赖的地方品牌；（4）把日本时装打造成世界品牌。① 此后，日本政府成立了日本品牌确立与发信的相关省厅联络会议，发布了《日本品牌战略基本方针》，开始强力推进日本品牌战略。②

自进入 21 世纪以来，日本的流行文化逐渐被介绍到世界各国，受到欧美及亚洲地区的广泛关注，被称为"酷日本"。近年来，日本抓住这一有利时机，开始大力推进"酷日本"战略，由此向世界推介"日本魅力"，树立和提高日本的整体形象，扩大日本在世界上的影响力。2011 年5 月，知识产权战略本部计划委员会发布了《关于推进酷日本的基本方针》，提出了推进"酷日本"战略的施策，主要有发掘和创造"酷日本"、向世界宣传"酷日本"、扩大"酷日本"的人气、整备"酷日本"的基础等。③ 2012 年 7 月，经济产业省发表《酷日本战略》，2013 年经济产业省、总务省发表《关于促进内容产业海外展开的施策》。其中在关于《酷日本》的战略，提出有必要将日本魅力转换为产业，促进地方再生、地域活性化；为了将海外需要纳入进来，有必要制定、实行"酷日本"战略；应创造日本热，不仅要在当地赚钱，还要吸引人们来日本消费。④

现在，在日本经济产业省制造产业局设置了"酷日本室"，商务情报政策局创造产业课则负责制定"酷日本、创造产业政策"。另外，安倍新内阁还设置了"酷日本战略担当大臣"，负责政策计划及推进日本文化产业的输出以及向国内外的宣传等。为了推进日本文化产业的国际展开，2013 年，日本政府还设置了研究推进方策和强化宣传的"酷日本推进会议"，议长由"酷日本"战略担当大臣担任，成员由各省厅的负责人以及民间人士组成。另外，还设立了官方背景的基金组织"酷日本推进机构"，计划投入 600 亿日元的经费，目的是向世界传播普及映像、音乐等

① 知识产权战略本部（内容产业、日本品牌专门调查会）：《日本品牌战略——将软实力产业作为成长的原动力》，http：//www. kantei. go. jp/jp/singi/titeki2/houkoku/090310_ nihonbland. pdf。

② 《日本品牌战略基本方针》，www. cas. go. jp/jp/seisaku/brand/dai02/nbap. pdf。

③ 知识产权战略本部计划委员会：《关于推进酷日本的基本方针》，www. kantei. go. jp/jp/singi/titeki2/kettei/cjap. pdf。

④ 经济产业省、总务省：《关于促进内容产业海外展开的施策》，http：//www. bunka. go. jp/bunkashingikai/seisaku/10_ 06/pdf/shiryo_ 4. pdf。

日本的内容产业。就连安倍内阁于 2013 年 6 月 14 日发表的《日本再兴战略》，也提出要积极推进"酷日本"战略。

日本政府大力推进"酷日本"战略，有着明确的战略意图。第一，推进"酷日本"战略，可以提升日本的文化软实力。日本首相安倍晋三就说，日本的潜力很大，优质的日本产品会使海外对日本产生"敬意"，"日本在内容、时装和文化以及传统等方面的优势也在吸引全球的目光"。日本政府推出了一系列"酷日本"的推广活动，希望通过输出流行文化、饮食文化以及地方名牌产品来"打造日本形象，推销日本梦想"，以此来吸引海外民众尤其是年轻一代，让他们一听到"日本"就立刻联想到"酷"这个词。"酷日本"战略的推行，对提升日本的国际形象和软实力意义重大。

第二，推进"酷日本"战略，可以培育日本人的民族自豪感。安倍晋三提出，推进"酷日本战略"，通过向全球展现日本的软实力来提升对外形象，希望帮助"重拾日本人的骄傲和自信"。日本政府相关人士也指出："本国文化得到世界认同的话，会令国民产生自信。有必要让其与重振经济齐头并进"。① 只有日本人具有了自信，才能重新认识自己，从而发掘、培育日本的文化资源，使日本的"文化资源"具备可持续发展的能力。而且，"价值不仅仅是存在的，也是可以创造的"，只有日本人具有了自信，也才能焕发创造的活力，将日本打造成为文化和经济大国。

第三，推进"酷日本"战略，可以拉动日本经济的发展。"酷日本"战略的核心，实际上就是打造日本国家品牌，在世界上制造"日本热"，借此引发人们对日本的关注，扩大日本在国际社会的影响力，由此一方面可以促进日本产品的对外输出，一方面还能吸引人们到日本来观光旅游和购买日本产品，最终达到推动日本经济发展的目的。"酷日本"战略不同于以往，是试图将整个日本打造成一个国家品牌的日本品牌战略，所以其影响和波及效果比较明显。日本政府明确提出，要从消费者的视点出发考虑问题，重视"酷日本"战略的经济效果。正因如此，安倍政权才将"酷日本"战略作为经济增长战略的一个重要组成部分，对此给予了特别的重视。

"日本品牌"战略、"酷日本"战略的精髓，是通过树立日本国家品

---

① 《日本正式推进"酷日本战略" 望软实力提升形象》，引自中国网，2013 年 2 月 17 日。

牌和宣传日本的文化软实力，提升日本各种产品的品牌和文化含量，创造出更高的品牌附加价值。近年来，日本大力推进日本品牌、"酷日本"战略，其原因在于这种战略具有形象化、传播快、影响大、波及效果强的特点，推行起来往往容易收到成效。由于日本品牌战略、"酷日本"战略将文化振兴、文化外交、文化产业有机结合在一起，集中体现了日本文化战略的意图，因而是日本文化战略的重要组成部分，是日本提升文化软实力的重要步骤。

### 三　文化外交战略

文化既是国民的内在根据，又是对外的自我主张，所以对增进国际理解，对展示一个国家的形象和魅力有着重要意义。日本的文化战略自开始就具有对内和对外这两个不可分割的方面，而对外文化战略则主要是围绕着扩大日本的影响和促进国际相互理解的文化外交展开的。伴随着全球化的不断深入，日本文化在走向世界的过程中受到了来自国际上的评价。日本政府认识到，日本作为国际社会的一员，必须在文化领域做出国际贡献。同时，为了提高日本文化艺术的水平，国际交流也越来越具有重要意义。另外，为了赢得国际社会对日本的好感，也必须加强文化的传播和交流。因此，日本政府开始大力推行文化外交。①

冷战结束后，信息化、国际化等以前所未有的速度发展。在国际化过程中，形成了许多好的理念和技术，给人们带来了不少实惠。但另一方面，也产生了各种各样的问题，如国际化的受惠国和被排除在外的国家差距的扩大。另外，代替意识形态的对立，植根于民族与文化差异的各种问题也表面化了。在这样的状况下，为了加强国家之间的友好，培养国家之间的信赖关系，越来越有必要重新认识民族、国家的多样性，尊重、理解文化的差异。基于这样的国际动向，日本为了应对国际化时代的各种挑战，开始积极倡导和推进国际文化交流。

自20世纪90年代以来，动漫、游戏、漫画等日本流行文化和生活方式在世界受到广泛赞誉，得到了各国民众尤其是青少年阶层的广泛认同，形成了日本流行文化风靡世界的风潮，使由"失去的十年"而在国际上

---

① 参见丁兆中《战后日本文化外交战略的发展趋势》，《日本学刊》2006年第1期。

口碑不佳的日本形象大为改观。这反过来也促使日本人改变着对自身文化的认识。另外，进入 21 世纪以后，美国、英国、法国等在对外文化竞争中的做法，以及中国、韩国等在对外宣传和文化交流方面的活跃表现，都让日本产生了强烈的危机感。国际环境的急剧变化使日本强烈地意识到，为了保持日本的国际影响力特别是在亚洲的影响力，有必要大力加强对外宣传，引导其他国家的对日舆论，因而开始越来越重视文化外交的作用。

2003 年 3 月，国际文化交流恳谈会发表了《关于推进今后的国际文化交流》报告书，提出把国际文化交流作为新世纪日本外交的一种重要手段。2004 年 12 月，小泉纯一郎首相设立了首相个人咨询机构"推进文化外交恳谈会"。2005 年 7 月，该恳谈会提交了《创造"文化交流的和平国家"日本》的报告书。报告书提出了"传播""吸收"和"共生"三个基本理念，主张通过普及日语、流行文化和现代艺术等，在世界上积极培养"爱好日本动漫的一代"，通过"创造性地吸收"使日本成为充满活力的"文化创造的据点"，通过向世界传达"尊重和平和共生的精神"这一普遍的价值观，使日本成为"架构多元文化和多元价值观之间的桥梁"。报告书还把东亚和中东伊斯兰地区作为文化外交的重点对象，主张通过文化交流和对话促进这些地区对日本的理解，并努力面向未来"东亚共同体"的形成，培养共同的利益观和价值观。① 从之后日本的文化外交实践来看，应该说该恳谈会报告书奠定了日本文化外交战略的基础。

2006 年 4 月，日本外相麻生太郎在东京秋叶原数码好莱坞大学发表了题为《文化外交的新设想》的讲演，提出以动漫等日本流行文化为主开展外交活动的战略。2007 年 6 月，外务省海外交流审议会提出了《强化日本对外传播的五个提议》的报告书。该报告书认为，世界上的大众文化人气，是提高对日关心的良好机会，日本应该抓住利用这个机会。报告书建议：应新设立传播日语和日本文化的海外派遣志愿者制度；与现地教育机构合作，在两、三年内在世界各地增设日语教育据点一百所

---

① 推进文化外交恳谈会：《创造"文化交流的和平国家"日本》，http：//www. kantei. go. jp/jp/singi/bunka/。

以上；强化日本的电视国际播放，制作对外国人有魅力而且具有日本特色的电视节目；促进日本有影响力的知识传播，进一步促进日本人参加国际会议，支援建立日本与各国有识之士的网络；对海外将来可能担当政策中枢的年轻领导人，导入长期培养对日理解的访日招待计划等。①

2008 年 2 月，海外交流审议会提出报告《强化我国对外传播力度的施策与体制——为了增加日本的理解者与粉丝》，进一步强调现代日本外交强化对外传播必要性，认为"强化对外传播在我国的对外关系中，是吃紧而且关乎死活的课题"。② 在此基础上，提出了一些基本施策。主要内容包括：强化电视对外播放；扩大日语教育；有效开展包括流行文化在内的日本现代文化的传播，加强对文化交流有功人士的表彰；着重加强日本与中国和韩国的青少年之间的交流；等等。报告还列举了具体的宣传措施：争取从 2008 年度开始将 NHK 的国际对外广播扩充到英国广播公司那样的规模；增加日语教育基地；在对外交往中积极有效推广动漫等现代日本文化；支持智囊机构、大学的日本研究；等等。③

2009 年 3 月，文化厅文化传播战略恳谈会又提出报告书《关于提高对日本文化理解与关心的文化传播的措施》。该报告书指出，现在日本文化仅仅是片段地、部分地为世界所知，从总体上来讲，只要更广泛、更多样性地向世界传播，相信更多的人会对日本及日本文化拥有持续的关心、理解和憧憬。在世界各国为了本国的尊严和富裕社会的实现，都在举国进行文化振兴和文化传播的时刻，日本"也应该举国战略性地推进文化传播，同时推进必要的基础整备"。该报告提出了应立即着手的工作，即，（1）文化传播计划的项目化；（2）确立媒体艺术领域的国际地位；（3）促进日本文化的信息传播与理解；（4）推进文化艺术创造都市建设；（5）街道、文化遗产及周边环境的综合保护和利用；（6）对文化传播贡献的表彰。另外，还提出了推进文化传播基础整备的几方面措施：推进向世界文化传播的重点施策；在国内充实和强化对日本文化的介绍；

---

① 海外交流审议会：《强化日本对外传播的五个提议》，http：//www. mofa. go. jp/mofaj/annai/shingikai/koryu/h18_ teigen. html。

② 海外交流审议会：《强化我国对外传播力度的施策与体制》，http：//www. mofa. go. jp/mofaj/annai/shingikai/koryu/h18_ teigen. html。

③ 参见吴咏梅《浅谈日本的文化外交》，《日本学刊》2008 年第 5 期。

整备日本文化向世界传播的国内体制。①

　　进入 21 世纪 10 年代以后，日本在推行文化外交方面更是不遗余力。安倍在"'日本之美'综合计划恳谈会"第一次会议上指出："文化艺术是我国软实力的根本。为了提高我国在国际社会的存在感，有必要更加积极地开展日本文化艺术魅力传播的文化外交。"② 实际上，不仅日本外务省、文化厅在大力推进着文化外交和对外文化宣传，其他相关省厅如国土交通省、经济产业省、农林水产省等也都加入到了文化外交的行列中来。在日本大力推行的日本品牌战略、"酷日本"战略中，也都包含着浓厚的文化外交的意味。

　　2018 年，日本文化外交的重头戏，是在法国举办的"日本趣味2018"。日本在法国以巴黎为中心实施的这次博览会，是 21 世纪最大规模的日本文化传播事业。这个事业是日本政府直接推进的，想以夸耀于世界的日本文化的力量，来提高日本的存在感。在这里，从歌舞伎和能、文乐、雅乐等传统文化，到现代的演剧和美术，以及音乐会和漫画、动漫展览、日本电影的回顾上映等，对日本文化进行了广泛的宣传和介绍。另外，还实施在日本也很具有人气的若冲展或琳派展，以及可以被视为是日本文化原点的绳文展，尽最大可能来展现日本文化的魅力。

　　日本推进文化外交的主要目的在于，第一，推进相互理解，扩大日本文化的影响，提升日本的国际形象。在国际化急速进展中，日本的存立与繁荣深深依存于维持和发展与各国的融洽关系，因此，通过各个领域的国际交流增进与各国的相互理解，构筑友好关系是极其重要的。在冷战时代的经济高速增长时期，日本只顾赚钱，而忽视了文化的交流，被国际社会批判为"经济动物"。冷战结束后，由于泡沫经济崩溃，日本经济长期低迷，日本一直所依赖的有力武器——"经济"已经失灵，日本的国际地位和形象受到不小影响。在这样的背景下，日本开始重视文化外交的作用，想借文化的力量弥补经济实力的下降，给世界以文化国

---

① 文化传播战略恳谈会：《关于提高对日本文化理解与关心的文化传播的措施》，http://www. bunka. go. jp/bunkashingikai/kondankaitou/bunkahasshin/。

② 《"日本之美"综合计划恳谈会（第 1 回）议事程序》，https://www. kantei. go. jp/jp/singi/nihon_ bi_ sogoproject/dai1/gijisidai. pdf。

家的形象。第二，培养国际社会通用的人才，为实现国家目标发挥积极作用。日本认为，在国际社会中，培养拥有作为日本人的自觉，具有必要素质和主体性能力的人才是非常重要的。另外，深化对日本的历史与传统文化等的理解，对其抱有自豪和深厚感情的同时，培养具有广阔的视野并理解异文化，与具有异文化和习惯的人们共同生活下去的资质和能力也是重要的。这是日本作为大国发挥领导作用的前提条件。只有每个日本人在国际社会的生存能力增强，显示日本人的良好素质，才能实现日本的国家目标。第三，由文化外交促进文化产业、观光产业等的发展，带动日本经济的增长。随着时代的发展，日本的文化外交、对外文化交流战略日益呈现出新的特点，即与文化产业战略、观光立国战略的联系越来越紧密。在日本的文化外交中，主要通过具象化的传统文化艺术、现代媒体内容产业、观光饮食产品等宣传日本、日本文化及其理念，而这样的宣传又会引起世界上对日本和日本文化的向往，吸引人们到日本观光旅游和购买消费日本的产品，由此实现文化与经济产业的良性互动。

进入 21 世纪以后，尽管日本的财政能力受到限制，但还是最大限度地开展国际文化交流。其中留学生交流，特别是对发展中国家人才培养的合作，更是增加了投入力度。留学生的国际交流，在促进日本与各国的教育研究的国际化、活性化的同时，对推进国际理解和培养国际协调精神也有积极作用。特别是在发展中国家，会对其人才培养做出贡献。另外，还可以期待归国留学生成为日本与其母国发展和强化友好信赖关系的桥梁。基于此，日本从"知识的国际贡献"的观点出发把推进留学生交流作为最重要的国策之一，综合推进各种各样的施策。近年来，不断完善接收留学生的体制，扩大接收海外留学生规模。此外，日本还在强化海外留学支援体制，积极推进高中生的留学交流。

日本政府还从更高的层次上认识问题，认为日本成为有文化魅力的国家，使社会经济活性化，使日本的国际地位提高，这是广义的安全保障。为了使世界提升对日本的认识，必须官民合作，向外国传递和交流有魅力的日本的理念和文化。为了成为这种作用的核心，外务省作为大幅度机构改革的一环设立了"宣传文化交流部"，致力于完整把握日本的文化和理念的魅力，正确认识对方国家地区的对日感情。外务省以前做了大量把握对方国家的舆论、宣传自己国家政策、进行文化交流的工作。今后，国际文化交流战略的最初课题，将放在重新认识和把握"日本的魅力是什么"上。日本有关人士认为，基于日本独特自然观的美意识与重视礼节、调和的心灵的价值观，是日本文化保留下来的精华。不仅如此，在与西方接触的过程中，年轻人和艺术家将其以动画、时髦等新方式向世界传递。这恰是日本文化的潜在力量，是被世界所接受的东西。日本应该首先把东京建成像过去唐朝的首都长安那样的学术、艺术的交流据点，把世界的年轻人吸引过来。并通过进一步强化文化体育等方面的对外合作，在文化遗产保护方面也伸出支援之手，扩大和加强日本的国际影响。①

日本学者大塚柳太郎指出，"一般而言，政治（军事）、经济上占有强势地位的国家，其文化业必然凌驾于弱国之上。但是，现在世界范围内日本流行文化盛行的'日本风'，并不代表其他国家的民众喜欢日本。因此，日本必须'扩大自己'，即将日本的文化向世界宣传，让日本的文化真正为全世界各国民众所理解和接受，并成为他们生活中的一部分"。那么，日本究竟应该向世界宣传日本文化的什么内容、怎样选择宣传呢？日本驻法文化参赞渡边启贵认为，首先，要向海外宣传日本文化中"高质"的部分。他认为，在目前流行文化盛行的现实下，文化领域的竞争也日趋激烈，如果不选择高质量的文化内容向外宣传，就会被世界文化的浪潮所淘汰，因此，在日本文化对外交流的方面，需要保证交流内容具有较高的水准。其次，在文化交流方面，要注意日本文化的个性与普遍性相结合。要重视日本文化与世界各国文化的共同特性，如对人性善与美以及对人类大爱的歌颂。只有具有这种共同性的日本文化内容，才能比较容易被其他国家的人们所接受。最后，在海外继续培养喜爱日本文化的人群，其中扩大海外的日语教育是重中之重。渡边指出，作为日本人应该怎样选择向海外宣传的文化内容，以及如何与接受宣传者达成一致，这些都是日本文化外交中的重大课题。②

日本政府为了保护日本文化在多样性世界文化中的独特价值，还明

---

① 近藤诚一：《官民协作开展以市民为对象的外交》，《朝日新闻》2004 年 8 月 24 日。

② 渡边启贵：《提高日本文化的对外传播力度》，《中央公论》2009 年 5 月号。

确提出日本要创造自己的评价体系，使文化艺术的评价领域受到"日本独特的评价标准"的影响。例如，在媒体艺术比赛活动中设定日本自己的"评价标准"，在"JAPAN 国际文化展览"等活动中，设置"新日本样式"和"商品设计奖"等，借此来扩大日本文化的影响力；在其他文化领域，如饮食、建筑、机器人以及商品设计、知识产权的经营、节能等方面，也需要制定出"日本标准"。日本政府通过实施表彰等手段，鼓励将这种"日本式"的评价标准向海外推广，如设立"为日本文化的普及和启蒙做出贡献的外国人""国外人们喜爱的日本表现者"等这些"总理奖项""国际漫画奖"等。日本政府希望通过这种措施，强化日本文化在海外的影响力，使日本文化的海外传播为日本政治、经济等方面的国际交流奠定强有力的基础。

从以上可以看出，作为日本文化战略的重要组成部分，近年来日本强化了文化外交的力度，积极推进对外文化传播和对内文化传播。而且，文化传播的政策措施也越来越多样化、具体化、实效化。另外，在推进文化外交的过程中也日益强调举国体制，行为主体呈现了多样化趋势。在内阁和负责综合调整的内阁官房之外，外务省（以及国际交流基金）和文部科学省（文化厅）作为两大支柱，在文化外交中发挥着重要作用。而国土交通省、经济产业省等中央省厅以及地方政府等也都参与进来，积极实施着与文化外交相关的措施。日本的文化外交战略已经迈入了一个面向未来、具有新内涵的阶段。

### 四　三位一体的结构

在日本的文化战略中，文化振兴、文化产业、文化外交并不是互相独立、互相分离的，而是一个有着有机联系的三位一体的体系。近年来，特别需要引起人们关注的是，三者之间的联系越来越紧密，并且日益显示出相乘效应。这样，日本文化战略也就体现在了以下几个方面：构筑日本文化振兴战略，增强民族文化认同，奠定文化创新的基础；构筑文化产业战略，确立新的经济增长点，促进日本经济的发展；构筑文化外交战略，提升日本的国家形象，扩大日本的对外影响力。也就是说，由文化实现心灵丰富的社会，在保护传统文化的同时创造新的文化，由文化促进经济和社会的发展，由文化推进国际上对日本的理解，提高日本的国际地位。

2017 年，日本对原来的《文化艺术振兴基本法》进行修改，通过了新的《文化艺术基本法》，并在此基础上出台了《文化艺术基本计划》，日本的文化艺术振兴战略由此也进入了一个新的阶段。如前所述，日本之所以对《日本文化艺术振兴法》进行修改，并通过新的《文化艺术基本法》，其趣旨在于："不仅限于文化艺术的振兴，而将观光、城镇建设、国际交流、福祉、教育、产业及其他的各相关领域的施策纳入法律范围之内"，而且，"将文化艺术产生的各种价值活用于文化艺术的继承、发展及创造"，以实现文化艺术的继承、发展和创造的良性循环。这表明，日本的文化艺术振兴，已经不再局限于文化艺术振兴本身，以及由文化振兴促进经济增长，而是要使经济增长的成果还原于文化艺术的振兴，由此实现文化艺术振兴的良性发展和循环。

这样的文化振兴与文化产业相互关联、相互促进的认识，也体现于日本政府 2017 年制定的"文化经济战略"之中。"文化经济战略"指出，"'日本的文化力'是可以夸耀于世界的我国最大的资产，是应该面向未来着实加以维持、继承并使其发展和成长的。与此同时，在对文化的战略投资也可以成为经济增长起爆剂的认识之下，重要的是超越以往的文化振兴，基于以文化艺术为核心的'扩大增长与分配的良好循环'，致力于实现文化振兴和经济增长"。进而，"文化经济战略"提出要求，"为此，在相关府省厅的紧密合作下，文化艺术与其他领域成为一体创造出新的价值，而将被创造出的价值对文化艺术的保存和继承以及新的创造等进行有效的再投资，由此形成自立的、可持续性发展的机制"。[①] 这表明，现在的日本文化振兴战略，已经超越了文化艺术本身，而是在充分认识其与社会稳定、经济增长以及日本国际形象的内在关联的基础上，开始面向未来谋求新的目标。即对内由文化艺术事业的振兴，使之成为新世纪日本经济社会发展的动力；对外则以文化重塑日本形象，使日本传统和现代的文化得到国际广泛关注。而由此带来的各种社会经济效益，再用于还原于文化艺术的振兴，促进文化艺术的长期可持续发展。

---

① 内阁官房、文化厅：《文化经济战略》，2017 年 12 月 27 日，https：//www. cas. go. jp/jp/seisaku/bunkakeizaisenryaku/pdf/senryaku_ siryou. pdf。

　　当然，文化战略各个要素之间相互关联的认识，也体现于日本的文化外交、文化产业战略上。随着时代的发展，日本的文化外交、对外文化交流战略也开始呈现出新的特点，即将对外文化传播、宣传与文化产业战略、观光立国战略紧密地结合起来。

　　日本政府提出，文化外交不光是外务省的事，其他有关省厅也要进行合作与分担。其目的则是：第一，提高日本的魅力；第二，让世界认识日本；第三，将世界召唤到日本。在 2014 年的《酷日本提言》中，就提出了实现其使命的三个步骤：第一，"促进国内的增长"；第二，"连接国内与海外"；第三，"迈向贡献于世界的日本"。① 在经济产业省的有关"酷日本战略"的资料中也指出，"所谓酷日本，就是'世界共感的日本'、'世界所欲求的日本'"。要通过"酷日本"战略，创造和提高日本的魅力，将其提供给世界，由促进外国人来访实现经济增长，创造出新的雇佣机会。也就是由"酷日本"战略发现活路，促使日本经济的活性化。②

　　日本政府为了提高日本文化在国际上的认知度和影响力，在强化对外宣传日本文化的同时，也制定政策鼓励外国人来日本旅游访问。日本政府还鼓励在海外举办与日本相关的文化活动，并通过向海外派遣文化运营人才，加大日本文化在国际上的影响。同时，支持以日本为时尚流行源地的商业活动，利用官方与民间力量，共同推进服务业向海外发展。日本政府将继续充实鼓励中小企业海外发展的政策，加强日本品牌在世界范围内的宣传活动，并且加强对海外市场盗版活动的打击力度，加强在海外市场对日本品牌利益的保护。政府还计划将日本饮食和饮食材料，及相关标准向海外普及。

　　在这些措施当中，日本政府尤其注重将日本产品向新兴国家的中产阶级推广和普及，并与这些国家政府加强合作，共同打击仿造、盗版等侵害日本知识产权的行为。为实现该目标，日本政府一方面加强海外使

---

　　① 酷日本推进会议：《酷日本提言》概要，2014 年 8 月，https：//www.cao.go.jp/cool_japan/kaigi/cj/5/pdf/siryou2 - 1.pdf。

　　② 《关于酷日本战略》 （资料 8 经济产业省），http：//www.meti.go.jp/committee/kenkyukai/seisan/cool_japan/001_08_00.pdf。

馆等驻外机构的作用，同时还通过举办日本文化介绍会、以资金赞助翻译日本文化产品并与当地机构开展合作等方式，加强宣传效果。另一方面，日本政府还着重在亚洲地区开展有关日本文化的推广、宣传等活动，并加强与这些国家和地区的合作和交流。另外，日本政府为了让更多的海外人士了解日本文化以及文化相关产品的优秀品质，制定相关政策鼓励和吸引外国人赴日访问，如鼓励扩大接收外国旅游者；向外国人宣传日本高品质的产品和服务；扩大接收外国留学生；推进日语教育，并在海外设置有关日本文化的宣传和日语教育及留学等方面的后援机构等。除此之外，日本政府还重视从幼儿阶段开始培养日本民众的创造能力，着重培养有能力将日本文化向世界推广普及的人才；并着手建立表彰制度，鼓励培养包括外国人在内的、从事日本文化的对外宣传人员等。

2018 年 3 月，外务省制定了《面向 2020 年东京奥运会、残奥会，为促进访日观光强化全日本的对外传播》的文件。文件指出，政府在"观光是我国增长战略的一大支柱，是地方创生的王牌，更是面向 GDP600 万亿日元的增长发动机"的认识下，在《支撑明天日本的观光未来展望》（2016 年 3 月 30 日，以首相为议长的会议中决定）中制定了有野心的目标。在《支撑明天日本的观光未来展望》中，外务省的作用在于：在海外以整个日本来采取措施；为了使其能与访日直接相连接，强化与其他省厅、国际交流基金、JICA、JNTO、JETRO、CLAIR 等的合作，积极支持民间企业的活动，扩充信息情报传播。其中特别提出，要面向 2020 年，对日本的多样性魅力进行对外传播：（1）面向 2020 年，全面宣传日本文化、日本魅力，促进访日；（2）推动体育交流；（3）对有巨大发展空间的国家加强宣传（对有希望增加访日游客的国家，强化以映像和音乐的力量进行吸引）；（4）强化现代文化的冲击（以流行文化的力量诉诸年轻人）；（5）将地方的魅力对外传播；（6）参加现地的"日本祭"以及节日活动；（7）与当地的人们一起促进观光；（8）介绍和食；（9）以最合适的媒体对外宣传。[1]

总之，文化振兴战略、文化产业战略、文化外交战略这三个方面，

---

① 外务省：《面向 2020 年东京奥运会、残奥会，为促进访日观光强化全日本的对外传播》，2018 年 3 月，https://www.mofa.go.jp/mofaj/files/000353352.pdf。

是一个有机联系的整体，共同构成了日本的文化战略。而且，随着国内外环境的变化，日本对文化战略的认识日益深化，并在法律制度和政策措施方面不断做出调整和完善，使日本文化战略的特色越来越鲜明。概而言之，日本推进文化战略的终极目标，就是建立一个振兴文化艺术→扩大对内对外文化影响→提升国家综合实力→促进文化产业发展→增强经济社会活力→培育文化创造能力的良性循环系统。

## 第三节　日本文化战略的位置与推进机制

日本的文化战略作为日本国家战略的重要一环，在日本的国家战略中占有不可或缺的位置。其作为政治、经济、外交战略的配套工程，具有以下明显的功能，即在继承传统文化的基础上致力于文化创新，为整个经济社会的变革提供新型的人才和价值体系；由文化推进经济的活性化，创造重视知识、经验、感性的产业、财富和服务，促进日本经济的再生；由大力推进国际文化交流，积极主动地向世界传送日本文化的信息，以树立世界文化大国的形象。也正因此，日本为落实文化战略的目标和计划，形成了一套比较行之有效的推进机制。

### 一　文化战略在日本国家战略中的位置

战后，日本曾以欧美为目标致力于建设近代工业社会，追赶欧美是最优先的课题，可以说在当时并没有充分意识到文化的重要性。在成为世界经济大国以后，虽然提出"从经济动物向文化先进国家"转变，但究竟文化先进国家是什么，可以说一直到冷战时代结束也并没有明确的答案。

在20世纪70年代，日本的文化政策主要是把文化问题作为国民个人的价值观问题，从教育的视点、文化设施建设与文化活动支援的视点来议论文化政策。例如，1977年，在第三次全国综合开发计划中，曾在全国均衡发展的口号下，大力提倡过整备无论在全国任何地方都能享受卓越文化的文化设施。80年代是日本泡沫经济的巅峰期，也是日本式经营体系被称作世界第一的时代。从那时起，许多审议会虽然都开始谈论"经济已经赶上了欧美"，"今后是文化的时代"，但并没有具体化。在开始于 1981—1983 年的"第二次临调"的放松规制的潮流中，文化依然被作为国民每个人的价值观问题。但是，80 年代也出现了值得注意的动向，那就是以山本七平为座长的大平正芳首相的政策研究会，在其报告书中明确提出了经济与文化一体发展的视点，也可以说是"市场文化战略"。报告书尖锐地指出，日本并没有从缺少文化政策的时代，即仅由商人进行文化交流的时代向前迈出一步。其后，日本经济虽然成为世界第二，但与从前一样依然维持追赶型的经济社会体系。

自 20 世纪 80 年代初中曾根首相提出"政治大国"的国家发展战略以来，日本一直在不遗余力地推进政治大国化的进程。但日本政治大国化的重建，需要来自经济、军事等硬实力和文化、价值观等软实力两方面的支撑。由于近代日本的军国主义对外侵略，明目张胆地发展军事力量，势必引起周边各国的担心和疑虑。而泡沫经济崩溃后日本经济的风光不再，也使日本的国际影响力下降。而运用文化资源，发挥文化的影响力是日本实现政治大国化的一个比较好的路径。因为，文化不仅可以给国内社会经济的发展注入活力，还可以从软实力的角度推进政治大国化，而且更容易获得国际社会的认同。

到 20 世纪 90 年代后，日本遭受泡沫经济崩溃的沉重打击，长期处在经济低迷的阴影之下，迟迟难以摆脱出来。受此影响，日本人的"不安"心理增大，经济上充满闭塞感。但另一方面，生活景象却开始发生深刻变化，即从"物质不足、时间不足"向"物质富裕、时间富裕"，从"给予的安全、安心"向"要求安全、安心"，从"性能""效率""地位"向"快乐""舒适""名誉"变化。人们的生活感觉、需求和欲望内容的变化，以及自我实现手段的多样化，成为文化发展的新的契机。另外，随着人、物以及服务等的世界性交流，使"日本造"已不局限于物质方面，开始扩展到文化产品。90 年代后半期以来，日本的游戏软件、动画风靡世界，体育选手在海外的活跃，日本歌曲在亚洲大受欢迎等，都显示了日本文化的力量。

因此，90 年代以后，也是日本在文化方面继续摸索"文化先进国家"所要求的形象和目标的时代。可以说，当时对日本的文化战略的探索，就是在战后的经济发展，冷战结束后的挫折基础上形成的，已经具有了多方面的意义和视点。其中就包括文化是未来发展的基础和动力，文化是产业，文化是综合国力的重要组成部分的视点和基本认识。从这里可以看出，日本的文化战略开始改变以往仅是扩充艺术鉴赏机会、国际交流、文化遗产的保护等一贯方式，具有了为未来的经济社会提供新的价值观和人才、实现文化与产业相结合、提高日本的国际形象等内容。

到 21 世纪，构筑新的文化战略已经上升到国家战略的高度。到这一时期，日本更加重视文化的力量，将振兴文化作为国家战略并将其法制化。而且，致力于将文化纳入经济社会发展，以此推动和谐社会建设和拉动经济发展。更值得注意的是，日本开始将日本文化的理念特定为"尊重和平与共生的精神"的普遍价值观，并向世界推广。前东京艺术大学校长、现文化厅长官宫田亮平指出，越是经济不景气时，就越应该学习美国当年及现在的做法，加大对文化艺术的投入。他指出："日本曾经让世界为之'心动'。'心动'的关键是'文化力'。在培养国民的创造性、赋予产品以高附加值的同时，加强国际交流，终将会有益于安全保障。"宫田提议，为了重新塑造一个令世界"心动"的日本，在经济不景气的状况下，应该"设立一个可以将观光、知识产权、艺术、体育等进行一元的、横向管理的'文化遗产省'，推进日本版'Percent for Art（百分比艺术运动）'，促进以文化为资产的明确的政策态度及其有效运用。"①

就是在这样的背景和认识下，日本文化战略的重要性不断提升，在日本国家战略中的位置也越来越重要。首先，文化战略被纳入了国家立法，开始制度化和法制化。例如，2001 年 12 月，日本国会审议通过了《文化艺术振兴基本法》（平成十三年法律第 148 号）。该基本法最引人注目的地方，是将"文化立国"的提法改为"文化艺术立国"。2002 年 12 月，日本内阁会议公布了由"文化审议会"提出的《关于文化艺术振兴的基本方针》（通称"第一次基本方针"）。在该方针中，按照《文化艺术振兴基本法》设定的基调，将日本文化发展的战略目标明确为"文化艺术立国"，并制定了实施文化振兴的基本策略。日本于 2007 年 2 月在内阁会议上通过了第二个《关于文化艺术振兴的基本方针》，于 2011 年通过了第三个《关于文化艺术振兴的基本方针》，2015 年通过了第四个《关于文化艺术振兴的基本方针》。2017 年，日本的文化战略又进入了一

---

① 《朝日新闻》2009 年 12 月 4 日。

个新的阶段，其标志则是新的《文化艺术基本法》的通过，并于 6 月 23 日公布实施（平成二十九年法律第 73 号）。基于新的《文化艺术基本法》第七条的要求，2018 年 3 月，经内阁会议决定出台了《文化艺术推进基本计划——活用文化艺术的"多样性价值"创造未来》。这是新《文化艺术基本法》成立后最初的文化艺术推进基本计划，表明了日本今后文化艺术政策的目标，以及今后五年（2018—2022 年）文化艺术政策的方向。当然，除《文化艺术振兴基本法》和《文化艺术基本法》之外，日本政府还制定了与文化战略紧密相关的日本品牌战略、"酷日本"战略、文化产业战略、知识产权战略、观光立国战略等，文化战略的法制化、制度化日趋完善。

其次，文化战略被纳入国家发展战略之中，成为国家战略的重要组成部分。例如，在《日本再生战略》（2013 年）（平成二十五年 6 月 14日）的"国际展开战略"中，作为"获得海外市场的战略措施"的一环正是"酷日本的推进"。其中提出："为了将以传统文化、地域文化等日本丰富的文化为背景的内容产业、日本饮食和日本产酒类等的'日本的魅力'进行有成效地发信，使其结出培育产业和获取海外需求的果实，应把"酷日本"置于国家战略，官民一体强化对策"。这些对策包括：（1）强化发信力；（2）活用海外需求开拓支援机构，战略性推进"酷日本"；（3）促进内容产业等的海外展开；（4）日本饮食、食文化的海外展开，和促进日本产酒类的输出；（5）强化海外宣传体制；（6）有关省厅、相关机构横向性地计划策定和实行访日宣传活动。①

2014 年，日本政府制定了《日本再兴战略 改订 2014——面向未来的挑战》。其中，在"国际展开战略"的"应采取的新的具体施策"中，提出要"构筑新的政府横向性的酷日本推进体制"。该施策强调，"重要的是由基于官民携手的整个日本的体制，将内容产业、文化艺术等的'日本的魅力'进行有效果地发信，使其与产业化相结合"。为此，要把"酷日本相关府省联络、合作会议"作为平台，将战略重要性强的主题和领域特定化，创造出新的各省合作的计划，如在大规模国际活动中的发

---

① 《日本再兴战略》，2013 年 6 月 14 日，https：//www. kantei. go. jp/jp/singi/keizaisaisei/pdf/saikou_ jpn. pdf。

信事业、日本饮食和日本产酒类的海外展开、媒体艺术和现代艺术的创造与发信等。同时，还要谋求日语教育的普及，强化和活用在外使馆等的发信。另外，以"酷日本"机构的风险资金供给为吸引，各领域和业界横向性地进行在海外的商业设施展开、内容产业发信等事业，同时与放送内容产业的连续性放送相合作，促进周边产业的海外展开，创造并开展新的成功模式。再者，为了谋求国际信息发信力的强化，要招聘在海外具有发信力、影响力的人才，促进展示会场的新设和扩张。①

2016 年，日本政府制定了《日本再兴战略 2016——面向第四次产业革命》。其中明确提出："时代正在发生巨大变化。是不惧怕变革迈向新的成长之路，还是走世界先行企业的下包之路，日本现在正处于历史的岔道口。跨越这样的变革时代，进入成长轨道，把日本打造成世界上最有魅力的国家。日本再兴战略 2016，便是实现之的方向盘。"该战略重视观光立国的意义，指出 2015 年访日外国人游客达到 1974 万人，其旅行消费额达到 3.4771 万亿日元，三年间分别增加了两倍以上和三倍以上，因此，"观光是'地方创生'的王牌，是达成 GDP600 万亿日元的成长战略的支柱，面向 2020 年访日外国游客数达到 4000 万人、访日外国人消费额达到 8 万亿日元的新目标，应使这样的动向更加提速，将观光成为我国的基干产业"。该战略还特别强调"活用文化艺术资源的经济活性化"，指出："在我国，存在着由悠久的历史所支撑的从传统文化、艺能到漫画、动画、游戏，多种多样且世界上独一无二的丰富文化艺术资源。"因此，要最大限度地灵活运用这样的文化资源，在此基础上谋求必要的功能强化，以应对文化行政的新的政策需要的期待，进一步推进不拘泥于以往的文化政策框架和政策手法的、跨领域的举措和产学官合作等。另外，还要通过艺术家的海外派遣和接受等的文化交流，以文化外交为首向国内外进行有效发信，谋求日本品牌的提升，扩大以文化资源为基础的经济波及效果。而且，不仅文化遗产和传统艺能、艺术文化，包括饮食、教育、书籍、音像、游戏软件等的内容产业和设计等，都应作为广泛的文化来把握，并谋求扩大其经济波及效果。为此，以文化厅为中心，

①《日本再兴战略 改订 2014——面向未来的挑战》，2014 年 6 月 24 日，http：//www. kantei. go. jp/jp/singi/keizaisaisei/pdf/honbun2JP. pdf。

推进国内外成功事例的分析，在年度中策定政策路线图，以谋求施策的具体化。该战略提出的具体目标是，到2020年，将文化艺术鉴赏活动者的比率提高到80%，将鉴赏以外的文化艺术活动者的比率增加到40%；到2025年，将致力于实现将文化GDP扩大到18万亿日元（占GDP比的3%左右）。①

最后，对文化战略的本质的认知越来越清晰，文化战略的内涵日益充实和完善。如前所述，文化战略是一个体系，包含文化振兴、文化产业、文化外交战略等内容在内。随着时代的发展，日本对这些战略的内涵及其内在相关性的认识日渐深化。这比较集中地体现于日本政府2017年制定的《文化经济战略》中。

如前所述，日本政府在2017年制定了《文化经济战略》。在该战略中，提出要超越以往的文化振兴，由文化产业发展和经济增长带来的效益，对文化艺术进行再投资，由此形成文化艺术振兴与经济增长的良好循环的机制，达到可持续发展的战略目标。该战略认为，要以文化艺术为基轴，使其与国家所提倡的增长战略和观光未来展望，以及城镇建设和国际交流、福祉、教育、产业等关联领域的施策积极配合，同时，国家要与地方自治体、文化艺术团体、NPO、民间事业者等相关者相互合作和互动，由此发挥各种主体的创意和窍门，酿成能够展开多样性文化创造活动的环境。另外，应立足于现场第一主义，不仅从供给侧的贩卖战略出发，还应从需要者、消费者的立场出发，以开辟市场的视点来策定战略。由此真正制定和实施社会所要求的施策，确切回应市场和国民的多样性需求。进而，该战略还指出，不仅要从文化GDP，还要从更广泛的视点来把握文化艺术活动，将由文化艺术创造出来的各种各样的价值和所有的波及效果、对国民生活的影响等进行总括性的把握，不仅从量的方面，也从质的方面使其得到充实。该战略强调，虽然应重视构筑框架，使创造出来的新价值对文化艺术的继承和发展进行有效果的再投资，但仅此并不会解决围绕文化艺术的所有政策课题。特别是对文化的投资和寄付，与诸外国相比日本还不能说处于高水准，基于这样的状况，要

---

① 《日本再兴战略2016——面向第四次产业革命》，2016年6月2日，http：//www.kantei.go.jp/jp/singi/keizaisaisei/pdf/2016_ zentaihombun. pdf。

在促进对文化的理解的同时，在战略上重点采取措施，以构筑官民共同推进的体制，扩充民间资金对文化艺术的投资。"这样，通过促进国家与地方自治体、企业、个人的各自投资，出现以文化艺术为起点的创造活动的周期，从这里创造出高附加价值和新的需要，由此致力于构筑可持续性的文化发展与经济增长相联系的良好循环。"①

总之，经过21世纪初期近二十年的实践，日本的文化战略得以不断充实和完善。日本的文化战略在构建和谐公平的社会、促进日本经济发展、重塑日本的国家形象、提升日本国际影响力、提高日本国际地位方面发挥了重要的作用，在日本的国家整体战略中占有不可替代的重要位置。日本在实施文化战略的过程中也尝到了不少甜头，现在正以2020年东京奥运会、残奥会为契机，面向2025年和2030年，努力在开放的国际潮流中不断创造出新的文化，进而在国内外充分展现其效果，为日本的未来发展提供更宽阔的空间。日本文化战略的最终目的，则是服务于日本政治大国的总目标，迎接新的国内外形势的挑战，使日本在21世纪立于不败之地。

## 二　日本文化战略的推进机制和路径

如前所述，21世纪以来，日本制定了文化战略的明确目标，并逐渐形成了一个有机战略体系。不仅如此，日本为了配套文化战略的落实和实施，还形成了行之有效的推进机制，确立了一条比较明确的实现路径。

第一，政府主导、重视法制和制度建设。应该说，重视法制和制度建设是日本文化战略的一大特征，这为文化战略的推进和实施打下了牢固的基础。无论哪个国家，要制定和实施文化战略，法制上和制度上的保证是不可缺少的。当然，把握方向并主导法制和制度建设的是日本政府。日本政府站在时代的前沿，在把握国内外局势的基础上，主导着文化战略的制定。不可否认，在探索和形成文化战略，并将其法制化和制度化的过程中，日本政府始终发挥着主导作用。

日本的文化战略之所以能够成立，并得以比较顺利地落实和推行，

---

① 内客官房、文化厅：《文化经济战略》，2017年12月27日，https：//www. cas. go. jp/jp/seisaku/bunkakeizaisenryaku/pdf/senryaku_ siryou. pdf。

最重要的一个机制是在日本政府的主导下相继制定了一批相关的法令法规，使日本的文化战略在推进过程中有法可依、有章可循。而且，随着时代发展变化，这些法令法规还会不断地得到修改和完善。如前所述，在日本文化战略的推行中，日本制定了大量的法律文件。如《文化艺术振兴基本法》出台后，曾先后制订过四次《文化艺术振兴基本计划》。2017 年，又对《文化艺术振兴基本法》进行了修改，新通过了《文化艺术推进基本法》，并制订了新的《文化艺术推进基本计划》。另外，为促进文化产业的发展，日本政府不仅在政策上予以鼓励，还不断建立、健全法律法规。20 世纪 70 年代日本颁布了《著作权法》，于 2001 年更名为《著作权管理法》并开始实施。近年来，日本又根据文化产业发展的新形势，制定了相应的法律法规和政策，如《知识产权基本法》《日本文化产业战略》《文化经济战略》《观光立国推进基本法》等。这些法律法规的颁布，为日本相关领域文化发展奠定了制度基础，使各种法律主体的行为有法可依，有规可循。

在这个过程中，不可忽视的是各种审议会的作用。特别值得一提的是，在日本政府的主导下，在制定日本文化战略过程中，始终注重发挥政策审议会等智囊（实际上就是智库）的作用。这样做的好处是可以做到集思广益，扬长避短，发挥日本的特色和优势。充分发挥有识之士和政策审议会的作用，这是日本的一个鲜明特点。日本制定的一些相关法令法规和战略，大都由政府设立相关恳谈会或审议会，在这些恳谈会、审议会审议、提出报告的基础上，形成文化战略和相关政策文件。召开审议会和恳谈会，一方面可以利用政界、官界、产业界、学术界等人士的智慧，还可以通过他们把握国内议论的动向，引导国内舆论走向。例如，平成二十七年 10 月成立的"'日本之美'综合计划恳谈会"的成员有：内永友佳子（NPO 法人 J-Win 理事长）、串田和美（演员、演出家）、幸田真音（作家）、小林忠（美术史学者、冈田美术馆馆长）、千玄室（茶道里千家 前家元）、津川雅彦（演员）、林真理子（作家）、森口邦彦（染色家、友禅作家），由津川雅彦担任座长。该恳谈会连续几年召开会议，提出相关的研究报告，产生了不小的影响。

更值得一提的是，文化厅内下设的"文化审议会"，基本是一个常设机构。第 17 期"文化审议会"（任期从 2017 年 4 月 1 日到 2018 年 3 月

31 日）的成员有：石井惠理子（东京女子大学教授）、伊东祐郎（东京外国语大学大学院教授、副校长）、岩崎正美（北海学园大学客座教授）、大渕哲也（东京大学大学院教授）、冲森卓也（立教大学教授）、龟井伸雄（独立行政法人国立文化财机构 东京文化财研究所长）、熊仓纯子（东京艺术大学教授）、薦田治子（武藏野音乐大学教授）、绀野美沙子（演员、联合国开发计划亲善大使）、佐藤信（东京大学大学院教授）、篠田昭（新潟市长）、道垣内正人（早稻田大学法科大学院教授、东京大学名誉教授、律师）、藤井惠介（东京大学大学院教授）、松田阳（东京大学准教授）、馬渊明子（独立行政法人国立美术馆、国立西洋美术馆长）、宫崎法子（实践女子大学教授）、安美理惠（川柳作家）、汤浅真奈美（印染理事会 艺术部长）、渡边俊幸（作曲家、一般社团法人日本音乐著作权协会理事、洗足学园音乐大学教授）。2017 年 6 月 21 日，文部科学大臣松野博一向"文化审议会"提出"关于综合而有计划地推进文化艺术施策的基本方式——面向'文化艺术推进基本计划（第 1 期）'的策定"的咨询，"文化审议会"以及其下属的"文化审议会第 15 期文化政策部会"经过多次讨论、审议才提出了最终报告。2017 年 12 月 7 日，文化审议会第 15 期文化政策部会提出《关于文化艺术推进基本计划（第 1 期）策定的中间报告（草案）》，2017 年 12 月 27 日，第 17 期文化审议会第四回全体会议（第 74 回）及文化审议会第 15 期文化政策部会（第七回）联合召开，提出《关于文化艺术推进基本计划（第 1 期）的策定（中间报告）（案）》。2017 年 12 月 28 日—2018 年 1 月 10 日向国民征集意见，2018 年 1 月 26 日，文化审议会第 15 期文化政策部会（第八回）提出《关于文化艺术推进基本计划（第 1 期）（报告）（案）》，2018 年 2 月 16 日，第 17 期文化审议会第五回全体会议（第 75 回）及文化审议会第 15 期文化政策部会（第九回）联合召开会议，提交了《关于文化艺术推进基本计划（第 1 期）（报告案）》。在此基础上，2018 年 3 月 6 日，经过日本政府阁议决定，通过了《文化艺术推进基本计划》。

第二，官民一体，发挥各种主体的作用。注重发挥中央和地方、产官学、企业和个人等各种主体的作用，是日本文化战略推进机制又一突出特色。日本政府在文化战略的推行和实施过程中，占有无可置疑的地位，发挥着主导作用。政府的主要职能包括两方面内容：一是通过制定战略和各种政策，策定文化发展的方向，鼓励民众成为文化活动的主体，扩大民众参与文化活动的范围，为所有国民平等地享有参与权利而整备各种条件；二是促进各地方政府相互之间的合作，并在个人和团体无法完成的事业中发挥国家作用。中央政府的主要作用还体现在：提高文化艺术的整体水平；扩大文化艺术活动的覆盖范围；致力于文化遗产的保存和利用；文化艺术领域中的国际交流；整备文化基础等。

中央政府还特别强调各个省厅的作用功能分担。例如，在"酷日本战略"中各省厅的合作与分担如下：（1）在提升日本魅力方面，主要由文化厅、经济产业省、总务省、农林水产省分担，进行国内基础的整备。如文化厅负责东亚文化艺术会议、据点整备、会议活动支援，以文化艺术培养下一代人才计划；经济产业省负责对创造者等的商业化支援；总务省负责建设数字内容的发信、播放框架、创造新的媒体等。（2）在向世界宣传日本方面，主要有经济产业省、外务省、总务省、农林水产省分担，负责向海外的文化内容、信息发信和支援开拓海外销售路线。如外务省负责由在外使馆和国际交流基金的"酷日本"发信；总务省负责将在日本制作的映像在外国的播放；经济产业省和农林水产省负责支援开拓衣食住、娱乐表演等的海外销售路线；经济产业省、外务省负责模仿商品对策、通商交涉等撤销壁垒。（3）在将世界吸引到日本方面，由观光厅、外务省、法务省、经济产业省分担，负责吸引访日观光游客、有创意人才。如观光厅和外务省负责访日宣传活动；法务省、经济产业省负责外国有创意人才在留资格要件的探讨等。[1]

但是，文化战略的推行和落实离不开各种主体的参与。只有官民一体，重视中央与地方、官与民、企业与个人的作用，才能切实有效地推进文化战略。因为文化是人们生活方式的总和，其变革和发展离不开国民的支持。如果没有社会和国民的理解和支持，即使制定了文化战略，也难以取得实质性的成效。因此，日本文化战略明确提出，要发挥中央和地方、官产学各界、各种团体和个人的作用。例如，《文化艺术振兴基本法》明确规定了国家和地方的责任：即国家有遵照基本理念综合策定

---

① 《关于酷日本战略》（资料 8 经济产业省），http：//www. meti. go. jp/committee/kenkyukai/seisan/cool_ japan/001_ 08_ 00. pdf。

及实施关于文化艺术振兴施策的责任；地方公共团体也有基于基本理念，一边与国家协作一边自主策定及实施有其地域特性的施策的责任。这些法律法规的制定，是日本落实文化战略的制度上的重要保证。

与此同时，日本还非常重视民间和个人的作用。在《关于振兴文化艺术的基本方针》（第一次基本方针）中就明确提出，中央政府要和地方自治体，以及大学、专业机构、NPO（民间非营利组织）、NGO（非政府组织）等民间团体和志愿者加强合作，并鼓励这些民间力量发挥自主、主体性的作用。在2007年2月制定的第二次基本方针中也明确指出，文化艺术与每个国民的生活密切相关，要整备环境让每一位国民都成为文化艺术的支持者，都有享受、支持、创造、保护和继承文化艺术的机会和条件。让国民自发、自主地参与，在相关文化政策的执行过程中，使国民成为活动的主体，尊重他们的个性和各个地区的特性。政府为实现这个目标，一方面要给予支持，提供各种相关信息，同时还要提高继承、发展传统文化艺术的水平和扩大范围，鼓励个人、企业和地方公共团体与政府合作，并且要在财政和税制上给予政策支持。

第三，连接日本与海外、文化与经济、文化与外交，发挥相乘效应。重视日本与海外、文化与经济、文化与外交相结合，这种提法本身就有令人刮目相看之处。对这三个方面的强调凸显了日本文化战略的特长，体现了日本文化战略认识的深化，可以最大限度发挥日本的优势，做到扬长避短，各方面相互配合，达到日本与海外、文化资源与文化经济以及文化外交的良性循环和相乘效果。

在2011年的"酷日本"官民有识者会议提交的《创造新的日本——为了连接"文化与产业""日本与海外"》中，就明确提出了这样的观点和措施。第一，新日本的创造：（1）重振"日本品牌的辉煌"；（2）产业结构的转换，新的生活方式的创造；（3）支撑"酷日本"的"创造性日本"。第二，基本构想：（1）日本流的自觉；（2）日本独自的社会、组织、艺术"构架"的强调；（3）传播作为故事的日本。第三，日本品牌的强力发信：（1）推进战略性、包括性的对话战略；（2）设置"创意导演小组"。（第四略）第五，构筑创造性活动基础：（1）地域活性化与发信力的强化——构筑创意枢纽；（2）新的生活方式和产业的创造；（3）创造力的扩大再生产。第六，

"酷日本"的海外展开：（1）促进海外展开；（2）海外展开的目标；（3）各领域横向联系的战略；（4）各领域的战略；（5）各个市场的战略；（6）对外交涉能力的强化。①

在观光厅的咨询会议"面向实现'快乐国家日本'探讨观光资源活性化会议"的建议中，提出了在日本观光中体验文化内容产业的重要性。其中主张：第一，活用地域观光资源的体验型内容产业的恒常化：（1）在观光中更加活用地域固有的自然；（2）提供接触日本生活、文化的体验机会；（3）将祭等节日活动对访日外国人开放；（4）将温泉作为观光资源加以活用。第二，将新的体验型内容产业作为观光资源进行发掘的措施：（1）夜间的有效活用；（2）有效利用早晨时间；（3）提供附加价值高的美容服务；（4）将观战型体育向外国人开放；（5）重新看待海滨作为观光资源。第三，支撑充实体验型观光的措施：（1）使购票更加容易化；（2）灵活运用公共空间；（3）扩大娱乐内容产业的鉴赏机会；（4）灵活运用 VR、AR 等最新技术等。②

在内阁官房、文化厅 2017 年制定的《文化经济战略》中，更明确地显示了文化与经济、文化与外交紧密相连的基本认识。该文件提出了三个基本认识。第一，在国际社会中的文化：作为提高国家存在感的要素，文化的意义和重要性在提高；第二，日本的文化：存在可以夸耀于世界的，具有多样性的丰富文化艺术资源；第三，在经济中的文化：文化决定产业竞争力，牵引着"新的价值创造"。因此，文化经济战略所指向的将来目标是：（1）开花的文化：面向未来的"文化艺术的切实继承"，和培育"下一代文化创造的承担者"、创造新的"下一代的文化遗产"；（2）创造产业：创造出以文化艺术资源为依托的新产业、技术革新，推进将文化艺术连接企业价值的企业经营；（3）令人激动的社会：形成了解文化、热爱文化、支持文化的创造性国民阶层，通过酿成"国民文化力"向"文化艺术立国"飞跃。归根结底，就是形成以文化艺术为起点

---

① 酷日本官民有识者会议：《创造新的日本——为了连接"文化与产业""日本与海外"》，2011 年 5 月 12 日，http：//www. meti. go. jp/meti_ lib/report/2012fy/E002334. pdf。

② 面向实现"快乐国家日本"探讨观光资源活性化会议：《面向实现"快乐国家日本"（建议）》，2018 年 3 月，http：//www. npis. jp/files/201806/20180627037. pdf。

的价值链。①

第四，制定目标、路线图和日程表，做到可追踪和可检视化，注重追求实际效果。日本的文化战略，并不是仅仅停留在文件和口号上，而是特别注重相关推进步骤，注重制定相关落实细节。因此，不仅制定了相关战略目标，还制定了相应路线图和日程表，并按计划年度进行跟踪，或根据形势变化做出修改，目的是获得实际战略效果。所以，从战略目标到方向性，再从推进计划到具体数值，是日本文化战略所具有的几个要素。

例如，2018 年 3 月制定的《文化艺术推进基本计画——活用文化艺术的"多样性价值"创造未来》中，就规定了关于文化艺术推进基本计划（第一期）的评价、检证周期的确立等。其基本设想是，为了基于文化艺术推进基本计划（第一期），谋求切实而连续性地实施文化艺术推进施策，同时从提高对国民的说明责任的观点出发，确立评价、检证周期（文化艺术政策的 PDCA 周期）。具体而言，第一，对"今后文化艺术政策应努力的姿态"（目标）、"今后五年间的文化艺术政策的基本方向性"（战略）与"今后五年应采取的关于文化艺术的基本施策"的关联性，要做到可视性，以便对相关者甚至一般国民而言在逻辑上都是可以理解的。第二，为了在计划期间（平成三十至三十四年的五年间）对实施的基本施策等政策进行评价、检证，以"今后五年间的文化艺术政策的基本方向性"（战略）为对象，采用精选后设定的指标按照每个年度进行评价、检证、跟踪，切实把握计划的推进状况，将其反映于今后的施策改善。第三，在每个年度进行评价的基础之上，在中间年度（平成三十二年）实施中间评价，将其反映于中间年度以及第一期计划施策的推进和第二期计划策定的检讨。

该基本计划继而指出，关于设置指标的位置：第一，在评价、检证时，重要的不是以各个指标的状况来进行判断，而是从各个战略指标状况的整体情况来确切地把握进展的状况；第二，应该意识到指标是评价、检证、跟踪计划时的依据，但达成指标的内容并不是目的。而关于指标设定的方

---

① 内客官房、文化厅：《文化经济战略》，2017 年 12 月 27 日，https：//www. cas. go. jp/jp/seisaku/bunkakeizaisenryaku/pdf/senryaku_ siryou. pdf。

式：第一，关于指标，要从减轻评价、检证负担的观点出发，确切地设定精选后的指标，另外，要留意文化艺术各领域的特性，不仅重视定量的，还要重视包括定性评价的质的评价。第二，关于指标，要将成果指标作为基本。第三，在设定指标时，要留意不要使达成目标自我目的化而脱离政策整体，即本来的基本方向性（战略）等。第四，如果现时在指标上没有必要数据，将检讨第一期计划期间中的指标开发。为了开发确切的指标，要进行国内外信息和各种数据的收集、分析等，以积累与文化艺术政策相关的客观根据。在此基础上，在《文化经济战略》的文件中，按照六个战略设定了把握进展状况的具体指标。①

另外，在内阁官房、文化厅于2017年12月制定的《文化经济战略》中，也明确指出了"文化经济指向的将来目标"，即"通过对文化的战略投资所引起的'以文化艺术为起点的价值连锁'，对多样的领域产生积极的杠杆效果，创造出新的经济性价值、社会性价值和公共性价值"。同时，提出了文化经济战略基本的"六个视点"：（1）切实继承和发展志向于未来的文化遗产；（2）创造持续对文化进行投资的架构；（3）通过文化经济活动推进地域活性化；（4）通过双向性的国际展开推进日本品牌价值的最大化；（5）通过文化经济实现包容社会、多文化共生社会；（6）以2020年为契机，创造出夸耀于下一代的文化遗产。接着，还提出了应该推进的"六个重点战略"：（1）文化艺术资源的（文化遗产）的保存；（2）文化艺术资源（文化遗产）的活用；（3）文化创造活动的推进；（4）国际存在感的提升；（5）向周边领域的波及，创造出新的需要和附加价值；（6）强化文化经济战略的推进基础。最后，还论述了"战略的推进和不断进行重新审视"的必要性，以"在中长期的视野下，按照社会经济形势等的变化和施策的进展情况等，谋求战略改善和充实，按必要追加新的施策和进行轨道修正，经常保持战略的最合适化"。② 2018年8月，内阁官房、文化厅又在2017年《文化经济战略》的基础上，制定了《文化经济战略行动计划2018》，作为添附资料附有具体的"工程

---

① 《文化艺术推进基本计划——活用文化艺术的"多样性价值"创造未来》，2018年3月。

② 内客官房、文化厅：《文化经济战略行动计划2018》，2018年8月，https：//www.cas. go. jp/jp/seisaku/bunkakeizaisenryaku/pdf/senryaku_ siryou. pdf。

表"，使文化经济战略更加细化，也更加具有可操作性和可验证性。①

通过以上可以看出，经过冷战后特别是 21 世纪以来的长期摸索，日本已经形成了一整套比较成熟的文化战略推进机制和实现路径，并还在实践过程中不断完善，这为日本文化战略的日益展开和取得较为明显的成效奠定了扎实的基础。

## 第四节　日本文化战略的成效及借鉴意义

21 世纪以来，日本大力推进文化振兴、文化产业、文化外交三位一体的文化战略，力图以此提高国民的文化素质和社会活力，提高国民的创造能力；大力促进旅游观光产业，为日本经济产业的发展提供支撑；积极对外传播日本文化，提升日本的国际形象和存在感。而且，努力致力于促进文化、经济和外交的良性循环，取得了令人瞩目的成效。通过对这些成效的分析，也可以为我们提供一些值得借鉴的启示。

### 一　日本文化战略的成效

如前文所述，日本的文化战略是一个整体，包含文化艺术振兴、文化产业发展、文化外交宣传等几个方面，因此，日本推行文化战略的成效，也主要体现于以上这些方面。下面，将主要依据一些相关统计、数据以及事例等，对其进行简要的介绍。

第一，文化艺术振兴的成效。文化艺术的振兴，是日本文化战略中的一个重要组成部分，在这方面也制定了比较完善的战略方针和施策，在相关措施的推行上力度很大。经过日本政府和民间等的长期努力，在文化遗产保护、建设公共图书馆、振兴地方文化等方面成效明显。首先，关于文化艺术的创造、发展和继承。例如，据日本内阁府"关于社会意识的舆论调查"（每年实施），日本人作为国民的自豪而举出"文化、艺术"的比率，2008 年为 44.9%、2014 年为 50.5%、2016 年为 51.1%，呈现了逐年提高的趋势。据日本情报体系研究机构统计数理研究所做的

---

① 内客官房、文化厅：《文化经济战略》，2017 年 12 月 27 日，https：//www. cas. go. jp/jp/seisaku/bunkakeizaisenryaku/pdf/senryaku_ actionplan. pdf。

"日本人的国民性调查"（每隔五年实施），被调查者在关于日本的艺术的设问中，回答"非常好"和"比较好"的比率，1998 年为 61%、2003 年为 67%、2008 年为 72%、2013 年为 77%，也显示出不断升高的倾向。另外，据日本文化厅统计，关于文化遗产的修理件数，2014 年为 798 件、2015 年为 838 件、2016 年为 878 件；关于文化遗产拥有者实施的防灾、防犯对策，2014 年为 131 件、2015 年为 129 件、2016 年为 171 件，这些也说明日本政府等相关部门在文化遗产保护上的投入在不断增大。

其次，关于文化艺术教育的充实。据日本文部科学省的"社会教育调查"（每隔三年实施），博物馆（包括美术馆）、图书馆等相关文化设施的入馆者和利用者人数，2007 年博物馆为 12416.5 万人，图书馆为 17135.5 万人；2010 年分别为 12283.1 万人，18756.2 万人；2014 年分别为 12957.9 万人，18136.4 万人。根据日本总务省"国势调查"（每隔五年实施）结果，日本的艺术家人数 2005 年为 38 万人，2010 年为 38 万人，2015 年为 41 万人。另外，据日本内阁府"关于文化的舆论调查"，国民的"文化艺术鉴赏"和"文化艺术鉴赏以外的文化艺术活动"参加者的比率，2003 年分别为 50.9% 和 16.4%；2009 年分别为 62.8% 和 23.7%；2016 年分别为 59.2% 和 28.1%。而 18—19 岁青少年的相关比率，2016 年参加文化艺术鉴赏活动的为 69.4%，参加鉴赏活动以外的文化艺术活动的为 27.8%。至于 60 岁以上的高龄者，参加文化艺术鉴赏活动的比率 2003 年为 48.5%，2009 年为 59.8%，2016 年为 55.7%；参加文化艺术鉴赏活动以外的文化艺术活动的，则是 2003 年为 18.4%，2009年为 26.1%，2016 年为 24.9%。与此相关，日本人对所在地域的文化环境感到"满足"的比率，2009 年为 52.1%，2016 年为 53.6%。日本政府在《日本再兴战略 2016》中提出，到 2020 年要使文化艺术鉴赏活动者的比率上升到 80%，使文化艺术鉴赏以外文化艺术活动参加者的比率增加到 40%。

最后，关于地方自治体等主体的文化参与活动。随着文化艺术振兴战略的推进，日本地方自治体也不断加入到这一进程中来，以活用文化艺术具有的创造性功能，推动地方产业振兴和地域活性化。据日本文化厅的相关调查，参加创造城市网络日本的加盟自治体数量，在 2015 年为 70 个自治体、23 个团体，2016 年为 88 个自治体、35 个团体，2017 年为

96 个自治体、36 个团体。据日本文化厅"关于地方的文化行政状况"的调查，地方公共团体制定有关文化艺术的条例、指针的情况是，2015 年制定文化艺术条例的有 29 个县、20 个政令市和核心市、90 个一般市；而制定文化艺术指针的有 38 个县、48 个政令市和核心市、178 个普通城市。另外，据日本总务省"社会生活基本调查"（每隔五年实施），10 岁以上的志愿活动者人数比率，2011 年为 26.3%，2016 年为 26%。而其中从事体育、文化、艺术、学术志愿者活动的，2011 年为 3.5%，2016 年为 3.7%。也就是说，随着日本文化艺术振兴施策的推行，与此相关的统计数据基本都在升高，表明有关政策取得了比较明显的效果。

第二，发展文化产业的成效。日本把文化产业发展置于强国的重要位置，着力打造日本品牌，彰显日本魅力，使日本文化产业在世界上占有了重要的一席之地。日本文化产业发展战略应该说是富有成效的，既形成了强大的文化产业，促进了日本经济的增长，还对世界产生了广泛影响，堪称"名利双收"。

日本的动漫、漫画、游戏风靡世界，可谓日本现代文化产业的代表。根据日本动漫协会的有关统计，早在 2005 年，日本的动漫出口产值就达到了 3130 亿日元的峰值，成为全球第一的动漫出口大国。《美少女战士》《圣斗士星矢》《变形金刚》《灌篮高手》《七龙珠》等日本动漫，成了无数中国人的童年记忆。《海贼王》《火影忍者》《名侦探柯南》等也仍在流行，在中国拥有非常广阔的市场。实际上，喜爱日本动漫、漫画、游戏的，绝不仅限于中国的年轻人，如亚洲的韩国、欧洲的法国等，也拥有很多日本大众文化的粉丝。文化产业原本是美国的强项，但就连文化输出大国的美国，在动漫领域里也无法与日本相匹敌。据有关报道，2015 年美国进口了 298 部日本动漫，位居世界第一。日本漫画的发行量也占据了美国漫画图书市场的半数以上，全面超越了美国本土的同类作品。更有研究者指出，甚至在很多美国作品中都能看到日本动漫的影响，如《狮子王》就参考了《森林大帝》，而《黑客帝国》则借鉴了《攻壳机动队》，好莱坞还曾经翻拍过真人版的《七龙珠》。[1] 近年来，日本文

---

[1]　参见《日本刷屏世界杯：软力量，更可怕，中国更应该警醒》，http://baijiahao. baidu. com/s? id = 1605129738231080624&wfr = spider&for = pc。

化产业的产值不断攀升，2014 年文化产业经济规模为 8.7 万亿日元，2015 年达到了约 8.8 万亿日元。按照日本政府的计算，2015 年日本的文化 GDP（8.8 万亿日元）约占整个国家 GDP 的 1.8%。日本政府提出的目标是，到 2025 年把文化 GDP 扩大到 18 万亿日元规模，届时将占整个国家 GDP 的 3% 左右。

另外，在日本政府的统合指导下，与文化产业相关的衣、食、住等消费产业和旅游业也取得了令人瞩目的进步。仅从观光旅游一项，就可以看出日本文化战略对日本经济的拉动作用。据日本观光厅的统计，2015 年访日人数比 2014 年增长了 47.1%，达到创纪录的 1973.7 万人，已超过了日本人出访国外的人数。2016 年则达到 2403.9 万人，比上年增长 21.8%；2017 年达到了 2869.1 万人，比上年增长 19.3%。另外，2015 年访日外国人的消费额为 3.4771 万亿日元，年间值首次突破了 3 万亿日元，比 2014 年的 2.278 万亿日元增加了 71.5%。2016 年访日外国人的消费额为 3.7476 万亿日元，比上年增长 7.7%；2017 年则达到了 4.4161 万亿日元，比上年增长了 17.8%。当然，众所周知，来自中国的游客在这方面做出了突出贡献。还有，需要附带加以说明的是，据日本观光厅 2016 年对访日外国人的有关调查，这些外国人在访日前所期待的事主要有（复数回答）："吃日本料理"（71.2%）、"自然、名胜地观光"（47.9%）、"体验日本的历史、传统文化"（16.8%）、"美术馆、博物馆"（13.9%）、"享受日本的大众文化"（10.4%）等。

第三，文化外交方面的影响。文化外交是提升一个国家软实力，增强对世界的影响力和感召力的有效手段。从一定意义上来讲，日本的文化外交和软实力建设也是富有成效的。

评价某个国家文化软实力的一个重要指标是国家形象。从一些国际组织的调查数据中，可以明显看出日本的国际形象和影响力的提升。根据美国皮尤研究中心在 2005 年 6 月 23 日公布的一份《全球态度项目》调查报告，16 个国家中除了巴基斯坦和中国外，其余 14 个国家都对日本的国家形象持积极肯定态度。又如美国《时代》周刊在 2007 年 3 月 26 日公布的全球民意调查，日本的民意支持率为 54%，与加拿大并列居世界第一位，中国则排名第四。而且在此后美国《时代》周刊 2008 年、2009 年公布的民意调查中，日本连续稳居第一。

而英国广播公司（BBC）公布的民意调查，也充分体现了日本的国际影响力。在 2008 年的民意调查中，日本对世界的正面影响率为 56%，仅次于德国居世界第二位，其负面影响率为 21%。在 2009 年的民意调查中，日本对世界的正面影响率达到 57%，在德国、加拿大、英国之后居世界第四位，其负面影响率为 20%。在 2010 年的民意调查中，日本对世界的正面影响率为 53%，位于德国之后，与欧盟并列世界第二。在 2011 年的民意调查中，日本对世界的正面影响率再次达到 57%，比 2010 年增加了 4%，在德国和英国之后，与加拿大并列世界第三，其负面影响率为 20%。世界绝大多数国家给予了日本积极评价，其中印度尼西亚和菲律宾的对日积极评价达到 85% 和 84%；巴基斯坦和印度的对日积极评价也有所提高，分别为 34% 和 39%；拉丁美洲国家除了墨西哥给了日本负面评价之外，其他对日本仍持相似的肯定态度，尤其是巴西、智利和秘鲁的对日积极评价达到将近三分之二；非洲国家除了肯尼亚对日积极评价有所下降，其他国家的对日积极评价仍保持稳定状态；在欧洲国家中，如意大利、法国、德国、西班牙和俄罗斯的对日积极评价得到了进一步提高；尽管美国和英国的对日负面评价分别增加到 7% 和 10%，但其对日积极评价仍分别达到 69% 和 58%。2013 年，BBC 对 25 个国家的国家形象进行了舆论调查，日本排名世界第四，中国排名第九。

另据报道，2017 年波特兰公关公司和南加利福尼亚大学，根据教育、文化、企业活动、外交、数字等六个领域的数值，对全球主要国家进行了排名，发布了《软实力 30 强》报告。报告显示，日本排名第六，高居亚洲第一。中国虽然进步很大，但也只排在了第二十五名。2018 年 1 月 29 日，《美国新闻与世界报道》联合 Y&R BAV 集团与宾夕法尼亚大学沃顿商学院，公布全球"最佳国家"排名。日本排名世界第五，是唯一进入前十的亚洲国家。2018 年 6 月 6 日，国际智库经济与和平研究所发布了 2018 年全球和平指数。日本排名亚洲第一，世界第九。[①] 2018 年 10 月 17 日，世界经济论坛发表全球竞争力指数，美国名列第一，日本排名第

① 参见《日本刷屏世界杯：软力量，更可怕，中国更应该警醒》，http：//baijiahao. baidu. com/s？id=1605129738231080624&wfr=spider&for=pc。

五,中国则居第二十八位。①

第四,文化认同与文化自信。最后,特别值得一提的是,日本在文化资源建设、振兴文化艺术、发展文化产业、推进文化外交方面的战略施策,还提升了日本官方和民间的文化认同和文化自信。就日本官方而言,文化自信越来越明显。安倍在"'日本之美'综合计划恳谈会"等场合,频频强调:"在我国,有夸耀于世界的文化艺术。……我本人认为,日本的文化艺术中,蕴含着连接日本与世界的巨大力量。""以夸耀于世界的日本文化的力量,提高日本的存在感,不仅体现了政府的热情,也是安倍内阁的支柱之一。"② 可以说,正是基于这样的自信,日本政府在21世纪初才敢豪言要在五十年内拿到三十个诺贝尔奖项。从 2001 年到2018 年的十八年间,日本已经拿到了十八个诺贝尔奖项。③ 正如"'日本之美'综合计划恳谈会"座长津川雅彦所说:"提高日本在世界上的存在感,与日本的国家利益直接相关。当前,有使日本文化在外交方面大大活跃的必要。在外国受到关注的话,在国内也会得到重新认识,可谓是一石二鸟。"④ 日本文化在世界上影响的增大,对日本国民的文化认同和文化自信也带来了正面影响。

就日本国民的文化自信而言,可以参考日本广播协会(NHK)的"对日本的热爱与自信"的相关舆论调查。首先,在对日本的热爱方面,认为"出生在日本真好"的比率一直保持在高水平。在 1993、1998、2003、2008、2013 年的调查中,其比率分别为 97%、95%、95%、96%、97%。其次,对日本的自信近年来开始恢复到较高水准。第一,认为"日本人与其他国民相比具有非常优秀的素质"的,在 1983、1988、1993、1998、2003、2008、2013 年分别为 71%、62%、57%、51%、51%、57%、68%;第二,认为"日本是一流国家"的,在 1983、1988、

---

① 时事通信社 2018 年 10 月 17 日。

② 《"日本之美"综合计划恳谈会(第 4 回)、日本趣味 2018 综合推进会议(第 1 回)议事要旨》,http://120.52.51.18/www.kantei.go.jp/jp/singi/japonism2018/dai1/gijisidai.pdf。

③ 参见《日本真正的可怕之处:18 年里 18 人拿了诺贝尔奖!》,https://baijiahao.baidu.com/s?id=1613302863925036174&wfr=spider&for=pc。

④ 《"日本之美"综合计划恳谈会(第 1 回)议事要旨》,https://www.kantei.go.jp/jp/singi/nihon_bi_sogoproject/dai1/gijisidai.pdf。

1993、1998、2003、2008、2013 年分别为 57%、50%、49%、38%、36%、39%、54%。①

另外，2014 年 10 月 30 日，日本文部科学省管辖的"统计数理研究所"发表了有关国民性的调查结果，对"如果重生一回是选择日本还是外国"的设问，超过八成（83%）的受访人回答是"日本"，比五年前的 77% 上升了 6%。其中，特别是 20—29 岁年龄段的男性比五年前急剧上升了 21%，可见年轻人开始增强了对日本的自信。依据该研究所的调查，回答者中很多人对日本人的"心灵富足"给以高度评价。而在"日本人的长处"中，很多人选择了"彬彬有礼"（77%，上次为 60%）、"亲切"（71%，上次为 52%）等。②

当然，在日本社会文化中也存在着一些负面现象，如日本社会的封闭性、社会歧视，特别是"欺凌现象"比较严重，自杀率特别是青少年自杀率较高。在日本的国际形象方面，历史问题的负面影响也将长期存在下去。但是，从以上的介绍和论述可以看出，日本的文化战略总体上来讲还是富有成效的。日本的相关施策和取得的成果，一方面为我们重新认识和评价日本的文化软实力，提供了一个看得见、摸得着的维度，同时也可为我国构筑文化软实力战略，提供一个可资借鉴的参考。

## 二　日本文化战略的借鉴意义

党的十七届六中全会专题研究了深化文化体制改革，促进社会主义文化大发展大繁荣，提出了"文化强国"的重要战略思想，具有划时代的意义。《中共中央关于深化文化体制改革的决定》指出："当今世界正处在大发展大变革大调整时期，世界多极化、经济全球化深入发展，科学技术日新月异，各种思想文化交流交融交锋更加频繁，文化在综合国力竞争中的地位和作用更加凸显，维护国家文化安全任务更加艰巨，增强国家文化软实力、中华文化国际影响力要求更加紧迫。"

党的十八大报告提出了"文化软实力显著增强"的新要求和目标，

---

① NHK 放送文化研究所编『現代日本人の意識構造』（第 8 版）、NHK 出版、2015 年。

② 《产经新闻》2014 年 10 月 31 日。

即"社会主义核心价值体系深入人心，公民文明素质和社会文明程度明显提高。文化产品更加丰富，公共文化服务体系基本建成，文化产业成为国民经济支柱性产业，中华文化走出去迈出更大步伐，社会主义文化强国建设基础更加坚实"。党的十九大报告进一步提出了"坚定文化自信，推动社会主义文化繁荣兴盛"的新使命、新任务。报告指出："文化是一个国家、一个民族的灵魂。文化兴国运兴，文化强民族强。没有高度的文化自信，没有文化的繁荣兴盛，就没有中华民族伟大复兴。要坚持中国特色社会主义文化发展道路，激发全民族文化创新创造活力，建设社会主义文化强国。"

正如党的十九大报告所指出的那样，"发展中国特色社会主义文化，就是以马克思主义为指导，坚守中华文化立场，立足当代中国现实，结合当今时代条件，发展面向现代化、面向世界、面向未来的，民族的科学的大众的社会主义文化，推动社会主义精神文明和物质文明协调发展"。作为社会科学工作者，我们要以高度的文化自觉，通过自己的研究为提高全民族文明素质，增强国家文化软实力，弘扬中华文化，建设社会主义文化强国服务。

文化或者文化生产力的竞争将是未来世界竞争的一个重要领域，文化战略将成为21世纪的核心话题之一。日本的文化战略在构建有活力的社会，促进日本经济的发展，重塑日本的国家形象，提升日本的国际影响力和国际地位方面都发挥了重要的作用，在日本的整个国家战略中占有不可替代的重要位置。日本作为世界发达国家，同时作为中国的邻国，其文化战略的内涵以及制定和推行的过程，对我国制定文化发展战略、提升国家文化软实力，无疑有着重要的借鉴和参考意义。

第一，我们在构筑中国的文化发展战略时，要不断完善相应的法律法规等制度。我国文化的发展，与政府制定相应的制度和政策是分不开的。政府通过制定比较健全的法律法规和相应的保护政策，才能将文化的发展纳入法制化，用法律法规规范文化发展，构建文化健康发展的平台。同时，在法制的范围内，用管理经济市场的方法管理文化市场，通过机制化的法律法规手段来调控文化市场，逐步建立起完备和成熟的文化市场体系和网络。日本政府颁布《文化艺术振兴基本法》《文化艺术基本法》，内阁会议决定通过《关于文化艺术振兴的基本方针》《文化艺术推进基本计划》等，使相关文化活动有法可依、有规可循，这可以成为我们的参考。

第二，政府财政多方位扶持，同时坚持投资的多元化。日本文化事业及文化产业的发展，得益于政府的各项财政和基金扶持以及民间的灵活投资体制。公司、基金会和个人的商业性赞助和公益性的捐助，是文化艺术团体经费的主要来源，其数额往往是高于各级政府的资助和拨款的。日本政府对文化事业及相关产业给予了不同的财政支持：一是中央政府直接提供赞助、补助和奖金等；二是地方政府设立支持文化事业发展的财政预算；三是政府通过文化登记制度、税收减免制度等扶持措施，鼓励企业对文化产业的投入，如为鼓励企业为文化产业发展提供赞助，相关企业可以享受3%左右的税收优惠等。

第三，发挥各种文化主体的积极性，调动一切力量进行文化创造。日本政府通过制定文化战略和各种施策，策定文化发展的方向推进措施，同时鼓励民众成为文化创造活动的主体，扩大民众参与文化活动的范围。另外，促进各地方政府相互之间的合作，并在个人和团体无法完成的事业中发挥国家作用。同时，日本还非常重视民间和个人的作用，中央政府和地方政府与大学、专业机构、NPO（民间非营利组织）、NGO（非政府组织）等民间团体和志愿者合作，鼓励这些民间力量发挥自主性、主体性的文化艺术创造作用。

第四，强化文化的对外交流，树立国际化的竞争视野。单一的文化艺术难以保持丰富多彩的文化市场，只有多样化的文化艺术交流，才能使文化产业形成旺盛和持久的活力。日本一方面强调文化的交流与辐射，着力向外宣传日本文化和日本的魅力，另一方面也十分注重引进国外的优秀文化，为本国的文化发展注入活力。这在"推进文化外交恳谈会"的报告书中有集中的体现。

第五，全面打造中国的文化软实力。日本文化软实力的提升，日本文化对世界影响力的增大，势必对我国产生深刻影响。首先，中日两国关系中具有竞争的一面，体现在综合国力和文化软实力的竞争等方面。日本文化软实力的提升，其国际影响力的增强，会给中国带来一些相对消极的影响。其次，日本大众文化在中国的流行，正在悄无声息地传播着日本人的思维方式、价值观念和文化形象，对中国的年轻人产生着深刻的影响。因此，全面打造和提升中国的文化软实力刻不容缓。

第六，充分认识自身文化特性，尽量做到扬长避短。日本文化有着自己的特点，比如富有艺术性，重视感性和审美，注重细节和追求极致，等等。应该说，日本对自身文化的这些特点是有充分认识的，并把其特长发挥得淋漓尽致。这体现在日本对文化的定义上，即把茶道、花道等传统艺能，动漫、漫画等现代文化，以及饮食等生活方式都纳入日本文化艺术中。另外，不只依靠传统的书本形式，而更注重让人们从体验中了解日本。这集中体现在观光立国战略上，使日本名利双收，不仅获得了丰厚的经济利益，还广泛获得了人心。不少中国游客在日大量购物的同时，也增加了对日本的好感度，就是一个很好的证明。日本的这一做法，非常值得我们在制定文化战略时参考和借鉴。

总之，虽然中国在经济总量上已经远远超过了日本，但在文化软实力的某些方面可能还存在着一定的差距。在未来的国际社会，国家之间的竞争将是全方位的竞争。中国可以借鉴日本在该领域的某些长处，扬长避短，全面提升文化软实力，在国际社会发挥更深远的作用。

# 参考文献

一　中文著作

爱德华·泰勒:《原始文化》,连树声译,上海文艺出版社 1992 年版。

薄贵利:《国家战略论》,中国经济出版社 1994 年版。

崔世广主编:《日本现代化过程中的文化变革与文化建设研究》,河北人民出版社 2009 年版。

大前研一:《真实的日本》,陈鸿斌译,青岛出版社 2011 年版。

冯瑞云、高秀清、王升:《中日关系史(第三卷)》,社会科学文献出版社 2006 年版。

韩勃、江庆勇:《软实力:中国视角》,人民出版社 2009 年版。

汉斯·J. 摩根索:《国家间政治——寻求权力与和平的斗争》,中国人民公安大学出版社 1990 年版。

黄大慧、周颖昕主编:《中日友好交流三十年(1978—2008)》,社会科学文献出版社 2008 年版。

黄硕风:《综合国力论》,中国社会科学出版社 1992 年版。

黄淑娉等:《文化人类学理论方法研究》,广东高等教育出版社 2004 年版。

吉野耕作:《文化民族主义的社会学——现代日本自我认同意识的走向》,刘克申译,商务印书馆 2004 年版。

加藤周一:《日本文化中的时间与空间》,彭曦译,南京大学出版社 2010 年版。

金熙德:《日本政府开发援助》,社会科学文献出版社 2000 年版。

金赢:《密室与剧场——现当代日本政治社会结构变迁》,人民出版社

2009 年版。

金应忠、倪世雄：《国际关系理论比较研究》，中国社会科学出版社 1992
年版。

堺屋太一：《知识价值革命》，金泰相译，沈阳出版社 1999 年版。

橘玲：《（日本人）：括号里的日本人》，周以量译，中信出版社 2013
年版。

理查德·帕斯卡尔、安东尼·阿索斯：《日本的管理艺术》，张宏译，科
学技术文献出版社 1987 年版。

李方主编：《中国综合国力论》，安徽科学技术出版社 2002 年版，第
86 页。

李寒梅、余晷雕、任清玉、白智立：《21 世纪日本的国家战略》，社会科
学文献出版社 2000 年版。

李少军：《国际战略学》，中国社会科学出版社 2009 年版。

李智：《文化外交——一种传播学的解读》，北京大学出版社 2005 年版。

林拓等编：《世界文化产业发展前沿报告 2003—2004 年》，社会科学文献
出版社 2004 年版。

罗伯特·N.贝拉：《德川宗教：现代日本的文化渊源》，王晓山等译，生
活·读书·新知三联书店 1998 年版。

马克斯·韦伯：《新教伦理与资本主义精神》，于晓、陈维纲等译，生
活·读书·新知三联书店 1987 年版。

梅泽正：《企业文化论》，吴晓林等译，贵州人民出版社 1991 年版。

名和太郎：《经济与文化》，高增杰、郝玉珍译，中国经济出版社 1987
年版。

乔纳森·弗里德曼：《文化认同与全球性过程》，郭建如译，商务印书馆
2003 年版。

青木保：《日本文化论的变迁》，杨伟、蒋葳译，中国青年出版社 2008
年版。

日本经济企划厅编：《2000 年的日本》，郭博译，科学技术文献出版社
1987 年版。

日本综合开发机构编：《90 年代日本的课题》，彭晋璋监译，经济管理出
版社 1989 年版。

日下公人:《新文化产业论》,范作申译,东方出版社 1989 年版。

塞缪尔·亨廷顿:《文明的冲突与世界秩序的重建》,周琪等译,新华出版社 1998 年版。

塞缪尔·亨廷顿、劳伦斯·哈里森主编:《文化的重要作用——价值观如何影响人类进步》,程克雄译,新华出版社 2010 年版。

三浦展:《下流社会》,陆求实、戴铮译,文汇出版社 2007 年版。

山本七平:《日本资本主义精神》,莽景石译,生活·读书·新知三联书店 1995 年版。

山本七平:《何为日本人》,崔世广、王炜、唐永亮译,国际文化出版公司 2010 年版。

司马云杰:《文化社会学》,山东人民出版社 1986 年版。

森岛通夫:《日本为什么"成功"》,胡国成译,四川人民出版社 1986 年版。

松田武:《战后美国在日本的软实力——半永久性依存的起源》,金琮轩译,商务印书馆 2014 年版。

孙承主编:《日本软实力研究》,中国政法大学出版社 2013 年版。

唐晋主编:《大国软实力》,华文出版社 2009 年版。

田桓主编:《战后中日关系文献集 1971—1995》,中国社会科学出版社 1997 年版。

王宁编:《全球化与文化西方与中国》,北京大学出版社 2002 年版。

王强:《网络艺术的可能——现代科技革命与艺术的变革》,广东教育出版社 2001 年版。

王秀丽、梁云祥:《日本人眼中的中国形象》,北京大学出版社 2016 年版。

王逸舟主编:《全球化时代的国际安全》,上海人民出版社 1999 年版。

小岛明:《日本的选择》,孙晓燕译,东方出版社 2010 年版。

星野昭吉编:《变动中的世界政治》,刘小林、王乐理等译,新华出版社 1999 年版。

许烺光:《彻底个人主义的省思》,许木柱译,台北南天书局 2002 年版。

野村综合研究所:《2015 年的日本——迈向新的"崛起"时代》,孙晓燕译,中信出版社 2012 年版。

源了圆：《日本文化与日本人性格的形成》，郭连友、漆红译，北京出版
　社 1992 年版。

约瑟夫·奈：《硬权力与软权力》，门洪华译，北京大学出版社 2005
　年版。

约瑟夫·奈：《软实力》，马娟娟译，中信出版社 2013 年版。

增田弘道：《日本动漫产业的商业运作模式》，李希望译，龙门书局 2012
　年版。

张骥等：《国际政治文化学导论》，世界知识出版社 2005 年版。

张舒英主编：《日本经济发展模式再探讨》，方志出版社 2007 年版。

张雅丽：《战后日本对外战略研究》，浙江人民出版社 2002 年版。

张友谊主编：《文化软实力——提升当代中国文化建设的社会影响》，济
　南出版社 2013 年版。

中曾根康弘：《日本二十一世纪的国家战略》，联慧译，海南出版社 2004
　年版。

中国科学院可持续发展战略研究组：《2003 中国可持续发展战略报告》，
　科学出版社 2003 年版。

中国社会科学院“世界文明”课题组编：《国际文化思潮评论》，中国社
　会科学出版社 1999 年版。

中西进：《日本文化的构造》，彭曦译，南京大学出版社 2013 年版。

朱威烈：《国际文化战略研究》，上海外语教育出版社 2002 年版。

## 二 日文著作

祖父江孝男：《文化人类学入门》（增补改订版），中央公论社 1990 年版。

森启：《能看到文化的城镇——自治体的文化战略》，公人之友社 2009
　年版。

长洲一二：《明确文化行政的基本方向》，全国文化行政研讨会，1979 年
　11 月。

后藤和子：《文化政策学——法律、经济、管理》，有斐阁 2001 年版。

小林真理：《面向确立文化权——文化振兴法的国际比较与日本的现实》，
　劲草书房 2004 年版。

梅棹忠夫监修：《文化经济学开端——文化设施的经济效果与自治体的设

施建设》，学阳书房 1983 年版。

松下圭一：《社会教育的终结》，筑摩书房 1986 年版。

根木昭：《日本的文化政策》，劲草书房 2001 年版。

佐佐木晃彦编：《面向艺术经营学学习者》，世界思想社 1997 年版。

电通总研：《全球化导致的价值观的变化——继续摸索的日本、视为机会的亚洲》，株式会社电通 2001 年版。

速水敏彦：《瞧不起他人的年轻人们》，讲谈社 2006 年版。

福武直：《日本社会的构造》，东京大学出版会 1984 年版。

池上惇、植木浩、福原义春编：《文化经济学》，有斐阁 1998 年版。

南博编：《战后资料文化》，日本评论社 1973 年版。

庄林二三雄：《日本的文化产业》，有斐阁 1981 年版。

村上泰亮：《新中间大众的时代——战后日本的解剖学》，中央公论社 1984 年版。

安倍晋三：《迈向新的国家（迈向美丽的国家完整版）》，文艺春秋出版社 2013 年版。

NHK 放送文化研究所编：《现代日本人的意识构造》（第 8 版），NHK 出版，2015 年版。

町村信孝：《保守的逻辑——构建凛然之美的日本》，PHP 研究所 2005 年版。

川胜平太：《创造"美丽的国家"日本》，日本经济新闻社 2006 年版。

川胜平太：《文化力——日本的底力》，三角木出版社 2006 年版。

平野健一郎：《战后日本的国际文化交流》，劲草书房 2005 年版。

添谷芳秀、田所昌幸编：《日本的东亚构想》，庆应义塾大学出版会 2004 年版。

内阁官房内阁审议室、内阁总理大臣辅佐官室编：《文化的时代的经济运营》，大藏省印刷局 1980 年版。

通商产业省产业政策局编：《21 世纪产业社会的基本构想》，通商产业调查会 1986 年版。

仲卫：《选择什么样的政治——走向"后五五年体制"的道路》，中央公论社 1993 年版。

佐藤典司：《面向生存于"文化的时代"》，PHP 研究所 1992 年版。

小岛明：《全球化——世界经济的统合与协调》，中央公论社 1990 年版。

小池三枝、柴田美惠：《日本生活文化史——近现代的变迁》，光生馆
　2002 年版。

青木保：《异文化理解》，岩波书店 2001 年版。

青木保：《多文化世界》，岩波书店 2003 年版。

### 三　基本文献资料

本书研究所用日本文化战略相关法律、法规、政策、报告、建议等基本
　文献资料，主要来自以下日本政府相关部门的官方网站。

首相官邸网站：http：//www. kantei. go. jp/

内阁府网站：https：//www. cao. go. jp/

文部科学省网站：http：//www. mext. go. jp/

外务省网站：https：//www. mofa. go. jp/

经济产业省网站：https：//www. meti. go. jp/

国土交通省网站：http：//www. mlit. go. jp/

农林水产省网站：http：//www. maff. go. jp/

文化厅网站：http：//www. bunka. go. jp/

国际交流基金网站：https：//www. jpf. go. jp/j/

国土交通省观光厅网站：http：//www. mlit. go. jp/kankocho/

# 后　记

　　冷战结束以后，国际形势发生了深刻变化，文化软实力在构建有活力的社会、促进经济的发展、提升国家形象和影响力方面的作用日益凸显，文化的重要性得到了国际社会的广泛认可。进入 21 世纪以来，随着世界多极化、经济全球化、文化多样化、社会信息化的深入发展，综合国力的竞争日趋激烈，文化的竞争也成了未来世界竞争的一个重要领域。在这个过程中，世界各主要国家都加快了构筑本国文化战略的步伐，文化战略在国家战略中的地位越来越重要。研究世界主要国家的文化战略，对于正在大力推动社会主义文化大发展大繁荣、增强国家文化软实力、奋力开创中国特色社会主义文化建设新局面的我国而言，无疑具有重要的借鉴意义。

　　日本是我们的邻国。作为世界主要发达国家，日本在 21 世纪初期制定了明确的文化战略，形成了一套行之有效的推进机制，并在实践中取得了比较明显的成效。因而，相较其他国家而言，对 21 世纪初期日本的文化战略进行比较深入的研究，就显得更为重要和必要。正是出于这样的考虑，由我牵头组成了"21 世纪初期日本的文化战略"研究课题组，尝试借鉴和运用文化形成论和文化形态论以及结构主义的研究方法，从定性研究与定量研究相结合、宏观研究与微观研究相结合的角度，对 21 世纪初期日本的文化战略进行比较体系性的研究，意图通过研究为我国制定文化发展战略和提升国家文化软实力提供某种参考。本书便是该研究课题的最终研究成果。

　　该课题由我设计框架，提出写作计划，然后请课题组成员进行研究和写作，各章作者完稿后由我来审定，最后按规定程序进行课题结项。

课题组研究成员的分工情况如下：序章由崔世广（中国社会科学院日本研究所）、赵敬（对外经济贸易大学）撰写，第一章由赵敬、王炜（中国社会科学院研究生院）撰写，第二章由张建立（中国社会科学院日本研究所）撰写，第三章由唐永亮（中国社会科学院日本研究所）撰写，第四章由吕耀东（中国社会科学院日本研究所）撰写，第五章由崔世广、王炜撰写。

在课题结项后，我又请有关作者在结项成果的基础上做了进一步充实和完善，然后由我对全书做了必要的修订，并对体例和注释进行了统一，之后将第二稿的稿件提交给了出版社。现在摆在读者面前的，便是第二稿的成果。第二稿的执笔情况如下：序章由崔世广执笔，第一章由赵敬执笔，第二章由张建立执笔，第三章由唐永亮执笔，第四章由吕耀东、李亚男（陆军航空兵学院）执笔，第五章由崔世广执笔。

该项研究被列为中国社会科学院 A 类重大课题，得到了中国社会科学院科研局以及有关职能部门和中国社会科学院日本研究所领导以及相关部门的支持和帮助。在本书即将出版之际，谨表示诚挚的感谢。另外，本书的出版还得到中国社会科学出版社的热情支持，特别是责任编辑张林编审为本书的出版付出了诸多辛劳，也在此表示由衷的谢意。

由于我们的水平及各种条件的限制，本书存在的缺点和不足之处必不在少，希望专家和读者给以批评和指正，以便进一步改进和深化我们的研究。

崔世广